ਖੰਡ

地势坤，君子以厚德载物。

贾志刚 著

圣贤本色

说春秋

History
Stories on
Spring
and
Autumn
Period

6

Sages and Men
of
Virture

花山文艺出版社

河北·石家庄

图书在版编目（CIP）数据

说春秋 . 6，圣贤本色 / 贾志刚著 . — 石家庄 : 花
山文艺出版社，2024.4
　　ISBN 978-7-5511-6993-6

Ⅰ . ①说… Ⅱ . ①贾… Ⅲ . ①中国历史—春秋时代—
通俗读物 Ⅳ . ① K225.09

中国国家版本馆 CIP 数据核字（2024）第 007369 号

书　　名：**说春秋 6——圣贤本色**
　　　　　 Shuo Chunqiu6 ShengXian Bense
著　　者：贾志刚
责任编辑：董　舸
责任校对：李天璐
产品经理：董懿德
装帧设计：人马艺术设计·储平
美术编辑：王爱芹
出版发行：花山文艺出版社（邮政编码：050061）
　　　　　（河北省石家庄市友谊北大街 330 号）
销售热线：0311-88643221/34/48
印　　刷：北京世纪恒宇印刷有限公司
经　　销：新华书店
开　　本：700 毫米 × 1000 毫米　1/16
印　　张：27
字　　数：432 千字
版　　次：2024 年 4 月第 1 版
　　　　　2024 年 4 月第 1 次印刷
书　　号：ISBN 978-7-5511-6993-6
定　　价：58.00 元

目录

圣贤本色

第二〇一章

反 战 精 英

"大哥，你当国君吧。"

"那怎么行？老三，爹指定了你啊，还得是你当。"

"我不当，大哥，你当。"

"非让我当，我躲。"

"你躲，我也躲。"

商朝末年（约前 1111 年），孤竹国（今河北境内）国君的大儿子伯夷和三儿子叔齐双双放弃君主之位，出门当"犀利哥"去了。

老大、老三走了，便宜了老二。

兄弟俩一打听，说是西边的周国（今陕西境内）是个尊老爱幼的国家，于是前往周国投奔。来到周国的时候，恰逢周文王去世，周武王率领着周军出发讨伐商纣王。

伯夷和叔齐不顾一切，拦住了周武王的战车。

"父亲死了你不埋葬，还要出兵打仗，你不孝啊。以属国身份攻打商王，你这是不仁哪。"伯夷叔齐两兄弟异口同声斥责周武王。

周武王一看，这哥儿俩哪个单位的？竟然敢指责我？

周武王不高兴，身边的卫士就要动手杀人了。

"算了算了，不就俩'犀利哥'吗？赶走他们就行了。"姜太公懒得节外生枝，于是哥儿俩被赶到一棵大槐树下凉快去了。

414

两位"犀利哥"从此四处奔走，宣扬和平，反对战争。

伯夷和叔齐，可能是中国历史上有记载的最早的反战人士。

等到周武王征服了商朝，就到了周朝。

两位"犀利哥"耻于做周朝人，发誓不吃周朝的粮食。用《史记》的话说："义不食周粟。"于是，躲到了首阳山上，采薇而食。薇是什么？野豌豆。虽然说是纯天然绿色食品，不含农药、色素、防腐剂，可是营养是不够的。

两个"犀利哥"吃野豌豆吃得一脸豌豆色，那是矢志不渝。但是，没过几天，就这野豌豆也没的吃了。是野豌豆采完了？不是。是因为有人告诉他们："这野豌豆啊，也是周朝的了。"

怎么办？兄弟两个没的吃了，什么也没的吃了，因为什么都是周朝的了。

在饿死之前，兄弟两个编了一首山歌，歌中唱道："登彼西山兮，采其薇矣。以暴易暴兮，不知其非矣。神农虞夏，忽焉没兮。吾适安归矣。吁嗟徂兮，命之衰矣。"

简单翻译：登上西山采豌豆，以暴易暴不讲理。古来先圣都没了，我们活着没意义。

最终，这两位中国历史上最著名的反战人士就这样饿死在了首阳山。

不食周粟，以暴易暴，伯夷叔齐兄弟俩用他们的生命贡献了两个成语。

首阳山在哪里？争议不断。甘肃、陕西、河北、山东、山西和河南都有首阳山，都说兄弟俩饿死在自己这里。

如今要是山上饿死两个人，都恨不得偷偷扔到邻省去。为什么伯夷和叔齐饿死了，大家都要争当东道主呢？因为伯夷叔齐兄弟不是普通的"犀利哥"，他们是圣人。

孔子对伯夷兄弟推崇备至，《论语》中赞颂伯夷叔齐"古之贤人也""不念旧恶，怨是用希""求仁而得仁，又何怨乎"，并评价伯夷叔齐"不降其志，不辱其身"。

韩非子也说："圣人德若尧舜，行若伯夷。"不过，韩非子认为这哥儿俩也是两个最没用的人，因为他们不能用威胁来驱使，也不能用利益来引诱，所以他们不可能为君主卖命。

唐宋八大家之首韩愈写过一篇《伯夷颂》来赞颂伯夷、叔齐。

历史上，赞誉伯夷、叔齐的文章数不胜数，不再罗列。

孟子后来将伯夷叔齐命名为"圣之清者"，简称"清圣"，不是"情圣"。从那之后，伯夷就成了儒家四大圣人之一。

不过，对于伯夷叔齐的感人事迹，司马迁似乎不以为然。

虽然司马迁将伯夷叔齐排在了《史记》列传的第一位，可是话里话外都是讽刺。不仅讽刺这兄弟两个，顺道还讽刺了孔子；不仅讽刺了孔子，顺道还讽刺了现实。

在记述了伯夷叔齐的那首山歌之后，司马迁随即写道："由此观之，怨耶非耶？"意思就是孔夫子你不是说他们求仁得仁，所以死得无怨无悔吗？可是他们的山歌里我们听出来怨气了哦。

在《史记·伯夷列传》的最后，司马迁写道："伯夷、叔齐虽贤，得夫子而名益彰……闾巷之人，欲砥行立名者，非附青云之士，恶能施于后世哉！"

简单理解：伯夷兄弟虽然很贤能，可如果不是孔夫子极力吹捧他们，哪有这么大的名气？一般小老百姓，就算你也很贤能，没人吹捧你，也丝毫无用。

司马迁在《史记·伯夷列传》中还发表了一段不出名的感言，必须拿来说说。为什么必须拿来说说？因为这段话太不出名了。

先看原文：

> 或曰："天道无亲，常与善人。"若伯夷、叔齐，可谓善人者非邪？积仁洁行，如此而饿死！且七十子之徒，仲尼独荐颜渊为好学。然回也屡空，糟糠不厌，而卒蚤夭。天之报施善人，其何如哉？盗跖日杀不辜，肝人之肉，暴戾恣睢，聚党数千人，横行天下，竟以寿终。是遵何德哉？此其尤大彰明较著者也。若至近世，操行不轨，专犯忌讳，而终身逸乐，富厚累世不绝。或择地而蹈之，时然后出言，行不由径，非公正不发愤，而遇祸灾者，不可胜数也。余甚惑焉！傥所谓天道，是邪非邪？

简单解释就是，有人说："天道很公平，常常照顾善人。"如果伯夷、叔齐是善人的话，怎么就给饿死了？上面那句话不就是空话？孔子七十多个得意弟子，颜回是最受赏识的，可也是穷困潦倒，早早夭折。天道照顾善人，就是这么照顾的？盗跖杀人越货，无恶不作，竟然能够善终。这是什么道理？这些，都是著名的人物了。到了现在，坏人恶人有钱有势，长命百岁；好人善人遭灾受苦，生不如死，不可胜数。我就奇了怪了，这个浑蛋天道，到底是有道还是无道？

看得出来，司马迁的怨气还挺重。

所以我们说，司马迁也是个愤青。

那么，那个叫盗跖的反面典型是什么来路？

下面，要说的就是这个人。

说起来，这人也是圣人——盗圣。

415

周平王五十一年（前720年），也就是鲁隐公三年，《史记》记载："鲁国，二月，日蚀。"

日食，在古时被认为是一件不吉利的事情，是天狗吃太阳。于是整个鲁国都很紧张，祭天祭地，折腾了好长一段时间。

到了十一月十八日的中午，鲁国司空展无骇家里出事了。

展无骇家出什么事了？根据展家的记载，那是："火光入室，文鸟鼓舞。"基本上，火光也就无所谓了，反正也没酿成火灾。文鸟是什么？一种大鸟。

说时迟，那时快，就在这个当口，展无骇的老婆生了，第一胎啊。一生下来，当娘的当时就哭了——是个男孩子，激动啊。

哭完了，开始笑，高兴啊。可是笑了一阵，又笑不出来了，因为孩子没有哭。孩子生下来不哭，难道是个死胎？

其实孩子很好，从娘肚子里出来，感觉外面的世界很精彩，没什么不好，所以想想：我凭什么要哭？没理由啊。所以，孩子没哭。

"拧屁股。"接生婆下令了，展无骇用力一拧孩子的屁股，"哇——"孩子大哭起来，于是大家都笑了。

孩子叫什么？因为出生的时候有鸟在院子里叫，名就叫获，获是猎取禽兽的意思，字就叫禽。

别看出生的年份不好，名字也不响亮，可是，展禽就是春秋第一个圣人。

说起展禽，很多人不知道。没关系，说起柳下惠，该知道了吧？展禽就是柳下惠。不过在活着的时候，他叫展禽。

展禽是个什么圣人？孟子说了："柳下惠，圣之和者也。"后世称为"和圣"。

"和圣"什么意思？就是和谐的圣人，时下正流行呢。

展姓出于姬姓，鲁孝公的儿子公子展的孙子无骇以展为姓，展无骇为展姓得姓始祖。展姓在宋版《百家姓》中没有，郡望在河东郡。

柳姓出于姬姓，展禽居于柳下，后辈又有以柳为姓者，得姓始祖为展禽。柳姓在宋版《百家姓》中排名第六十位，郡望在河东郡。

展禽六岁那一年，也就是鲁隐公九年，《史记》再次记载："鲁国，三月，大雨，雹，电。"按《左传》的说法，那就是大雨外加冰雹，而且连续三天以上。好在那年头没电线杆子，否则也都压垮了。

就在这样倒霉的天气里，展禽的母亲又生了。又是个儿子，生下来九斤九两，还没落地就开始暴哭、抓人，连接生婆都被他抓伤了。因为这孩子太暴力，取名叫展雄。

展雄，是春秋第二个圣人。

展雄是个什么圣人？就是上面说的那位盗跖，盗圣。不过那时候，他叫展雄。

展雄之所以又叫盗跖，是因为黄帝时期有一个大盗叫跖，所以展雄死后，被称为盗跖。

强盗也有圣人？庄子说了：盗亦有道。既然如此，当然盗亦有圣了。

为什么展家一家就出了两个圣人？没办法，有遗传。

所以，出生的日子不好不要怕，那很可能就是个圣人。

展雄出生的时候，母亲哭了，而且再也没笑过。不是不肯笑，是笑不出来，因为就在展雄呱呱坠地的时候，爹死了。

展雄真是够倒霉，自己的生日跟父亲的忌日是一天，别人都能庆祝一下生日，可是自己的生日只能寄托哀思了。

更倒霉的是，全家人都认定展雄是个灾星，认为是他克死了自己的父亲。

从另一个角度说，展雄够狠，从生下来那一刻就够狠。

爹死了，展禽家中失去了顶梁柱，立马衰落下来。

难道，作为国家的高级公务员，展无骇没有为儿女留下点什么吗？

那年头儿，能留下来的真不多。何况，展无骇是个正直的人，就算他所担任的官职是个肥缺，他也没有趁机为自己捞点什么。

没办法，展禽的老娘只能一把屎一把尿地拉扯两个孩子。

趁着两个孩子长大的空闲时间，来看看展家的身世。

在灭了商朝之后没多久，周武王就去世了，国家暂时交给弟弟周公旦管理。而周公，就是周朝制度的设计者，也是孔子最崇拜的"至圣"。

周公的长子伯禽被封在鲁国，鲁国就在今天的山东南部、安徽北部一带，都城在今天的山东曲阜。

伯禽用了三年的时间来改变当地的习俗，将周礼全盘照搬过去。所以，整个周朝，鲁国是周礼执行得最好的诸侯国。伯禽的治国方略是"亲亲上恩"，意思就是让亲人掌权，把好处给对自己有恩的人。用现在话说，就是任人唯亲。

所以，在这个国家是很讲出身的。如果你不是公族，对不起，你很难出头的。

伯禽的五代孙是鲁孝公，鲁孝公的一个儿子叫作公子展，公子展的孙子以展为姓，就是展无骇。这就是展氏得姓的来源，周公的后代，本姓姬。

按照周朝的规矩，国君的儿子叫公子，享受卿的待遇；公子的儿子叫公孙，享受大夫的待遇；之后待遇递减，到第五代的时候，就是"五世亲尽"，不好意思，你从此就是个士的待遇了。

展无骇能够做到司空，已经是卿的待遇，一来是自己的能力和努力的结果，二来还是公族身份。在鲁国，如果不是出身公族，要做到卿是比登天还要难的。

即便是做到了卿，展无骇去世之后，儿子并没有资格成为大夫，原因很简单，展禽已经是公孙的孙子了，能保留几块自留地就算不错了。

展家的日子不算太好过，但是，也没有难过到哪里去，毕竟有上面三代人的积累。

两个孩子，展禽和展雄的性格完全不一样。展禽老实巴交，从来不说假话，不说假话到什么程度呢？基本上，别人说真话之前还会考虑一下后果，他不考虑，张口就来，永远说真话不说假话。

说真话的坏处是什么？

展禽是个很勤奋的人，非常有学问。按理说，这么有学问，而且家庭出身也不错，混个一官半职的应该没问题。可是就因为从来不说假话，不会拍马屁也不会送礼，眼看着成人了、娶媳妇了，可是还在家里待业。好在，家里有几亩薄田，还过得去。

"孩子，你就委屈委屈自己，也试着说几句假话吧。"老娘急啊，这孩子这么憨厚，今后可怎么办？

"娘，我学不会。"展禽说，他老实，所以他实话实说，而不是说"我一定要学会"。

娘没办法了，从小到大展禽就没学会说假话，这辈子估计是看不到他说假话的日子了。

展禽还算好，虽然升官发财没什么希望，可是衣食无忧。

展雄就不一样了。

说起来，展雄聪明机警、能言善辩、高大英俊，对于说假话也不是那么抗拒，这样的小伙子应该是很有前途的。可是，在鲁国这样的国家，他是没有前途的。

作为公族，展雄受到的教育是不错的。公族是享受义务教育的，那时候叫作六艺，包括"礼、乐、射、御、书、数"六种技艺。其中，礼就是礼节和礼仪，相当于今天的德育；乐就是音乐，当然不是今天的音乐这么简单，那时候的音乐有更多内涵；射就是射箭的技术，相当于现在的体育课；御就是驾驭战车的技术；书就是读书认字，语文课；数就是算术，现在的数学课。

当公族多好啊，德智体美劳全面发展。事实上，展雄就是德智体美劳全面发展的。问题是，就算你德智体美劳全面发展了，你属于那种很边缘的公族了，你还是没戏。

展雄就是这样，尽管他文武双全并且在鲁国都找不到对手，他还是没有办法弄到一官半职。

按宗法制度，父亲的产业全部归嫡长子，其余的兄弟只能净身出户。而实际的情况是，嫡长子会把自己的一部分土地给兄弟们去种，到时候收租。也就是说，兄弟们实际上成了嫡长子的佃农。

展禽二十六岁那年，展雄二十岁了。这一年，展雄该成亲了，也该自立门户了。也就是说，从此以后，不能赖在哥哥家里。

"兄弟，该成亲了。等秋收之后，就给你娶个媳妇吧。成亲之后，该搬出去了。家里的那些地，你拿走一半吧，也不用给我租子了，咱们兄弟平分吧。"展禽把展雄给叫来，要分一半家产给他。

展禽是个好人，他认为弟弟是个人才，迟早出人头地的，不能亏待了他。

"哥哥，你的好意我心领了。可是，家里这点地本来就不多，我再分走一半，你的日子就更紧了。地，我不要；老婆，我也不娶了。"展雄见哥哥对他好，不想连累哥哥。

"兄弟，地虽然不多，也够我们吃了，你还是要听哥哥的。"

"哥哥，你不要劝我。从小到大，家里没人喜欢我，都说我是灾星，我要是再分了哥哥的财产，还不被骂死？"展雄说，话虽然不好听，可是都是实话。

"兄弟，生死有命啊，爹死怎么能赖到你身上呢？你不要管别人怎么说，哥哥能做主。"展禽也知道弟弟这么多年受了不少委屈，更想要帮他。

"哥哥，不瞒你说，这个家，我是不想待下去了。鲁国，我也不想待下去了，我已经准备好了去齐国，看看有没有机会。"

"去齐国？"展禽吃了一惊，没想到弟弟想要出国，可是转念想想，既然在鲁国也没有什么机会，去齐国倒未尝不是好想法，凭弟弟的本事，说不定还有出人头地的机会。"那，什么时候去？"

"秋收之后。"

"那好，我送你。"

秋天过去了，冬天来临了。

展禽精心为弟弟准备好了盘缠和衣物，驾上自己家里的那辆车，亲自送弟弟北上齐国。鲁国人有很多北上齐国寻求发展的，就叫作"北漂"。

展雄去齐国，家里没人挽留，也没人关心。

从曲阜北上，一路来到了泰山脚下。

"哥哥，到此为止了，你回去吧，嫂子还等你回家呢。"展雄跳下了车，让哥哥回去。

泰山是鲁国和齐国的界山，泰山本身是三不管地带。过了泰山，就是齐国了。

展禽也跳下车来，取了干粮，找个僻静的地方跟弟弟吃了，又交代了一番在家千般好出门一时难的道理。

"哥哥，别说这些了，在外面混，我比你强。我听说这泰山一带有强盗，你还是赶紧回去吧。"展雄说话也很直，催着哥哥快些回去。

兄弟分手，展禽看着弟弟走远了，这才掉转车头，向南回曲阜。这个时候，已经是下午了。

第二〇二章

古 墓 丽 影

寒风、黄土、枯树。

旧车、瘦马、归人。

天色越来越黑，天气也越来越冷。从泰山回曲阜，展禽赶着车一路狂奔，想在城门关闭之前回到曲阜城。

可是，冬天，天黑得早，城门也关得早。

等到展禽匆匆忙忙赶回曲阜城的时候，城门已经关上。

来自西伯利亚的寒风一阵一阵地吹着，展禽感到彻骨的寒意。看看城外四周，竟然没有一处人家可以投宿，也没有旧房之类可以避寒，甚至连庄稼地里也光秃秃一片。

展禽庆幸的是，自己的衣服穿得够厚，而且车是有篷的家用车，也就是现在所说的房车，而不是战车。可是，虽说自己这是房车，也是四面漏风，就这样在野地里待一个晚上，冻不死也冻个半死。怎么办？展禽突然想起来了，城南有一片墓地，应该可以避风。

去墓地？不怕遇见鬼？展禽根本就不相信有鬼。

416

墓地。

墓地没有坟头，那个年代没有坟头，有墓无坟。

展禽把车停在一个小山包的后面避风，把马解下来，拴在一棵树上。然后自己钻进了车里，尽量把四周的缝掩上，把衣服裹好，坐在车里等待天亮。虽然还是冷，却已经好了许多。

旷野之中，北风发出凄厉的声音，在夜晚令人分外绝望。

突然，展禽从凄厉的风声中似乎听到了哭泣的声音。

"鬼？"展禽自问，虽然他不相信有鬼，可是鬼故事也听了不少。如果这真是哭泣声，是鬼吗？除了鬼，谁会这个时候在这个地方哭泣？"不会，根本就没有鬼。"

展禽很坦然，他相信那根本就不是哭泣的声音。

可是，当风声减弱的时候，那哭声就更加清晰了，是一个女子的哭声。

"女鬼？"展禽又自问，如果世界上没有鬼，又怎么会有女鬼？可是，如果不是女鬼，是什么人在哭泣？"那我就看看女鬼是什么样子。"

展禽掀开车的布帘，从车上跳了下来。

顺着哭泣的声音，展禽借着月光走了过去。

突然，展禽的眼前一亮。

每个人都有眼前一亮的时候，就如每个人都有眼前一黑的时候。

展禽的眼前，是一个美丽的背影。不远处一个避风的所在，一个女子靠着一棵树在哭泣。

"姑娘，你为什么一个人在这里？"展禽走近了问。

女子转过身来，展禽的眼前又是一亮。只见这个女子年方二八，面如桃花。柔弱无力，更显娇媚；眉峰紧蹙，我看犹怜。

美女，绝对的美女，正应了那句话：后面看迷倒千军万马，正面瞧惊呆百万雄师。

这哪里是鬼？这分明就是古墓丽影。

"啊，鬼。"姑娘用一声惊叫来回应他，她几乎吓昏过去。

"我不是鬼，我是人。"

"人？坏人？"姑娘还是很害怕，黑灯瞎火的野外遇上一个男人，好男人都可能变成坏男人了，何况自己还是古墓丽影。

"我不是坏人，我是展禽，姓展的展，家禽的禽。姑娘，你为什么在这里哭泣？"

"我，我串亲戚回来，谁知道城门关了。我，我黑灯瞎火躲在墓地，冻得半死，我不该哭吗？"姑娘冻得直哆嗦，连说出话来都是哆嗦着。

"该，应该的。"展禽想想，觉得姑娘说得对。

"你救救我吧，我要冻死了。"姑娘说，嘴唇冻得发紫了。

"那，跟我来吧。"展禽决定帮助这个姑娘。

姑娘冻得浑身发抖，走路都有些困难。展禽急忙扶着她，一路回到了自己的车前。

"姑娘，上我的车里避避风吧。"展禽扶着姑娘的手，将她搀上了自己的车，他感觉到姑娘的手几乎已经冻僵了，不停地抖动。姑娘坐在座位上，还在不停地抖着，几乎坐不住。

展禽略略犹豫了一下，他明白，以这个姑娘现在的状况，就算坐在车里，等到明天天亮，也成古墓僵尸了；而自己如果把车让出去，也有可能冻死。要想大家都不冻死，唯一的办法：互相取暖。

想明白了这一点，展禽也上了车，他把姑娘抱了起来，自己坐下，然后把姑娘放在自己的腿上，紧紧地把姑娘抱在自己的怀里。

展禽感觉不到姑娘的体温，只感觉到一阵阵寒气从姑娘的后背袭来。传说中鬼是没有体温的，幸亏展禽不信，否则一定把姑娘当成鬼了。展禽紧紧地搂住她的腰，不敢放开。姑娘显然有些享受，她能够感受到一股暖气从展禽的胸膛透过来，直抵自己的心脏。她把自己的手放在展禽的手上，算是对展禽的回报，因为这样，展禽的手就会暖和一些。

过了一阵儿，展禽的胸前终于有了暖意，他知道，姑娘的体温慢慢恢复正常了。他的手也有了暖意，因为姑娘的手就在自己的手背上。

"我……我的胸还是冷。"姑娘说，她的胸确实还是冷。

展禽把自己的手从姑娘的腰挪到了姑娘的胸前，他立即感到不同，这里软绵绵的。

坐在展禽的怀里，姑娘睡着了，睡得很香，因为白天太累了。

展禽却怎么也睡不着，换了谁，怀里抱着个美女，都会睡不着。

姑娘的体温，姑娘软绵绵的身体，姑娘的体香，以及姑娘均匀的呼吸，凡此种种，都让展禽有些呼吸紧促，蠢蠢欲动。

圣人，也是人。

姑娘的脸庞白里透红，就在自己的嘴边，最起码，亲一口？展禽咽了咽口水，忍住了。

一个人不近女色很难，近了女色又不动邪念更难，动了邪念而克制住自己不去行动就更是难中之难了。

展禽却做到了。

展禽闭上了眼睛，强迫自己不去想身边的事情，而是想自己的弟弟展雄到了齐国之后会怎样。想到弟弟，展禽的心情有些沉重起来，不知道弟弟孤身一人在异国他乡混得怎样，能不能站得住脚，会不会跟人打架？

长夜漫漫，无心睡眠。

天终于亮了，风似乎也小了一些。

开城门的声音传来，迷迷糊糊的展禽睁开了眼睛。

"姑娘，天亮了，回家吧。"展禽把自己的手从姑娘的身前移开，摇了摇姑娘的肩膀。

"啊。"姑娘从睡梦中醒来，发现自己竟然坐在一个男人的怀里，吃了一惊，急忙跳下车来。

寒风立即让姑娘清醒过来，她猛然想起昨晚的事情来，摸摸自己的衣服，并没有被解开，再摸摸自己的裤腰带，也还是原来那样，她确信展禽救了自己的命并且没有趁机侵犯自己。

"你……你救了我的命？"姑娘问展禽。

"算是吧。"展禽说，他是个实诚人，不会说谦虚的话。

"我……我怎么报答你？"姑娘又问，她很感动。

"不用报答，我也没有损失什么。"展禽说，还是那么诚实。

"我……救命之恩，小女子无以为报，唯有以身相许。"姑娘很感动，她想不出什么更好的报答方式。

"不必了，我已经有了老婆。"

"那，当二房也行。"

"我养不起，真养不起。"

"那，情人也行，我就在这里献身给你。"

"不行，这里很冷。"

"那，你找地方，我跟你走。"

"不行，我急着回家呢，你不急吗？你快走吧。"

"那我跟你一块儿走。"

"不行，你先走吧，你的母亲一定在为你担心呢。我的腿坐麻了，要缓一缓才行。"

姑娘犹豫了一下，终于还是走了。

展禽两腿酸麻，站不起来，坐着捶打了一阵，这才勉强下了车，然后套上马，赶车回家了。

这一段，就是中国历史上著名的"坐怀不乱"的故事，成语"坐怀不乱"

也出自这里。

417

后来有句俗话："好事不出门，坏事传千里。"可是，春秋那时候还没有这句俗话。

展禽坐怀不乱的事迹迅速传遍了整个曲阜城，有说好的有说不好的，说好的是称赞展禽的品德，说不好的是怀疑展禽是不是性无能。

不管怎样，展禽意外地获得了广泛的好名声。终于，连国君鲁桓公都听说了。

"这么诚实的人，可以用啊。"鲁桓公表示。

于是，展禽在第二年被录用为官员，至于什么职位，按照展家的家史记载，是"仕鲁参末议"，属于比较低级的官员。

展禽当上公务员不久，鲁桓公带着老婆文姜前往齐国访问，结果被齐襄公所杀。（见第一部第二十三章）

干了一年之后，由于展禽工作认真负责，一丝不苟，于是被提拔为士师，级别为下大夫。士师是干什么的？主持士这一级诉讼的基层法院院长。

鲁国是个讲周礼的国家，但同时是个人情国家，亲亲上恩，刑罚上总是很照顾关系和面子，而大家都习以为常。可是，展禽是个诚实人，该怎样就怎样，没什么面子可讲。但凡审判，都是依法而行，找门路托关系这一类事情，在他面前都不好使。因此，干了一年，得罪了不少人。

终于，一个案子审下来，让展禽下课了。什么案子？

按照当时鲁国的刑法，盗窃罪的刑罚是这样的：偷一钱到二十钱的，处罚金一百；偷二十一钱到一百钱的，处罚金二百；偷一百零一钱到二百钱的，罚为白徒，什么叫白徒？就是官奴，也就是有期徒刑；偷二百零一钱到一千钱的，不好意思，就要剃光头，服更长时间的有期徒刑，而且，地位比白徒还要低下，官方用语叫作"完为倡"。

一个叫佐丁的人偷了一斗米，价值三钱，被抓获之后送到了展禽这里。

按照法律，偷三钱应该是罚金一百，立即释放。所以，佐丁自认倒霉，倒也不是太害怕。

"我宣判，佐丁，完为倡。"展禽判决，要把佐丁剃成光头，做官奴。

"什……什么？"佐丁一听，当时傻眼，展禽公报私仇？可是自己跟展禽没有私仇啊。而且，没听说鲁国刑罚正在从重从快啊，展禽怎么能把自己判这么重？"我不服。"

"不服？不服你上诉啊。"展禽给了他机会。

佐丁虽说就是个士，可是还有些有能量的亲戚，于是佐丁找亲戚托关系跟展禽说情，展禽一概不理。

"你无缘无故重判我，我找国君说理去。"佐丁就觉得自己太冤，于是托亲戚找鲁庄公申诉。

鲁庄公听说这回事之后，也觉得展禽有些过分，于是，找来展禽问这件案子。

"叔啊，判重了吧？人家就偷了三钱啊。"鲁庄公说，论辈分，展禽是他叔。

"主公，钱，是只偷了三钱。"展禽顿了顿，开始解释，"可是，事，不是那么个事。"

"这，什么意思？"鲁庄公听得有些糊涂。

"吏初捕丁来，冠钬冠，臣案其上功牒，署能治礼，儒服。"展禽开始解释，说是佐丁刚刚被抓来的时候，戴着钬冠，这种帽子不是人人能戴的，这种帽子属于政府颁发的一种证书性质，代表身份地位的，展禽拿下他的帽子来看，帽子上还写着证书的类型，那就是"治礼、儒服"，也就是说这人可以作相礼，相当于礼学教授或者律师。"主公，此人不仅懂法，而且有法律身份，平时用法律教训别人，而自己却知法犯法。这样的罪，按照刑律，是应该两个白徒，二罪并罚，所以要完为倡。"

"哎，对啊。"鲁庄公觉得有理。

展禽就这么判了佐丁。

可是，佐丁也不是好欺负的，在鲁国，佐丁这样身份的人有一个圈子，而且这个圈子的活动能力很强。对于佐丁的被判，整个圈子的反应都很激烈，原因很简单，如果这个判例成立，大家今后但凡犯罪就都是知法犯法，罪加两等了。

怎么办？不是东风压倒西风，就是西风压倒东风。

他们开始展开活动，四处游说，说展禽的坏话。

而展禽是个老实人，从来不说假话的那种，也从来不去拉关系表忠心的那种。于是，结果可想而知。

在越来越多的人纷纷来说展禽坏话之后，鲁庄公终于决定炒掉展禽。

就这样，展禽只做了一年的士师之后，回家种地去了。

只干了两年公务员，展禽下课了。

展禽并没有沮丧。相反，他还挺高兴，为什么？因为老婆要生了。

被炒之后三个月，展禽的大儿子出生了。

"谁说人家性无能？"到这个时候，大家又想起展禽坐怀不乱的事迹来。

展禽安心种地，另一方面在家里研究学问。

就这样过了五年，到展禽三十四岁的时候，鲁庄公决定再次任命他为士师。

有了上一回的教训，这次展禽该学得灵活一点儿了吧？

没有，展禽还是那样，凡事没有情面可讲。

上任三个月，展禽就又得罪了一大片人。勉勉强强干了两年，展禽再次接到了辞退通知书。

不过，这一回的辞退很大程度是因为他的弟弟展雄。

展雄现在在哪里？他怎么会连累到自己的哥哥？

展雄从鲁国来到齐国的时候，齐国国君是齐襄公，齐襄公不像他的父亲齐僖公那样喜欢招贤纳士，所以这时候的"北漂族"的日子并不好过。

展雄是个爽快人，性格豪爽，好结交朋友，因此在齐国很快结交了不少朋友，随后托熟人找门路，想要在齐国谋个位置。可是，不容易啊。

转眼间，过了两年，眼看着在齐国没有什么前途，怎么办？这时候，听说哥哥在鲁国已经当上了士师。换了别人，这时候就可以回鲁国投奔哥哥，靠着哥哥的面子，混个一官半职。可是展雄想都没想，一来哥哥决不会给自己开这个后门；二来，哥哥这样的性格，干不长。

所以，展雄下定了决心，就算死在齐国，也决不回鲁国。

"兄弟，咱们合伙做点儿生意怎么样？"一个在人才市场认识的"北漂"哥们儿来找展雄合伙做生意了，谁啊？管仲。

"哎哟，仲哥。"展雄有点儿吃惊，整个人才市场，最聪明的就是管仲了，管仲主动邀请自己来做生意，那绝对是瞧得起自己。"我也想做生意啊，可是我要本钱没本钱，要生意头脑没生意头脑，没资格跟你合伙啊。"

"兄弟，话不能这么说，要是没有两把刷子，谁敢来临淄混啊？每个人都有每个人的长处，关键是怎么样发挥长处啊。你看你，性格豪爽武艺高强，好人见了你怕三分，坏人见了你不敢惹，这就是本钱啊。这么着，我跟鲍叔牙已经谈好了，他出本钱，我出头脑，你呢，出力气就行，赚了钱，咱们三人平分。你看怎样？"

"那好啊。"不用出本钱，也不用出主意，展雄当然高兴。

按照分工，鲍叔牙出本钱，管仲负责商业信息和货源组织，从齐国运盐前往鲁国、郑国、宋国等国家，再从这些国家组织货源运到齐国。展雄负责运输和保卫工作，联系车队，保证货物的安全。

转眼间到了第二年，第一批盐组织好了，目的地是宋国。

一切就绪，管仲和展雄率领车队出发了。

出发之前，从鲁国传来消息，说是展禽下课了。

"唉，我就知道是这个结果。"展雄叹一口气。

一路顺利，这一天来到了泰山脚下，过了泰山，就是鲁国，穿过鲁国，就到了宋国。展雄的心情略略有点儿激动，这将是他第一次回到祖国。不过，这次看来是没有时间去看望哥哥了。

"站住。"就在展雄思绪万千的时候，一声断喝让他从思绪中走了出来，定睛一看，只见路两旁跳出十多条大汉来，拦在车队的面前，领头的高喝，"此路是我开，此树是我栽，若要从此过，留下买路财。"

强盗，遇上了强盗。

"兄弟，现在靠你了。"管仲对展雄说，遇上强盗，管仲照例是要向后缩的。

"看我的。"展雄说，这当然是他的事情，钱不是那么容易挣的。

展雄的战车来到了最前面，然后转过身来对大家说："跟强盗没什么好说的，我们现在只有一条路，就是冲过去。我在前面开路，大家紧紧跟上。"

说完，展雄的战车在前，其余车辆跟上，冲了过去。

强盗们自然不会放他们过去，挥舞着刀棍拦在路上，展雄使开大戟，当场就刺翻两个强盗，强盗们吃了一惊，急忙退后，展雄战车冲了过去，其余车辆一拥而过。

只有一辆车被拦在了后面，谁的车？管仲的。

管仲一向喜欢缩在最后，可是这一次，缩在最后却成了强盗们的目标。管仲被强盗们围在中间，眼看抵挡不住。

"唉，想不到我管仲治国大才，竟然死在一帮小贼的手里。"管仲叹了一口气，准备赴死。

就在这个时候，只听见一声怒喝，展雄杀了回来。

由于道路狭窄，战车不便掉头，因此，展雄是跳下战车奔跑过来的。

展雄一到，强盗们知道遇上了劲敌，纷纷撇开管仲，来围攻展雄。

"仲哥，你快走，我来断后。"展雄大声喊道。

其实不用展雄喊，管仲的御者早就赶着车逃出了包围圈。看看逃得够远，管仲才放下心来，对展雄喊："兄弟，我们在前面等你。"

"不要等我，你们快走，越远越好，我去追你们就行了。"展雄一边打斗，一边大声喊叫。

管仲原本还想等等，但是当他看到山上又下来几十个强盗的时候，他立即做了决定：快跑！

很快，一百多个强盗将展雄围在了中间。

第二〇三章

强 盗 理 论

眼看管仲等人走得远了，而自己身边密密麻麻围了百十号人，再打下去，就算自己有万夫不当之勇，也抵挡不住了。于是，展雄暴喝一声，把手中的大戟插在了地上。

"伙计们，我已经保护我的大哥安全过去了，死而无憾了，来吧，派个胆子大的上来杀我吧，皱一皱眉头，我就不是展雄。"展雄大声说道。

强盗们一时间都愣住了，一来是展雄勇猛；二来没有想到展雄会主动放下兵器；三来，不知道为什么非要胆子大的上去？展雄临死还要拉个垫背的？

展雄知道，如果自己说完话，大家一拥而上的话，十个展雄也被砍死了；而如果大家都在犹豫，自己就有机会了。

而现在，大家都有些不知所措。

"各位，你们当强盗，无非就是想抢财抢物抢女人，如今财、物都跑掉了，杀了我管什么用？既然杀了我也没用，不如大家省省力气，啊，不好意思，告辞了。"展雄一看机会来了，说完话，就要开溜。

"扑通。"一个老强盗跪在了展雄面前，拉住了展雄的衣襟，把他吓了一跳。

什么意思？展雄没弄明白，这是强盗杀人之前的规定动作？

"扑通，扑通。"一百多号强盗都跪在了地上。

这一次，轮到展雄发愣了，跑也不好，不跑也不好，怎么办？正在想着，老强盗说话了。

"大王，我们终于找到你了。"老强盗说得声泪俱下，十分激动。

418

现在，展雄成了泰山的山大王，手下有百十来号人马。

老强盗姓高，原本是齐国的公族，一年前因为在齐国犯了罪，无可奈何在这里落草为寇。原本这泰山脚下就有些草寇，多半是附近各国的野人，也有几个士，这些人三个一伙两个一群的不成气候，把强盗的事业做得像小偷一样窝囊。老高毕竟是齐国的士，有些见识，知道团结才有力量，于是将这些人聚拢在一起，算是个松散的联合体。有人提议老高担任头领，可是老高一来年岁大了，二来组织能力欠缺，因此一向不肯。如今遇上展雄，就知道这个人才是最理想的强盗头子。

"大王，你就当我们的大王吧，我们都听你的。"老高说。

"大王？"展雄没听明白。

"大王，我们虽然是强盗，可是没有人领导，随时会被剿灭，从今以后，我们就拜您为大王，都听您的。为了一百多个兄弟的将来，我老高就求求你了。"老高说得声情并茂，真诚无比。

现在，展雄听明白了，这是要让自己当强盗头子。

"这，我不干。"展雄拒绝。

"大王，你再听我说。"老高顿了顿，接着说，"你看你，武艺高强，我们十多个人不是你的对手；你勇猛善战，这么多人围着你都不怕；你够意思讲义气，救了整个商队，救了商队的同伴，自己却陷于绝境；你还很有智谋，临危不惧。还有，一看你就是个不得意的士，对现实充满仇恨，对前途只剩下绝望。恕我直言，你这样的人，绝不是久居人下之人，可是名门正道又没有你的机会，所以，你天生就该是个强盗头子，山大王的料儿。"

老高一席话，说得展雄怦然心动。

溜须拍马，奴颜婢膝，这些自己都不会；像哥哥一样老老实实在家种地，研究学问，自己又不甘心。所以，当个强盗头子看上去还真是个不错的选择。

"好吧。"展雄答应了。

展雄毕竟是受过教育的人，再加上在齐国期间跟管仲混，境界又大有提高，在能力上确实高出大家一头。

当上了山大王之后，展雄重点进行了组织建设和制度建设，老高被任命为泰山卿，主要负责出谋划策，余下按照齐国兵制编队管理；制定了严格的赏罚制度，公平执法，赏罚及时。

很快，展雄的人马称雄泰山一带，其余的散落草寇纷纷来投，又剿灭了剩余的小股强盗，最终一统泰山。到了这个时候，展雄在山上修建大寨，铸造兵器，制备旗帜锣鼓，训练军队。俨然之间，成为一方诸侯。

据《庄子》记载："盗跖从卒九千人，横行天下，侵暴诸侯。穴室枢户，驱人牛马，取人妇女。贪得忘亲，不顾父母兄弟，不祭先祖。所过之邑，大国守城，小国入保，万民苦之。"

什么意思？就是展雄的事业越做越大，到后来手下员工达到九千人，横行天下，和各诸侯分庭抗礼。所到之处，没有国家敢于对抗，只能坚守不出。展雄的手下兄弟们常常主动上门，抢牛抢马抢女人。他们不祭祀祖先，忘记了父母兄弟，六亲不认，大利灭亲。

为什么展雄的事业能够做得这么大？因为他是盗圣。

为什么他是盗圣？因为他有理论。

下面，来看看展雄的强盗理论。

有一天，一位手下问展雄："盗亦有道乎？"

"我说伙计，什么事情要做好，都是有道的啊。就说咱们这个行当吧。在开抢之前，就能够判断出房子里有没有财物，这就是圣明；能够不顾危险，第一个冲进房子，这就是勇敢；抢完了东西，最后一个撤出来，这就是义气；能够知道该不该出击，这就是智慧；抢到了财物能够公平分配，这就是仁爱。圣勇义智仁，要成为一个合格的大盗，必须具备这些素质。"展雄一一道来，头头是道。

盗圣，不愧是盗圣。

《庄子》这样总结："跖不得圣人之道？不行。"

意思就是：展雄是圣人吗？必须的。

展雄的事业做大了，大到鲁国都感受到他的威胁。于是，有人向鲁庄公投诉，说是展禽对弟弟管教不严，以致展雄成为强盗，不仅扰乱了我们的边境，而且破坏了我们鲁国的形象。因此，展禽不应该再担任鲁国的士师了。

"嗯，说的也是。"鲁庄公觉得有道理，于是第二次炒掉了展禽。

展禽没有解释，也毫无怨言，回家种地去了。

这一天，有人来访了，谁啊？展禽的朋友孔丘，也就是孔仲尼，后世称之为孔圣人。

大家都是圣人，所以凡人那些啰里啰嗦的客套话就免了。

"子不孝，父之过；弟不教，兄之惰。如今先生你是当世的贤士，然而兄弟却被叫作盗跖，成为天下的祸害。说实话，我真替先生感到羞愧。如今，我愿意替你前去劝说他改邪归正，再做良民。那时候，先生岂不是也就能官复原职了？"孔丘一番好心，前来帮忙。

"老弟啊，我这个兄弟从小就叛逆，而且思维敏捷，性格暴躁，我哪里管得了他？我也说不过他啊。就算你能言善辩，我看未必能说得过他。而且，就他那性子，一不高兴就能杀人，我看你啊，你别去逞这能了。"展禽对孔丘的建议没什么兴趣，因为他最了解自己的弟弟。

"那，不试试怎么知道不行呢？我一定要去。"孔丘坚持。

展禽没有再拦他，展禽就这性格，道理说一遍，听不听自己决定。

几天之后，孔丘上路前往泰山了，学生颜回驾车，另一个学生子贡做车右，晃晃悠悠来到了泰山脚下。前面，就是强盗的大寨。

"此路是我开，此树是我栽……"突然，路边跳出一伙强盗来，大声喝道。

"我说伙计，这套就免了吧，我们老师是特地来拜会你们大王的。"子贡打断了强盗们的话。

强盗也是讲道理的，人家既然是客人，当然也就不能无礼。一伙强盗带路，不多时，来到了大寨门口。

孔丘下了车，对守门的守卫说："在下鲁国人孔丘，听说展雄将军刚毅正直，特来求见，拜托转达。"

"你等着。"一个守卫进去通报了。

这个时候，展雄起床不久，正在准备吃早餐，早餐吃什么？烤人肝。

"报大王，鲁国人孔丘求见。"进来禀告的守卫低声说。

"什么？孔丘？"展雄一下子瞪圆了眼睛，用《庄子》的话说，那就是"目如明星，发上指冠"，他暴怒，"不就是鲁国著名的大忽悠孔丘吗？我不见他，让他滚。"

"怒发冲冠"，这个成语来源就是这里，展雄最先展示的。

守卫吓了一跳，急忙要走，展雄又把他叫住了。

"你替我告诉他，就这么说：'你装腔作势，装模作样，拉大旗作虎皮，把自己的垃圾主张都说成是文王、武王的思想；你头上戴着树杈一样的帽子，腰上围着死牛的皮带，满口胡言乱语，一肚子乌七八糟；你不种地却吃得不错，不织布却穿得讲究；你整天摇唇鼓舌，搬弄是非，忽悠天下的诸侯，让读书人都变成伪君子；你拼命鼓吹尽孝尊长，实际上想要靠这个得到封赏发不义之财。你罪大恶极，不要让我看见，否则，我把你心肝挖出来当早餐。'"展雄一口气说这么多，算是解气，挥挥手让守卫出去，也不管他能记住多少。

守卫哪里记得住这么多，从展雄的大帐到山寨的大门，把展雄这番话也忘得差不多了，怎么办？反正不就是骂人吗？骂跑这个伙计不就行了？

"我说伙计，我们大王让你滚蛋，还让我给你带话，说你个大蠢驴吃人饭不说人话……"此处省略三百五十四字，字字都是山东脏话。

守卫一通臭骂，骂得孔丘师徒三人的脸上红一阵白一阵，活这么大岁数，还没被人这么羞辱过。

孔丘努力让自己镇定下来，若不是两个弟子在眼前，丢不起这个人，当时就走了。可是如今，还必须想办法。

"不好意，刚才忘了说，我是展禽先生的朋友，展禽知道不？你们大王的哥哥。我这次来，是展禽托我来的。麻烦再去通报一下，多谢多谢。"孔丘赔着小心，还要挤出笑容来，请守卫再次通报。

守卫有点儿惊讶，他实在没想到这个人是展禽的朋友，早知道，刚才那顿骂就省了，为什么？因为展雄在山寨宣布过，但凡打劫，如果对方提起跟哥哥展禽沾亲带故，都不许抢。

"那，请先生等等。"守卫一路小跑，去通报了。

不多久，守卫出来，客客气气地说："伙计，大王请您进去。"

孔丘很有风度地笑了笑，现在很有面子了。看来，展雄很敬重他的哥哥，对自己估计也会待若上宾了。

孔子终于见到了展雄，展雄怎么样？

展雄坐在席上，古人的坐是跪坐，两个小腿弯曲向后，两只脚不能对着客人，与如今泰国人的坐法相似。可是，展雄是一屁股坐在席上，两只脚伸到前面，臭脚丫子正对着客人，非常没有礼貌。桌子上是一把宝剑，展雄的手就按在宝剑上。

孔丘心里有点儿打鼓，禁不住有些后悔。可是事到如今，硬着头皮也要上了。

只见孔丘来到近前，躬身行礼。之后，还不敢坐下，倒退回去，再回来，又行了一遍礼。

"伙计，没完没了？赶快坐下，有屁就放。我告诉你，如果你说的顺我的意，算你识相；如果不顺我的意，让你站着进来，躺着出去。"展雄没给孔丘什么好脸色，一边说话，一边拍着桌子上的宝剑。

孔丘硬着头皮坐在展雄的对面，一股脚臭味扑鼻而来，也只好忍住。当下定了定神，开始说话了："在下我听说，天下有三种人最厉害：生得魁梧高大，长得英俊潇洒，人见人爱，这种人是上等的德行；上知天文，下知地理，学识渊博，能言善辩，这种人是中等的德行；剽悍勇敢，能够领兵带将，这种人是下一等的德行。只要一个人拥有这三种中的一种美行，称王称霸不足道哉。

"看看将军您，您高大魁梧，身高八尺二寸，面容英俊，两眼熠熠生辉，嘴唇鲜红犹如朱砂，牙齿整齐好似编贝，声音洪亮赛过黄钟，学识渊博，作战勇猛，您简直不是人啊，您就是圣人哪，这三种德行您一个人都具备了。可是，可惜了了，您却被人们称为盗跖。"

展雄没有表情地听着，用手抠抠脚趾缝，搓出一点儿泥来。

"我孔丘暗暗为将军不值啊，我认为将军不应该有此恶名。将军如果有意听从我的劝告，我愿意南边出使吴国、越国，北边出使齐国、鲁国，东边出使宋国、卫国，西边出使晋国、秦国，劝说各个国家有钱出钱、有人出人、有地出地，为将军建造数百里的大城，拥有数十万户的人口，尊将军为诸侯。那时候，天下和平了，放弃武力了，老百姓安居乐业了，老有所养小有所教，祖先得到供奉了。这您就是圣人啊，天下人都盼望着那一天早日到来呢。"

孔丘一口气把话说完，喘了一口气，再去看展雄的反应。

"忽悠，接着忽悠。"展雄一脸的冷笑，突然，一拍桌子，大声说道，"老孔，你给我听着。但凡能够被你的大道理说服的，那些不过是愚昧浅陋的顺民屁民。我展雄高大魁梧英俊潇洒，人见人爱，这是我的父母给我的。你孔丘不来拍这个马屁，我难道还不知道吗？我听说，喜好当面拍马屁的人，也就喜欢背地里诋毁别人。你用建造什么大城、拥有多少百姓这些屁话来忽悠我，无非就是要利诱我，当我什么人？顺民屁民啊？城池再大，能比天下更大吗？尧舜拥有天下，子孙却没有立锥之地；夏启、商汤做了天子，可是后代却遭灭绝，这不是因为他们贪求占有天下吗？"

说到这里，展雄把刚才搓出来的泥狠狠地扔在了地上。

"我还听说，古时候兽多人少，人只能在树上筑巢而居躲避野兽，所以那时候叫有巢氏之民。古时候人们不知道穿衣服，夏天存积柴草，冬天烧火取暖，也就是凑合着活下去。到了神农时代，人们只知道娘，不知道爹，跟麋鹿生活在一起，自己耕种自己吃，自己织布自己穿，没有伤害别人的心思，生活自由自在，这就是道德鼎盛的时代。可是到了黄帝的时代就不再具有这样的德行，他跟蚩尤在涿鹿的郊野上争战，流血百里。尧舜称帝，设置百官，商汤放逐了他的君主，武王杀死了纣王。从此以后，世上总是以强凌弱，倚仗人多势众欺负别人。商汤、武王以来，就都属于篡逆叛乱的人了。

"如今你研修文王、武王的治国方略，控制天下的舆论。你们穿着宽衣博带的服装，矫揉造作虚情假意，用以迷惑天下的诸侯，一心想用这样的办法追求高官厚禄。要说大盗，再没有比你大的了。天下为什么不叫你盗丘，反而叫我盗跖呢？

"你忽悠子路死心塌地地跟随你，让子路收起勇士的心性，做你的门徒，天下人都说你孔子能够制止暴力禁绝不轨。可是后来，子路想要杀掉篡逆的卫君却不能成功，自己反而被剁成了肉酱，这就是你那套说教的失败。你不是自称圣人吗？却两次被逐出鲁国，在卫国被人铲削掉所有足迹，在齐国被逼得走投无路，在陈国、蔡国之间遭受围困，不能容身于天下。而你教育出的子路却又遭受如此的祸患，做师长的没有办法在社会上立足，做学生的也就没有办法在社会上为人，你的那套主张难道还有可贵之处吗？"

说到这里，展雄一拍桌子，啪的一声，吓得孔丘一哆嗦。展雄没有管他，自顾自地端起一杯酒来，喝了一口，继续说。

"世上所尊崇的圣人，莫过于黄帝，黄帝就是好人吗？唐尧不慈爱，虞舜不孝顺，大禹半身不遂，商汤放逐了他的君主，武王出兵征讨商纣，文王曾经被囚禁在羑里。这以上的六个人，都是世人所尊崇的，但是仔细评论起来，都是因为追求功利迷惑了心性而强迫自己违反了自然的禀赋，所谓的圣人，都是可耻的。

"世人所称道的贤士又怎么样呢？伯夷、叔齐饿死在首阳山，尸体都未能埋葬。鲍焦清高，非议世事，竟抱着树木而死去。申徒狄多次进谏不被采纳，背着石块投河而死，尸体被鱼鳖吃掉。介子推算是最忠诚的了，最终也抱着树木焚烧而死。尾生跟一女子在桥下约会，女子没有如期赴约，河水涌来尾生却不离去，竟抱着桥柱子而淹死。这以上的六个人，跟肢解了的狗、沉入河中的猪以及拿着瓢到处乞讨的乞丐相比没有什么不同，都是重视名节轻生赴死，不顾念身体和寿命的人。所谓贤人，都是浑球。"

展雄把目光从孔丘的身上移开，去看颜回和子贡，看看这两个著名贤人是什么样子。展雄发现，他们似乎比孔丘要从容一些。

"那么，你们所景仰的忠臣又怎么样呢？忠臣没有超过王子比干和伍子胥的了。伍子胥被抛尸江中，比干被剖心而死，这两个人，世人都称作忠臣，然而最终被天下人讥笑。所以，忠臣都是可悲的。

"你老孔要来说服我，如果你讲些离奇古怪的事，那可能还能忽悠一阵。可是你跟我说人世间这点事，怎么忽悠得了我？现在我来告诉你人之常情吧，眼睛想要看到色彩，耳朵想要听到声音，嘴巴想要品尝滋味，欲望想要得到满足。人生在世高寿为一百岁，中寿为八十岁，低寿为六十岁，除掉疾病、死丧、忧患的岁月，其中开口欢笑的时光，一月之中不过四五天罢了。天与地是无穷尽的，人的生死却是有时限的，拿有限的生命托付给无穷尽的天地之间，就像白驹过隙一样迅速。凡是不能让自己生活得愉快，颐养天年的人，都不是真正懂得道理的人。

"所以，老孔你所说的，都是我想扔到垃圾堆里的，你还说什么呢？你闭上你的嘴，赶快从这里滚蛋。你的那套说辞，不过都是迷失心性，钻营奔逐，投机取巧、坑蒙拐骗的东西，全都是背离人性的，瞎忽悠什么？"

展雄洋洋洒洒说了半个时辰，根本不给孔丘插话的机会，话说完，赶人。

孔丘听得目瞪口呆，无言以对。现在展雄赶人，哪里还敢再说什么？

孔丘站起身来，拜谢之后，告辞出来。两个弟子跟在身后，也不敢说话。

师徒三人急急忙忙出了大寨，孔丘若有所失，自顾自上马车，结果三次抓把手都没有抓到，上了车，目光迷离，低垂着头靠在车轼上，脑子里则是一片空白。

一声鞭响，颜回赶车南行。一路上，师徒三人一言不发。

看看天色将晚，师徒三人总算赶在关城门之前回到了曲阜。就在城门口，碰上了展禽。

"哎哟，看你们行色匆匆，刚出远门回来？难道，去见展雄了？"展禽问。

"是啊。"孔丘回答，有气无力。

"看这样子，展雄没给你好脸色啊。"

"唉，真应该听你的啊。我，我真是没病给自己扎针，急急忙忙跑去撩拨虎头、编理虎须，差一点儿就被老虎给吃了啊。唉。"孔丘叹了一口气，他还在后怕。

"还好，回来得够早。再晚一点儿，该考验你坐怀不乱了。"展禽笑了笑，开了个玩笑，算是安慰他。

这段故事里，展雄将孔丘骂得狗血淋头，异彩纷呈，痛快淋漓，充分展现了盗圣的绝世风采。不过，千万不要把这个故事当真，因为展雄死的时候，孔子还没出生呢。这段故事，见于《庄子·盗跖》，借展雄之口批驳孔子的儒家学说。只因为故事过于精彩，所以照录。

这段故事，贡献了两个成语：立锥之地、以强凌弱。

故事中提到的鲍焦，是周朝初期的隐士，传说他因不满时政，廉洁自守，遁入山林，抱树而死。申徒狄是上古时期的人，那时务光拒绝称王，投水而死，申徒狄是他的同僚，也投水而死。至于尾生，是有史以来第一个有记载殉情的痴心汉。尾生的故事是这样的：跟一个女子约好了在桥下约会，谁知女子没来，大水来了，尾生不肯离去，结果被大水淹死。

第二〇四章

和圣落幕

就在展禽第二次被炒的当年（前685年），天下发生了一件大事——齐桓公登基了，管仲出任齐国上卿。

随后的四年，齐国和鲁国之间发生多次战争，最终，双方结盟。（见第一部第三十三章）

与齐国人在柯结盟之后，鲁庄公回到鲁国，立即重新任用展禽为士师。为什么这样？因为鲁庄公知道管仲在鲁国的时候，跟展禽是朋友。希望通过展禽和管仲的关系，加强鲁国和齐国之间的联系。

那么，管仲真的是展禽的朋友吗？

420

齐国，临淄。

管仲跟展家兄弟都有交往，这一天，与齐桓公谈论起展家兄弟来。

"仲父，我听说展禽这人品德高尚，从来不说假话，你在鲁国的时候跟他有过交往，你觉得这人怎么样？可以交往吗？"齐桓公早就听说过展禽坐怀不乱的故事，觉得此人有些不可思议，要听听管仲的看法。

"当然可以，跟他交往很轻松。"管仲说，他和展禽有交往，但是交情并不深。

"那么，可以成为朋友吗？"

"不可以。"

"为什么？他不是从来不会骗朋友吗？"

"是啊，但是他也不会为朋友去骗别人啊。朋友，是用来帮忙的。展禽对所有人都一样，交这个朋友干什么呢？"

齐桓公想了想，觉得有道理，接着问："那么，他这样的人可以用来治理国家吗？"

"不可以，因为他不懂得变通。"

齐桓公又想了想，还是觉得有道理，于是又问："那么，展禽可以成为国家的楷模吗？"

"不可以。"

"人人都诚实不说假话不好吗？"

"问题是不能人人都诚实不说假话。如果我们号召人们学习展禽，那么，相信我们的人就会吃亏，不相信我们的人就会占便宜。于是，我们就会辜负相信我们的人，从而让他们再也不相信我们。"

"那么这样说，天下永远做不到诚信了？"

"不然，要做到诚信，不是靠号召大家学习谁能够做到的。首先，要有制度，告诉人们什么是不能做的；其次，仓廪实而知礼节，要让大家都温饱，于是就有了荣辱，人们就不会为了小利而损毁名誉；最后，君主要做出表率，什么表率？要带头节俭，不要奢侈，这样的风气形成之后，老百姓就不会去追求无止境的享受。有了这三条，老百姓怎么会不诚信呢？"

齐桓公想了想，觉得管仲说得有道理，毕竟治理国家不同于做人，毕竟不能要求人人都做到坐怀不乱。

"治理国家，绝不是要压制大家的欲望，大家的欲望被压制了，这个国家就没有前途了。展禽是个好人，但是不能让人们去学习他，如果人人都跟展禽一样，国家就要灭亡。就像坐怀不乱这样的事情，听上去很好，但是不能让大家去学。普通人，要用普通人的标准去要求他。譬如坐怀不乱这样的事情，换了主公您，乱不乱？"管仲说着说着，话头引到了齐桓公身上。

"这个，我看，可以乱。"齐桓公考虑了一下，才慢慢地说。之后反问："那仲父，换了你，你乱不乱？"

"当乱不乱，必受其乱。"管仲没有犹豫，这样回答。

说完展禽，齐桓公又提起展雄来。

"仲父，我听说展雄从前跟你合伙做生意啊，现在当了强盗，这人怎么样？"齐桓公对管仲的事情知道得还挺多，多半都是鲍叔牙告诉他的。

"展雄这人，比他哥哥强。"

"什么？"齐桓公有点儿不相信自己的耳朵，一个著名的恶人，管仲竟然说他比展禽还强。

"当年叔牙、展雄和我合伙做生意，为了保护我们，展雄成了强盗。后来那一笔生意赚了钱，该给他的那一份给他送去，结果他说他当强盗发了财，他那份就给我了。主公，现在都说我当初做生意比鲍叔牙分得多，好像是我欺负叔牙，其实不是，是展雄那份给我了。你说，这个人，是不是一个好朋友？"管仲一激动，说出一个秘密来。

"倒是，不过，我们现在发展农商，南来北往不知道多少人要路过泰山，如果他们占据着泰山，拦路抢劫，谁还敢来？仲父，你看这事怎么办？"

"这事情好办。想想看，强盗这个活儿，看上去风光，实际上很危险，但凡有正经营生的，谁愿意去做强盗？还不都是被逼上泰山的？如今只要我们招安他们，分给土地，原本是士的，还做士；原本是奴隶的，除掉奴籍。这样，大家都有活路，谁还当强盗？这样，一来咱们人口增加，二来除掉一处祸患，不是很好？"管仲早就想好了办法，不过，那年头，还没有招安这一说。

"主意是个好主意，可是有两个问题啊。首先，招安盗匪，鲁国人一定会说我们的做法不合乎周礼啊，我们怎么能跟盗匪谈到一块儿呢？到时候闹得友邦惊诧，是不是不太好？其次，展雄这个人很蛮横残暴，能言善辩，谁能够去说服他呢？"齐桓公有些犹豫。

"主公，齐国人做事，何必管他鲁国人怎么看呢？我们做了这么多事，他们哪一件不惊诧的？去招安盗匪，不用别人，我亲自去。"

齐军战车三百乘，直抵泰山脚下，安营扎寨之后，管仲独自乘车前往展雄的大寨。

泰山强盗早已看见山下浩浩荡荡来了无数的齐军，急忙通报展雄。展雄正要派人去观敌瞭阵，有人来报齐国上卿管仲亲自来见。

"哈哈哈哈，原来是二哥来了，快快迎进来。"听说是管仲来了，展雄高兴了起来。

不多时，管仲来到了展雄的大帐，老朋友相见，分外兴奋，两人拍肩打背，寒暄良久。最后，二人落座，展雄命令喽啰张罗酒菜，宴请管仲。

自古以来，朋友见面，都是"吃喝"二字。

"二哥，现在你是大国上卿了，我是泰山强盗，找我有什么指教啊？"展雄问管仲，给管仲夹了一块肉。

"伙计，做卿做强盗，其实都一样。眼一闭，一睁，一天过去了；眼一闭，不睁，一辈子过去了。大国征伐，无非也是抢地抢钱抢女人；强盗出动，也是一样。想想当初，咱们三个人合伙做生意，无非也是为了挣钱，也是为了女人，说起来，跟强盗也没有什么区别，哈哈哈哈。"管仲说完，哈哈大笑起来。

"哈哈哈哈。"展雄也大笑起来。

原本，展雄对管仲还有些戒备之心，如今看管仲说话还像从前一样直率爽朗，彻底放下心来。

"二哥，话虽这样说，当强盗还是高风险的职业啊。"

"兄弟，干什么不是高风险？当国君不是高风险吗？"

"话不能这么说，毕竟天下不是强盗的天下，随时会受到攻击啊。对了，我问问你，你带着齐国大军来做什么？是要剿灭我们？"

"不瞒伙计你说，先礼后兵。来，吃块肉。"管仲并没有拐弯抹角，顺手给展雄也夹了一块肉。

"怎么个先礼后兵法？"展雄的脸色变得有些难看起来。

"伙计，强盗有大小之分。大强盗吞并小强盗，你如今有人马过万，怎么来的？就是吞并了各路小强盗。可是，在泰山上你是大强盗，在天下来看你就是小强盗了，所以，你们就要被吞并。我们齐国是这一带最大的强盗，所以，我们要吞并你们。"

管仲的话说到这里，对展雄笑一笑。原本，展雄就应该很愤慨，可是他很奇怪自己愤慨不起来，因为管仲说得太对了，做了这么多年的强盗，得出的结论就是：落后就要挨打，挨打活该；弱小就要被吞并，被吞并不是坏事。

"那，你们怎么吞并我们？"展雄问。

"当年，咱们在泰山遇上强盗的时候，我就暗中发誓，今后要是我成了齐国上卿，一定不能让经商的兄弟们再遇上强盗了。如今，齐国免除了关税，天下商人频繁出入齐国，因此齐国需要整肃边境，保护商人的安全。伙计，不好意思，你们的大寨首当其冲。"

"那，剿灭我们？"展雄有些紧张起来，他从来没有这么紧张过。

"不，泰山上的强盗，但凡愿意去齐国的，原先是士的，恢复士的身份；

原先是野人或者奴隶的，都可以做齐国平民，分给土地，安居乐业。怎样？"

展雄一时没有说话，说实话，这是个不错的条件。展雄的心里非常清楚，强盗这个职业，吃的就是青春饭，一旦过了壮年，也就意味着穷困潦倒了。所以，能够有一块地去种，安居乐业，再攒点儿钱娶个媳妇，对于绝大多数强盗来说，真是个不错的归宿。

可是，对于展雄来说，当年被上百名强盗围攻，也并没有投降。如今，虽然齐国大军在山下，就要投降吗？

展雄是什么人？盗圣。

盗圣是绝对不会投降的。

"二哥，我知道你是好意。可是，我是不会被招安的。我知道大强盗吞并小强盗，小强盗就该被大强盗吞并。不过，除了投降，小强盗也可以选择战死。这样，我的手下，愿意投降的就投降，不愿意投降的，我会率领他们和你们战斗到最后一个人。"展雄说得很轻松，甚至还笑了笑。说完，他喝了一口酒。

管仲也笑了，他也喝了一口酒。

"兄弟，大强盗也并不一定就要消灭小强盗。有的时候，留下小强盗反而对大强盗有好处啊。这样吧，就按你的说法，想做良民的，让他们做良民；想跟你留在泰山的，没问题，泰山脚下也有土地，自己种自己吃。齐国每年再补贴你们一部分，让你们吃喝不愁还有零用。不过有一点，从今以后，不能再打家劫舍，不许拦路抢劫。"管仲说得也很轻松，开出了一个展雄无法拒绝的条件。

"二哥，这样的条件我们自然没有理由拒绝。不过，无利不起早，大强盗小强盗都一样，你们既然不消灭我们，自然是有用到我们的地方，说吧。"展雄收起了笑容，他知道，天上掉下来的馅饼不是那么容易吃到的。

"盗圣，怪不得人称盗圣。这样，平时我们也用不着你们，但是难保有时候我们不方便出面的，你们就要替我们出面了。譬如有时候骚扰一下鲁国，抢劫一下陈国，等等，这样的事情齐国不方便做，就要给你们去做了。"管仲的算盘很清楚，虽然各国对齐国表面上十分恭敬，但是总有懈怠的时候，那时候就让强盗们去提醒他们。

"哈哈哈哈，成交。"

碰杯。

421

泰山强盗原本有上万人，八千多人愿意招安，因此去了齐国做良民，只有两千多人不愿意被招安，留下来跟着展雄在泰山脚下垦荒种地。这样一来，齐国人口增加的同时，实际上还把泰山也纳入自己的势力范围。

齐国人不费吹灰之力搞定了泰山强盗，鲁庄公非常恼火，尤其对管仲不满。

"管仲啊管仲，就是一个商人啊，为了利益什么都做得出来，太无耻了。"鲁庄公暗地里大骂管仲，骂着骂着突然想起来了，展禽跟管仲是朋友啊，管仲既然这么无耻，为什么要给他面子？

于是，展禽再次被炒。

可怜展禽，三次当公务员，三次被炒。

不过展禽还和前两次一样，什么也没问，什么也没说，收拾收拾回家种地去了。

八年之后（前672年）的三月，鲁庄公再次任命展禽为上师，不过这次时间更短，仅仅一个月时间，展禽再次被免，由于时间太短，因此在历史上，这次任免没有被计算在内。

这一年，展禽四十九岁。

展禽没有太当回事，依然回家种地。可是邻居们都为他愤愤不平，因为他们最了解展禽。

"展大爷，凭您的人品和才能，还有您的名声，到哪个国家不能当个大夫啊，何必非要窝在鲁国？不说别的，就凭你们兄弟跟管仲的交情，去齐国也行啊。"邻居实在看不过，来劝他。

"直道而事人，焉往而不三黜？枉道而事人，何必去父母之邦？"（《论语·微子》）展禽笑了笑，他说：我在鲁国之所以屡次被炒，无非是因为坚持了做人的原则。如果一直坚持这样的原则，到哪里能不被炒呢？如果放弃做人的原则，在鲁国也同样可以得到高官厚禄啊，又何必去国外呢？

其实展禽心里明白得很，他早已看透了一切。

邻居没有再劝他了，因为邻居知道，对于展禽来说，做人的原则比做官重要。

从那以后，展禽安心种地，展雄则在泰山当他的强盗。

五年之后，展禽在家乡的大柳树下，以免费讲座的形式开讲诗书礼乐。因为展禽学问高深，所以许多人前来请教。从此之后，展禽就成了一个教育家。

到展禽七十三岁的时候，鲁国已经是鲁僖公在位，鲁僖公决定再次起用展禽，不过当时的正卿臧文仲阻止了鲁僖公。

就因为臧文仲阻止鲁僖公起用展禽，后来孔子还批判臧文仲："臧文仲其窃位者与？知柳下惠之贤而不与立也！"（《论语·卫灵公》）

展禽七十五岁的时候（前646年），齐桓公听了易牙的话，说是鲁国的国宝岑鼎不错，应该抢过来。于是，齐国攻打鲁国，鲁国只好求和，齐国人提出一个条件：把岑鼎给我们。

鲁僖公有点犯难，给吧，不舍得；不给吧，又打不过。

"主公，其实没什么，弄个山寨的给他们不就行了？"臧文仲出了个主意。

到这时候，也只好这样了，鲁僖公从郑国找了几个专造假文物的工匠，弄了个山寨的给送去了。

齐桓公那也是古玩专家了，一看就是山寨产品，可是鲁国人一口咬定就是真的。齐桓公于是说："这样，你们把这鼎拿去给展禽鉴定下，他要说是真的，那就算是山寨的，我也认了。"

齐桓公相信展禽，就算展禽骗他，他也认了，因为他相信展禽决不会骗他。

就这样，鲁国人把岑鼎又给搬回去了。

鲁僖公亲自带着岑鼎，去找展禽鉴定。

"主公，这岑鼎是山寨的。"展禽见过真岑鼎，大致一看，就知道眼前这岑鼎是山寨的。

"展大爷，不瞒您说，这岑鼎真是山寨的。不过，真岑鼎是咱们祖上传下来的，镇国之宝啊，总不能让齐国人给抢了吧？如今齐国人就相信你的话，那什么，每个人都应该爱国不是？为了国家，为了鲁国人民，麻烦您就给出个伪证。那什么，祖国人民不会忘记你的。"鲁僖公说了实话，又说了些爱国主义之类的大道理，以为展禽一定会听自己的。

"主公，你知道，我这人一辈子不说假话。"

"那，为了国家，就说一回吧。"

"主公，你有你的国家，我把诚信当成我的国家，如今你要我破坏我的国家去保全你的国家，不好意思，我做不到。"展禽断然拒绝。

"可是，你那是小国，我这是大国。"

"可是，国虽小，是我的；国虽大，那是你的。"

"展大爷，你看你，你……"

没办法，鲁僖公劝不动展禽，只好把真岑鼎拿去给了齐国。

诚信，展禽把诚信看得比自己的生命还重要。

展禽七十八岁那年，有一只海鸟飞到了鲁国的东门，一口气待了三天。鲁国人一看，这么大个鸟在这里待了三天不走，该不是什么妖怪吧？

　　"嗯，考证了一下，这个鸟叫作爰居，神鸟啊。大家闲着也是闲着，赶快去祭祀它吧。"臧文仲不知道从哪里考证来的，总之号召大家去祭祀。

　　"什么，祭祀鸟？真是荒唐。"展禽听说，气得忍不住骂了起来，要知道他是从来不骂人的，"可恶的臧文仲就这样管理国政啊？祭祀，是国家的重要制度，现在无缘无故地增加祭典，这不是破坏制度吗？再者说了，什么样的人才能祭祀？凡是以完善的法规治理人民的就祭祀他；凡是为国事操劳、至死不懈的，就祭祀他；凡是有安定国家的功劳的就祭祀他；凡是抵御重大灾祸的就祭祀他。不属这几类的，不能列入祭祀的范围。

　　"此外再加上祭祀土地、五谷和山川的神，因为都是对人民有功德的；以及祭祀前代的圣哲、有美德的人，因为都是人民所崇信的；祭祀天上的日、月、星辰，因为都是人民所瞻仰的；祭祀大地的金、木、水、火、土，因为都是人民所赖以生存繁衍的；祭祀九州的名山大川，因为都是人民财用的来源。不属于这些范围的就不能列入祭祀的典章内。

　　"现在这只海鸟飞来鲁国，自己弄不清楚什么原因就祭祀它，还把这定为国家的祭典，这实在不能说是仁德和明智的举动。仁德的人讲究功绩的评价，明智的人讲究事理的考察。海鸟对人民没有功绩却祭祀它，不合乎仁德；不知海鸟什么原因飞来又不向别人询问，不是明智的做法。

　　"可能是现在海上要发生什么灾变了吧？因为那广阔海域里的鸟兽常常会预先知道并躲避灾变的。"

　　这一年，海上常有大风，冬天则暖和得有些反常。

　　"这的确是我错了，展禽说得对。"臧文仲认错了，他是个勇于认错的人。

　　展禽八十五岁的时候，鲁僖公把柳下（今山东新泰市宫里镇）封给展禽为食邑。

鲁文公六年十二月三日，展禽死在了柳下，享年一百岁。

因为生前平易近人，与周围邻舍之间相处十分融洽，所以展禽死后谥为"惠"，后人称为柳下惠。

柳下惠死后葬在柳下（今泗庄乡高庙村东），其墓历来受到人们的保护。

战国末年，秦国大将王贲讨伐齐国，路经柳下惠墓地，王贲下令："有去柳下惠墓地采樵者，死无赦。"

想想看，连杀人不眨眼的秦国人也要敬重柳下惠，这就是品德的力量。

之后，历朝历代都对柳下惠墓善加保护。清光绪年间，泰安知县毛蜀云曾三次整修其墓，在四周立有界石，以防汶水冲蚀，在墓南、西、北各筑土堤，东南垒石坝三十丈加以保护，并植杨柳千株，使柳下"碧玉千树，青丝万条"的古风重现。

可惜的是，柳下惠的墓最终还是没能够躲过那场"史无前例"。

1966年，柳下惠墓被毁。

第二〇五章

情圣出马

　　降志辱身矣，言中伦、行中虑，其斯而已矣。——《论语》

　　不羞污君，不辞小官，进不隐贤，必以其道。遗佚而不怨，厄穷而不悯，与乡人处，由由然不忍去也……故闻柳下惠之风者，鄙夫宽，薄夫敦。——《孟子》

　　圣人，百世之师也，伯夷、柳下惠是也。

　　伯夷，圣之清者也；伊尹，圣之任者也；柳下惠，圣之和者也；孔子，圣之时者也。——《孟子》

　　孟子把柳下惠和伯夷、伊尹、孔子并称四位大圣人，因此柳下惠又被称为和圣。不过柳下惠并不被后代统治者所待见，大概是因为柳下惠不太搭理国君，并且不肯为国家利益牺牲自己的做人原则。

和圣展禽，盗圣展雄。

一个太严肃，一个太恐怖，而世界是需要爱情的滋润的。

那么，谁是情圣？

情圣，需要以下几个条件。

首先，风流倜傥，人见人爱；

其次，追求爱情，矢志不渝；

再次，面对情敌，不怕困难；

又次，战胜困难，终成正果；

最后，爱情坚定，还要结晶。

要同时符合这个条件，只有一个人，这个人就是巫臣。

巫臣，情圣，绝对的情圣。

从巫臣见到夏姬的第一眼起，巫臣就决定了自己这辈子就跟这个女人在一起了。当时的情况，巫臣面对的竞争者是楚庄王和司马子重，二人都比自己有权有势。但是，在追求爱情的力量下，巫臣没有知难而退，他先后两番忽悠，忽悠得楚庄王和子重先后退出竞争。

眼看就要抱得美人归，谁知这个时候杀出一个不要命的连尹襄老，凭空截走了美人。

巫臣很失望，很沮丧，但是，他没有放弃。此后，巫臣利用晋楚大战的机会，暗中放箭射死了连尹襄老，之后又设法骗过了连尹襄老的儿子黑要和楚庄王，把夏姬送回了郑国，然后再利用出使的机会，带着夏姬逃到晋国。

为了爱情，巫臣整整用了九年时间，抛弃了国家，抛弃了家族，杀死了朋友。

巫臣带着夏姬到了晋国之后，有情人终成眷属，夏姬也迎来了第二春。

后来，年近五十高龄的夏姬与巫臣有了爱情的结晶，他们生了一个女儿。

"我们是从楚国来到晋国的，为了纪念我们的爱情，我们的女儿就叫楚楚吧。"巫臣建议，于是，他们的女儿就叫楚楚了。

楚楚继承了父亲和母亲的优点，像父亲一样聪明，像母亲一样漂亮，因此被父母爱若掌上明珠。很快，楚楚长大了，到了要出嫁的年龄。

登门求婚者踏破了门槛，其中不乏六卿的子弟，可是，巫臣一个也看不上。

"老公，你这个看不上，那个不满意，你到底想什么呢？"夏姬看得有点儿急了，不知道老公打的什么算盘。

"老婆，你想想，咱们花了多大的代价才成了一家啊？你年近五十，我也已五十多岁，才生下这么个宝贝女儿，容易吗？怎么能轻易就给嫁出去呢？"巫臣说，现在他已经年近七十。

"老公，你老糊涂了吧？咱们还能守着女儿一辈子啊？"夏姬瞪了巫臣一眼，别看她已经年过六十，可是看上去也就四十上下。

"当然不是守着女儿啊，我是说要找个好的，找最好的。"

"最好的？最好的是谁？"

"嘿嘿，我告诉你，我看中了一个人，此人是个青年才俊，全晋国最有才华的就是他。此人出身公族，现在还是国君的老师。整个晋国，只有这个人配得上咱家楚楚。"

"说这么多，谁啊？"夏姬一听，来了兴趣，就这样的条件，还真是不好找。

"谁，叔向，羊舌肸。"

"叔向？"夏姬乐了，然后苦笑一下，"我看，恐怕不行。"

"不行？你认为叔向这孩子不行？"巫臣吃了一惊，走遍了大半个华夏大地，他还没见过比叔向优秀的呢。

夏姬撇了撇嘴，意思是你急什么。

"叔向当然没问题，经常听你说起，我还能不相信你的眼力？我不是说叔向不行，我是担心他老娘。"

"担心他老娘什么？"巫臣没听懂。

"看来，女人的事女人才知道。这样吧，我给你烫壶酒，你喝着，我给你讲讲叔向家的事情。"夏姬来了精神，平时老公见多识广，总是对自己讲这讲那，好不容易有机会给老公上上课，夏姬当然兴奋。

看见老婆高兴，巫臣也乐得一边喝酒，一边听老婆讲故事，尽管他不相信老婆比自己知道得还多。

夏姬亲自把酒端了上来，又上了两个小菜，一边用柔情的眼光看着老公喝酒，一边开始讲述叔向家的故事。

当初，晋武公有一个儿子叫作伯侨，伯侨的孙子突被封于羊舌（在今山西洪洞县），以邑为姓被称为羊舌突，羊舌突的儿子羊舌职在晋悼公时任中军尉佐，羊舌职的一个儿子名叫羊舌肸，字叔向，又字叔誉。

叔向从小就很好学，等到他长大，已经是名满晋国的学者了。

有一天，晋悼公与司马侯女叔齐一起登上高台眺望，晋悼公很高兴地说："真快乐啊！"

"居高临下观景的快乐是快乐了，可是，德义的快乐却还说不上。"女叔齐回答。

"那，什么叫作德义？"

"天天在国君的旁边，监督国君的所作所为，肯定他们的善行，警诫他们的恶行，可以称得上德义了。"

"那，怎么才能做到这样呢？"

"叔向这人博古通今，他能做到。"女叔齐推荐了叔向。

于是晋悼公就召见叔向，叫他辅导太子彪，级别为中大夫。

叔向虽然不是家中长子，却能够步入仕途，就是因为女叔齐的推荐。

晋悼公薨了之后，太子彪继位，就是晋平公，太傅士渥浊告老，二十岁出头的叔向就做了太傅。

由于此前曾经出使各国，叔向的名声不仅在晋国，在各国都是备受赞誉的。

叔向的父亲羊舌职很正直能干，不过在家里，他要听老婆的。羊舌职的老婆是谁？回忆一下春秋时期最有学问、最能干的老婆都来自哪里？答对了，齐国。羊舌职的老婆是齐国人，姓姜，为叙事方便，就叫姜娘。

姜娘长相一般，不过，姜娘学问很高，而且有男人的气魄。所以嫁到羊舌家之后，很快成了羊舌家的主心骨，羊舌职对她佩服得五体投地，家里家外什么事情都要听老婆的意见。

姜娘一口气给羊舌家生了四个儿子，之后，羊舌职偷偷摸摸娶了个小老婆回来，这小老婆长得雪莲花一般明艳照人。

小老婆是壮着胆子娶回来了，可是娶回来之后敢不敢留在家还要大老婆点头。

"三天不打，上房揭瓦，你胆肥了？这个狐狸精你也敢娶？我这人心慈手软，我也不能把人家赶出家门给饿死，住在我们家里可以，厨房打个下手算了。我可告诉你，你要是敢跟这个狐狸精偷偷摸摸鬼混，别怪我剁了她的脚。"姜娘把老公一通臭骂，直接把小老婆打发去厨房帮忙了。

羊舌职怕老婆怕惯了，没办法，只能按着老婆的要求去办。自己每天在外面人模狗样好像很有地位，可是回到家里总是愁眉苦脸。想想看，嘴边的肉吃不上，谁能高兴起来？

很快，事情就传遍了大街小巷，同僚们就背地里拿羊舌职开玩笑。渐渐地，羊舌家的人也都知道了。

羊舌职的儿子都觉得母亲做得过分，又看见父亲过得很压抑，于是商量好了一同去劝母亲。

三个儿子吞吞吐吐，把来的目的跟母亲说了一遍，然后等待母亲发怒。

"唉。"出乎大家的意料，母亲并没有发怒，而是叹了一口气，然后摇摇头，这才说话，"孩子们哪，有些道理你们不知道啊。深山大泽，往往出产龙蛇。那个女人长得这么漂亮健美，一定会生出龙蛇一样优秀的儿子来，那样将给这个家族带来灾难的。你们羊舌家在晋国是个日渐衰落的家族，而这个国家有这么多有势力的大家族，一旦有人从中挑拨，你们的处境就会更加凶险。我这么做都是为了你们，其实我有了你们，吃喝无忧，我还要求什么啊？如今既然你们不能理解我，那好吧，我就按照你们的意愿去做吧。"

姜娘说到做到，当天就命人按照自己的标准布置好了一个房间，让羊舌职的小老婆住了进去。当天晚上，羊舌职总算是得偿所愿。

羊舌职的小老婆为羊舌职生了一个儿子，名叫羊舌虎，果然是英俊潇洒，风流倜傥，玉树临风。羊舌职非常喜欢这个小儿子，叔向兄弟几个也都很喜欢这个小弟弟。

"叔向的母亲不喜欢美女，所以，她一定不会同意叔向娶我家楚楚的。"夏姬总算说完了叔向的事情，最后得出这个结论来。

"哈哈哈哈，老婆，你多虑了。叔向的母亲不喜欢叔虎的母亲，那是忌妒啊。如果她儿子娶个美女回去，她有什么好忌妒的？她只会为她儿子高兴才对啊。古往今来，听说过谁不希望自己儿媳妇漂亮的？就像老婆你，把你娶回家，我老娘在坟墓里都会笑醒的。"巫臣说着，笑了起来，老婆所说的事情他都知道，不过他还是假装很有兴致地听完了，最后，还不忘拍了拍老婆的马屁。

423

"叔向，来，我有件事情要找你。"巫臣找到了叔向，要向他提亲。换了别人，多半会找个中间人来说这事情，巫臣不用，他是个直率人。

"啊，巫叔，您找我什么事？"叔向一向是个很有礼貌的人，虽然如今做了太傅，还是很有礼貌，特别是对巫臣，谁不知道巫臣家的女儿楚楚啊？

"我家小女楚楚到了该出嫁的年龄了，你也知道，很多人上门求亲的，可是，我都不满意。如今呢，我看好了一个人，要请你帮我一个忙。"

"看好谁了？我，我尽量吧。"叔向早就想去求亲，可是信心不足，因为自己家在晋国虽然也算大家族，但是前十都进不了，缺乏竞争力。如今巫臣要自己帮忙，肯定是看中了谁，让自己去当媒婆。想到这里，叔向就觉得很悲哀，不太愿意去。

巫臣一看叔向，什么都明白了。刚提到楚楚的时候，这小子两眼放光，可是提到要他帮忙的时候，两眼就黯淡无光了。由此可见，这小子对楚楚也是垂涎欲滴的。

什么叫情圣？这就叫情圣。

"别尽量了，实话告诉你，我看好的这个人，就是你。"巫臣直截了当说了出来。

叔向就感觉血向头上冲，瞬间有点儿站立不稳。他是见过楚楚的，当然那是几年前，楚楚还没有长大，但是那时候就看得出来楚楚是个美人坯子了。在梦里，也没少梦见把楚楚娶回家，如今送上门来，梦想成真，当然要晕眩一回了。

"那……我……我，行，那什么。"叔向说话有点儿颠三倒四了，咽了咽口水，定了定神，总算清醒过来了，口舌才利索了一些，"承蒙您看得上我，我万死不辞啊。"

"别万死不辞了，你不得回家先问问你娘？"巫臣一看，这小子当不了情圣，要自己也像他这样，怎么能把夏姬弄到手？

"哦，对啊，我要回家先问问我娘。不过，不会有问题的。那什么，岳父，我明天给你回话。"叔向一激动，直接叫岳父了。

巫臣笑了，他喜欢这小子。

世上的事情，往往容易高兴得太早。

巫臣高兴得太早了，叔向也高兴得太早了。

叔向兴高采烈地回到了家，父亲早已去世，现在家里还是母亲说了算。回到家里，叔向把事情向母亲做了汇报，满心欢喜地等母亲也跟自己一样高兴起来。

"不行。"姜娘说，毫不犹豫。

"什么？"叔向怀疑自己听错了。

"不行。"姜娘又说，非常坚决。

"为什么？"叔向脱口而出。

"我已经让人去齐国给你求亲了，你舅舅的女儿。"姜娘要把自己娘家人嫁给自己的儿子。

"娘，不好吧，我舅舅家里女儿一大堆，儿子没一个，我怕将来生不出儿子来啊。"叔向一听，急忙找个理由反对。

"少扯，我还不知道你的算盘？你就是贪图楚楚的漂亮了。"姜娘说得一针见血，直接点到了要害，"你知道吗，楚楚的娘那是天下第一骚货，因为她害死了三个老公、一个儿子、一个国君，还亡了一个国家，还亡了巫臣的家族。这些教训，你都不吸取吗？我听说，甚美必有甚恶，最美好的东西一定有最糟糕的一面。夏姬还有一个哥哥，哥哥早死，所以上天就把所有的宠爱都加给了她，就是要用这种美丽来滋生祸害的。从前有仍氏生了一个女儿，漂亮得要命，就是玄妻。后来她嫁给了乐正后夔，生了伯封，伯封性格贪婪，凶暴异常，因此人们都叫他大猪。后来，有穷后羿灭了他，后夔因此没有了后代。再说夏、商和西周，不都是因为美女而亡国？当初太子申生之死，不也是因为美女？绝色的美女足以改变人的性情。如果不是特别有德的人，娶到美女就会招致祸患。"

姜娘的一番大道理，说得叔向目瞪口呆。姜娘的话中有两句原文为"夫有尤物，足以移人"。"尤物"这个词，就是叔向的母亲发明的，意思就是绝色美女，而且是很有风情的绝色美女。

叔向虽然学识渊博，可是还真没想过美女的危害这么大。如今被老娘一说，真有点儿害怕。

"那……那怎么办？我都答应人家了。"叔向有点儿为难，实际上还是心有不甘。

"答应什么？自己想办法去。"姜娘看出来了，儿子还是有点儿贪图美色。

没办法，叔向去找巫臣，准备退了这门亲事。

叔向吞吞吐吐，欲言又止，巫臣立即知道怎么回事了。

"别说了，是不是你娘不同意？"巫臣问。

叔向点点头。

"那我问你，天下这么多美女，亡国的不就那几个吗？绝大多数是好的啊。啊，楚楚她娘前半辈子过得不好，因为没人真的爱她，后来跟了我，我们过得不幸福吗？"巫臣问。

"您说得对。"叔向小声说。

"那我再问你，别管你娘怎么看，你愿不愿意娶楚楚？"巫臣追问。

"我愿意，我是真的愿意。可是，我家是我娘说了算。"叔向抬头看着巫臣，眼光中有内疚，也有期待。

"女婿，你这么说，那就没问题了。告诉你，你岳父我别的不行，这种事情一定能解决。"巫臣说，看上去很有把握。

"那，你要说服我娘？"叔向弱弱地问，他还真不相信巫臣能说服自己的老娘。

"你不要管了，回家等好消息吧，楚楚这辈子非你不嫁了。"巫臣说完，拍屁股走了。

叔向不知道巫臣能有什么办法，回到家里，他把回绝了巫臣的事情告诉了老娘，但是没有告诉她巫臣承诺想办法的事情。

巫臣真的有办法吗？

别人没有办法，巫臣也会有办法。

因为，他是情圣。

第二○六章

叔 向 遇 险 记

巫臣看问题看得很透，他知道，楚楚和叔向的事情要找姜娘是不行的，何况自己的女儿像花儿一样，又不是嫁不出去。这世界上，唯一能够让姜娘就范的只有一个人，这个人就是国君。

所以，巫臣去找晋平公了。

"主公，有件事情要请主公给个办法。"巫臣也不遮遮掩掩，开门见山。

"请坐请坐，有什么事？"晋平公还是一个十三四岁的小孩，对巫臣很尊重。

"是这么回事，我家楚楚今年十五岁了，长得还行。现在呢，国外国内有很多人来求婚，我想这么大的事情，我不能自己随便拿主意啊，所以还想请主公给个建议，是嫁给谁好？"

晋平公一听，原来是楚楚的事情，关于楚楚，晋平公也知道一些，不过他还是小孩，还没想到要搂到自己这里来。

"那，我觉得，我师父还没成亲，嫁给我师父不是很好？我师父这人吧，人好，又有才华，家里还有钱，反正吧，什么都好。"晋平公对叔向佩服得五体投地，所以立即想起叔向来，还一个劲儿地夸，生怕巫臣不愿意。

巫臣一看，心说小屁孩这么快就上道儿了，真不禁逗。

"主公，不瞒您说，我也是这个意思。可是，我听说叔向的母亲特别讨厌漂亮女孩子，大儿子伯华就给娶了个丑女，而且家里丫鬟一个赛一个地丑。我担心啊，他老娘不会同意。"巫臣没说自己已经跟叔向提过亲这件事，更没说已经被叔向的老娘给拒绝了。

"那，那怎么办？"

"其实也好办，主公就下一道旨到叔向家，就说主公已经包办这门亲事了。同时呢，把贺礼也送上。这个面子，叔向的老娘一定是要给的。"巫臣把主意给出出来了。

"那好，立即就办。"晋平公对师父的亲事挺热心。

424

拒绝了巫臣家的这门亲事，姜娘还是觉得不踏实，毕竟儿子太优秀，不知道多少美女对自己的儿子虎视眈眈呢。所谓夜长梦多，最好的办法就是尽快给他成亲。

姜娘决定再派人去齐国娘家，要求把娘家最丑的侄女嫁过来。

可是，人还没有派出去，晋平公的人就来了。而且大张旗鼓，热闹非凡，左邻右舍都来看热闹。

"我儿子要升官了？"姜娘皱了皱眉头，这年头，升官也不一定就是好事。

礼品送来了一大堆，摆满了整个院子。

"这怎么回事？"叔向也被弄得稀里糊涂，搞不清是怎么回事。

"太傅，是这么回事，主公知道您为了国家而操劳，到现在还没成亲，特地给你包办了一门亲事，这不，贺礼都送到了。"领头的官员解释。

"什么？"叔向又傻眼了，自己现在满脑子都是楚楚，巫臣那边也答应了一定有办法，可是如今国君给包办了一个，那楚楚怎么办啊？拒绝，恐怕不行；不拒绝，又确实心有不甘。

"那，是谁家的姑娘？"叔向问，心情非常忐忑。

"谁家的？还用问吗？"姜娘从后面走了出来，她知道这样的事情只有一个人干得出来，那就是巫臣，"孩子，准备迎娶楚楚吧，这都是你老丈人设计的，唉，命啊，这就是命啊。"

姜娘认命了，说完，她转身走了。

叔向笑了。

这就是命。

事实证明，这就是命。

晋平公二年（前556年），叔向和巫臣的女儿巫楚楚成亲。到晋平公五年，儿子出生了，取名羊舌食我，字伯石，由于叔向食邑在杨（今山西洪洞县），因此羊舌食我又叫杨食我。

楚楚分娩生下了杨食我，在旁边帮忙的叔向的嫂子（大哥伯华的老婆）一看生了儿子，非常高兴，急忙去给婆婆报喜。

"娘，娘，弟妹生了，是个儿子。"嫂子一边跑，一边喊。

姜娘也很想知道生的是孙子还是孙女，听到喊声说是生了个孙子，微微一笑，随后又皱了皱眉。

跟着大儿媳，姜娘来到了产房外，正要进去，就听见孙子在里面大声哭了起来。

姜娘再次皱起了眉头，她没有进屋，转身离开了。

"娘，怎么不进去看看啊？"大儿媳在后面问。

"是豺狼之声也，狼子野心，非是，莫丧羊舌氏矣。"姜娘头也不回，只甩了两句话给大儿媳。

姜娘的话什么意思？哭的声音跟野狼似的，羊舌家一定毁在这小子身上了。

大儿媳呆呆地站住了，她觉得婆婆有点儿太不近人情了。这个时候，她想起老公告诉她的那个故事来了。什么故事？

姜娘一共生了四个孩子，都是儿子。老大伯华（羊舌赤），老二早夭，老三叔向，老四叔鱼（羊舌鲋）。羊舌鲋刚生下来，姜娘抱起来看了两眼，扔到了一边。

"这孩子我不养了，谁爱养谁养。"姜娘一句话出来，把老公羊舌职吓了一跳，这可是亲生的孩子啊，怎么就不养了？

"老婆，你这话什么意思？"羊舌职弱弱地问。

"什么意思，看看你播的什么种？眼睛圆咕隆咚跟老虎一样，嘴巴翘得老高像猪一样，肩膀高得过分跟老鹰似的，肚子这么老大跟牛没啥区别。沟壑还有填满的时候，这个小猪头的欲望永远不会有满足。咱们走着看，这小子一定会死在贪污受贿上。"姜娘把自己的小儿子痛骂了一顿，那架势，如果不是自己亲生的，当场就摔死了。

姜娘的原话是："是虎目而豕啄，鸢肩而牛腹，溪壑可盈，是不可餍也，必以贿死。"（《国语》）

欲壑难填这个成语，就是来自这里。

齐国女人，真有学问。

没办法，羊舌职找了个奶娘来养这小儿子。

羊舌家族的人虽然嘴上不说，但暗地里都觉得姜娘有点儿神经兮兮。不过很快，姜娘的话就得到了印证。

羊舌虎（羊舌鲋）是个青葱少年，在外喜欢结交些少年朋友，而栾盈是晋国少年才俊们的头儿，大凡自命不凡的少年都喜欢跟着栾盈混，羊舌虎自然就成了栾盈的死党。其实，不仅羊舌虎，伯华和叔向也都跟栾盈关系很好。

晋平公六年，范匄父子陷害栾盈，大肆捕杀栾盈的党羽，羊舌虎作为栾盈死党，被捕后立即被杀。（见第四部第一四九章）

"从现在开始，你不能离家半步，必须在规定的时间到规定的地点交代问题。"范匄派人来对叔向传达禁令。

叔向被拘禁了，同时被拘禁的还有叔向的哥哥伯华和另一位大夫籍偃。

"唉。"叔向叹了一口气，不管老娘的理论是不是成立，至少，羊舌虎的下场是被其母言中了。

"栾盈的母亲丑得一塌糊涂，他还不是一样倒霉？"可是再想想，好像老娘的理论又没什么道理。

叔向的人缘不错，因此就算被拘禁了，还是有朋友来探望，一个朋友对他说："你看你，现在被拘禁了，算不算是不明智啊？"

"嘻，比起被杀的、流亡的，我还算过得去吧。《诗经》说得好啊：'优哉游哉，聊以卒岁。'看来啊，能够平平安安活到自然死，那就是最明智的了。"叔向颇有些感慨，自己小心谨慎做人，谁知还是免不了受牵连。

晋平公很担心师父，但是慑于范家的势力，也不敢公开为叔向开脱。于是，晋平公派了自己的近臣，同时也是范家的盟友乐王鲋去看望叔向，意思很明显，要让乐王鲋帮着叔向在范匄面前说说话。

就这样，乐王鲋来到了叔向家中。

"哎哟，羊舌太傅受苦了，我知道你是冤枉的，请你放宽心吧，我会去主公面前帮你求情。"乐王鲋在叔向面前说得很好听。

叔向假装没听见，根本不理他。

乐王鲋十分尴尬，嘿嘿了几声，转身走了。

叔向连屁股都没有动一下，就当这人根本就没有来过。

"太傅，人家说了要帮你，你怎么不理人家啊？"叔向的家臣急了，来问叔向。

"他救我？要救我，只能是祁奚。"叔向回答。

"你糊涂啊，乐王鲋是国君面前的红人，国君听他的啊，他要救你，你不理人家；祁奚都老得退休了，根本救不了你，你反而把希望寄托在他身上，太不明智了吧？"家臣更急了。

"哼，乐王鲋不过是个宠臣，见风使舵的那种，主人说什么他就说什么，他能干得了什么？再说，要害我的是范匄，乐王鲋是范匄的走狗，别说他根本不会为我求情，就算真的在国君面前说我的好话，管什么用？"在乐王鲋的问题上，叔向看得很清楚。

"那，既然这样，赶紧派人去找祁奚大夫，请他出面啊。"

"不必，祁大夫内举不避亲，外举不避仇，怎么会对我弃之不顾呢？不用找他，他会去的。"

"万一他不去呢，还是去找他稳妥点儿吧？"

"不，谁也不许去。"叔向不仅不许派人去找，还严令任何人不准去。

家臣不说话了，他怀疑叔向这回死定了。

叔向为什么不去求祁奚帮忙，他高傲到这种程度了，或者说他自信到这种程度了？都不是。叔向知道，范匄现在就是在找各种借口消灭公族，如果这个时候自己贸然派人去找祁奚，恰好就给了范匄"叔向和祁奚暗中勾结"的证据。那样不仅救不了自己，还会连累祁奚。叔向同样知道，作为晋国硕果仅存的两家公族，祁奚一定会想办法救自己的。

事情都在叔向的预料之中。

乐王鲋在叔向这里吃了闭门羹，十分恼火，一路上就在想怎样说叔向的坏话。

"怎样？叔向怎样说？"晋平公急忙问。

"嘿嘿，他还在为他弟弟羊舌虎打抱不平呢，我看，真没冤枉他。"乐王鲋说。

晋平公无言，现在没法指望乐王鲋去范匄那里为叔向求情了。

师父啊，我救不了你了。晋平公心里说。

就在乐王鲋向晋平公汇报的时候，一乘驿车已经来到了中军元帅府，一个老人下了车，拄着拐杖，进了中军元帅府。

"哎哟，祁老先生，您怎么来了？"范匄亲自迎了出来，来人不是别人，是晋国最德高望重的祁奚。

"元帅，我是听说叔向被拘禁了，这才从食邑乘驿车赶来了。"祁奚说，一脸的疲惫。

"老先生有什么指教？"

《诗》说：'惠我无疆，子孙保之。'先王赐给我们无穷的恩惠，子子孙孙享用不尽。《书》说：'圣有谟勋，明征定保。'圣明的人有谋略有训诲，子孙才能得到安宁和保护。参与国家大事很少犯错误，教育别人又不知厌倦的，晋国也只有叔向能够做到了。这样的人是国家的栋梁，就算子孙犯罪都应该赦免的，为什么要牵连他呢？如果连他都得不到宽恕，就是在祸害这个国家，置国家利益于不顾。从前鲧被处死，他的儿子禹得到重用；伊尹放逐过太甲，后来又辅佐他，太甲始终对他没有怨言；管叔、蔡叔被废，他们的兄弟周公还能继续辅佐天子。如今羊舌虎有罪，为什么要牵连叔向呢？如果你推行善政，谁会不听从你？为什么要乱杀人呢？当年三郤害死了伯宗，全国人民怨恨他们。叔向的声望比伯宗还高，为什么不放过他呢？"祁奚也没客气，就站在门口，说了一通。

对于叔向的事情，范匄原本就很心虚，特别是祁奚最后的几句话，让他不得不重新考量自己的计划。

"老先生，您说得太对了。走，我这就跟你找主公，咱们给叔向求情去。"范匄决定顺坡下驴，他不愧是个老油条，叔向是他抓的，他直接放人就行。如今假惺惺去晋平公面前求情，等于是把抓叔向的责任推到了晋平公的身上。

祁奚当然知道是怎么回事，不过只要能放了叔向，管他怎么推卸责任呢。

两人到了晋平公那里，范匄把刚才祁奚的话变成了自己的话，为叔向求情。

"范元帅都这么说了，那肯定没错啊，赶快取消拘禁吧。"晋平公乐得顺水推舟，心说这老家伙真狡猾，把自己择得干干净净。

这边派人去释放叔向，同时也把伯华和籍偃的监视居住取消了；那一边，祁奚也不等叔向来谢，直接坐着车回自己的食邑去了。

425

叔向被释放了，他舒了一口气，却笑不出来。

"我们该去感谢祁老一下吧？"楚楚建议。

"不要去，他匆忙赶回，意思就是不要见我。"叔向说，他知道危险其实并没有解除。如果这时候鲁莽地去见祁奚，很可能被人当把柄来抓，到时候不仅自己倒霉，还可能连累祁奚。

在历史上，历来认为叔向和祁奚之间这段故事反映了两人的君子之交。其实不然，这是政治斗争的技巧。历史上同样的故事很多，当我们把这些故事当作古人的高尚品德而传颂时，就掩盖了其中真实的原因。

合格的政治家不仅要会要阴谋，更要懂得识破阴谋。

虽然平安释放，叔向也后怕了很长时间。

当初羊舌虎跟着栾盈混，叔向觉得还不错，毕竟栾家是晋国第一大家族，而且跟范家还是亲戚，即便不能呼风唤雨，平平安安应该没有问题。可是谁知世事难料，栾家竟然说垮就垮，羊舌虎惨遭杀害，整个羊舌家族都受到牵连。

这说明什么？

这说明宁可杀错人，不能站错队。可是，站队就那么简单吗？羊舌虎站队的时候，谁敢说他站错了呢？

"宁可杀人，不要站队。"这是叔向得出来的教训，他想起士会来，士会那个年代的权力斗争比现在还要激烈，可是士会能够屹立不倒，凭什么？就凭不结党不站队。那时候的赵盾那么强横，士会同样和他保持距离，坚决不做他的同党。

"只要我保持自尊自立，坚持做人的原则，不贪不要，廉洁公正，谁又能抓住我的把柄呢？不做出头鸟，不投靠任何人，谁又会把我视为敌人呢？"叔向决定了，自己要向士会学习。

叔向找时间回顾了晋国历史，他发现一个非常令人沮丧的事实。从狐家到先家，再到胥家、郤家和栾家，遭到覆灭的家族竟然全部都是公族，到现在还有头有脸的公族就只剩下了祁家和羊舌家两家。韩家虽然也是公族出身，但是在韩厥那一辈已经沦为士，重新崛起之后已经不能算是正儿八经的公族了。这一切昭示着什么？

难道公族最终要全部玩完？难道这就是天命？叔向的后背一阵寒意。

急流勇退，或许是最好的选择了。可是，急流勇退意味着什么？意味着家族的衰落，意味着封邑要么主动上缴要么被动夺走，而自己的儿孙将只能做个士。

"不行，为了家族，我要挺住。"叔向放不下家族的前途。

在叔向看来，晋国就像一个大鱼塘，六卿就是六条大鱼。而其他的鱼都是他们的捕食对象，而大鱼之间也会发生争斗。要在大鱼的夹缝中生存，绝不是一件容易的事情。

"能挺多久就挺多久吧。"叔向这样告诉自己，如果真有天命，自己又怎么能对抗天命呢？

栾家覆灭，对于晋国来说也是个伤身体的事情，再加上晋国近些年来忙于权力斗争，诸侯们早已不把晋国放在眼里了，此时晋国内乱，诸侯国们暗中跟逃亡的栾盈眉来眼去，这让范匄有些吃不好睡不好。

"看来，必须给诸侯一点颜色儿看看，让他们别把土地爷不当神仙。"范匄想了个主意，准备拿郑国开刀，杀鸡给猴看。

于是，范匄派人前往郑国，要求郑国立即派人前来晋国朝见。

"都三年不来晋国朝见了，你们还想不想混啊？"晋国特使扔了这么一句话给郑国，算是威胁。

郑国人害怕了，于是立即派遣少正子产前来朝见。

范匄有些恼火，这郑国人也太不给面子了，三年不朝见，朝见还只派个下卿，真是不想混了？

"咱们先会会他。"范匄召集六卿，顺便也叫上了叔向，要先会会子产。

为什么要叫上叔向，因为范匄知道子产极有学问，怕自己肚子里那点儿料对付不了。

中军元帅府。

晋国六卿，外加叔向。

郑国方面，只有子产一个人来到。

假惺惺地叙礼寒暄之后，各分宾主落座。

"子产，你们是三年不朝见，一见管三年，好大的面子啊。好不容易请你们来一次，还只来个下卿？什么意思？现在郑国翅膀硬了，不把晋国放在眼里了？不把我老范当回事啊？啊？"范匄一拍桌子，上来就摆出一副威胁恐吓的架势。

范匄话音落地，在座的晋国人都有震撼，老范很少这么震怒过啊。叔向都为子产捏了一把汗，不知道他怎样回答。

郑国人脸不变色心不跳，等到范匄把话说完，子产并不惊慌，清了清嗓子开始说话。

"在晋国先君悼公九年的时候，我国国君（郑简公）即位。即位八个月，我国的执政子驷跟从我国国君来朝见贵国，结果范元帅您对我国国君不加礼遇，让我国国君非常恐惧。由于这一趟，我国第二年六月就向楚国朝见，晋国因此有了戏地这一役。"一开头，子产先翻了翻旧账，批评了范匄。（详见第四部第一三九章）

范匄翻了翻白眼，没说话。

"楚国人那时候很强大，但对我们很有礼貌。我们想要跟从范元帅，可是又怕你们说我们不尊敬讲礼仪的国家，因此我们只好跟着楚国。三年之后，我国国君去朝见楚国，顺便看看他们的虚实，结果你们又在萧鱼攻打我们。我们认为我们靠近晋国，譬如晋国是草木，我们不过是散发出来的气味，哪里敢有不一致？近年来楚国逐渐衰弱，我国国君拿出了土地上的全部出产，加上宗庙的礼器来接受盟约，率领下臣们随着执事到晋国，参加年终的会见。后来，公孙夏跟从我国国君到晋国朝见。隔了两年，晋国讨伐齐国，我们该起盟誓起盟誓，该出兵出兵。这么说吧，就算在没有朝见的时候，也没有一年不聘问，没有一次打仗不追随出兵的。"说到这里，子产顿了顿，看看大家。晋国六卿互相看看，好像真是这么回事。

范匄面无表情，还是没说话。

"可是，由于大国的政令反复无常，弄得我国疲惫不堪，内忧外患随时发生，从来不敢放松警惕。尽管这样，我们还是没有忘记对于大国的义务。如果大国能够给我们带来安定，我们一定主动来朝见，怎么用得着你们来要求呢？但是如果不体谅我们的忧患，而只是欺骗我们，那我们实在是折腾不起。现在大国生气了，我们真的很害怕。我们哪里敢背叛贵国呢？如今范元帅要追究我们，没办法，我们也只好听从范元帅的处罚了。"

子产说完，现场鸦雀无声。

子产的话软中带硬，大意就是不是我们不想来朝见，而是你们折腾得我们没精力来朝见。我们该做的都做了，你们反省反省自己吧。

范匄的脸色十分难看，但是，对子产的话，他无力反驳。

再看子产，神情泰然自若。

"子产，你太放肆了。来人，关起来。"终于，中行吴跳了出来。

子产笑了笑，准备站起身来。

子产，危在旦夕。

第二〇七章

子 产 升 官 记

"慢着。"范匄摆了摆手，示意子产和中行吴都坐下来。

范匄要做什么呢？

"叔向，说说你的看法。"范匄没有问别人，他问叔向。

"子产说得有道理，要想让小国服从我们，首先要我们自己修德。抓了子产，只不过逼迫郑国投靠楚国而已，对我们没有任何好处。"叔向连想都没想，说了出来。一来事实就是这样，二来他很佩服子产，从内心里希望帮助他。

"嗯，说得有道理。好吧，从前的事情我们既往不咎了。今后，我们晋国要修德政，郑国也不能对我们有二心。就这样了，明天子产去见我国国君，算是今年的聘问。"范匄竟然认同了叔向的看法，大家都有点儿意外，因为范匄绝不是那种大度的人。

"多谢元帅。"子产高声说，这个面是要给范匄的。说完，子产扫视四周，恰好碰上叔向的眼神，两人相视一笑。

范匄的算盘其实打得很清楚，他之所以放过子产，不是因为他慷慨大度善于反思，而是迫于当前形势：楚国是敌人，齐国暗中也在搞鬼，再加上流亡的栾盈。如果这个时候再逼得郑国背叛自己，一旦这四股力量联合起来，晋国真要吃不了兜着走了。

而子产也正是看到了这一点，才敢于不卑不亢，据理力争。

子产，敢于斥责权倾晋国的范匄，能够得到叔向的赞赏，他究竟是个什么人物？

426

孟子说：穷则独善其身，达则兼济天下。

展禽品德高尚，不过也只能独善其身。从另一个角度说，展禽的年代，还可以独善其身。可是，当世界越来越混乱，人们越来越贪婪之后，独善其身就成为一种奢望。这个时候，即便你能够看到历史的未来，你也无力改变，所能做的不过是竭力延缓灭亡的到来。

并非只有小国才有这样的困惑，大国同样如此。

有些人，他们无法改变历史的进程，但是至少他们努力了，不是他们没有这样的智慧，而是他们缺乏足以改变历史的力量。

展禽去世三十年后，这一年是鲁成公元年（前590年），郑国的公子发生了一个儿子，公子发是谁？就是子国，郑穆公的儿子。子国的儿子取名公孙侨，字子产。

子产从小就很有主见，看问题的角度与众不同。

当时的郑国，正是穆族独掌大权，子国为卿，和几个兄弟一起管理郑国。（见第四部第一四〇章）

到子产二十四岁那年，郑国正卿子驷派子国和子耳攻打蔡国。蔡国当然不是对手。结果，郑军活捉了蔡国的司马公子燮，得胜回国。

国家打了胜仗，抢了不少东西回来，郑国人民欢欣鼓舞，载歌载舞。自古以来都是这样，哪个国家也不会嫌财产多。

所有人都高兴，只有子产一个人很忧愁。

"侨，大家都高兴，怎么你愁眉苦脸？"子国召开了庆功宴，亲朋好友请了一大帮，大家都在溜须拍马，正高高兴兴之际，就看见儿子不高兴，所以子国当时问他。

"爹，小国夹在大国之间，应当尽量避免使用武力啊，我们动用武力并且获得胜利，这不是好事啊。如今我们击败了蔡国，楚国一定会来讨伐我们，楚国来了，我们能不投降吗？投降了楚国，晋国人肯定会来啊，到时候我们又只能投降；然后楚国人再来，然后晋国人再来，然后……"

"打住打住，你小兔崽子懂个屁。国家大事，自然有国家领导人来考虑，你不要在这里胡说八道，当心定你个妖言惑众之罪。"子国大怒，立即制止了子产。

子产不说话了。

然而子国心里明白，儿子的话是对的。

果然，当年冬天，楚国人就打上门来，郑国只好投降。第二年，晋国入侵，郑国再次投降；紧接着，楚国人又来，郑国又投降。

贪小便宜吃大亏，就是说的郑国攻打蔡国这回事。

两年之后，郑国发生了西宫事变（见第四部第一四〇章），尉止等五大家族发动政变，在西宫劫杀了正在开会的子驷、子国和子耳。

政变的消息传出，子驷的儿子子西（公孙夏）立即率领随从杀到了西宫，这时候叛乱分子已经逃入北宫。子西先收殓了父亲的尸首，随后回到家中分发皮甲，准备率领家族力量攻打北宫。可是，晚了。为什么说晚了？

原来，在听说子驷被杀之后，子驷家里一片恐慌，不知道叛乱分子会不会杀过来。而子西急匆匆出去，家里就乱成了一锅粥，谁也不知道子西这趟出去是不是也会被杀。怎么办？

"跑吧，逃命要紧。"有人一声高呼，大家纷纷响应。

于是，子驷家里逃得个七七八八，不仅逃命，还纷纷顺手牵羊，把家里能搬的东西也都搬得个七七八八。

子西傻眼了。

再来看看子产是怎样应对的。

子产听说西宫政变，父亲被杀，大吃一惊。不过，他并没有慌乱。

"关闭大门，把贵重物品藏好，保护好仓库，全体人员准备坚守，防备进攻。"子产下令，首先做了防守的准备。

防守准备做好之后，子产整顿战车，一共十七乘战车，然后开了家门，率领战车杀奔西宫，在那里收殓了父亲的尸体，直接进攻北宫。

这个时候，子蟜率领国人前来助战，两下合兵，迅速击溃叛乱分子，攻占北宫，平定了叛乱。

叛乱平定了，但是，事情还没有结束。

西宫事变的缘起固然主要是因为子驷等人欺人太甚而引发尉止等五个家族的报复，但是同时也是权力斗争的结果。当时的郑国六卿都是郑穆公的后代，六卿之间就是叔侄两代人，看上去亲密无间。子驷、子孔和子国是兄弟，子驷为正卿，为国家执政，而子孔对子驷一向内心不服，因此这次政变，子孔暗中为叛乱分子提供了情报。

现在子驷、子国被杀，子孔成了辈分最高的人，正卿毫无疑问是他来担任。不过，子孔还不满足，他把所有大夫都请到了朝廷，起草了一份盟书，盟书上除了规定大家各守其职之外，额外要求大家都要无条件听从子孔的命令，效忠子孔。这哪里是盟书，这是效忠誓言。

没有人签这份盟书，大家本来就有些怀疑子孔是叛乱分子的卧底，如今再搞这一套，这简直已经不是个普通的卧底了，这简直就像要篡位了。

群情有些激愤，要不是看在子孔辈分高的分儿上，大家就一拥而上把他给砍了。

子孔也不是省油的灯，他已经在调集家兵，准备来个关门打狗，把自己的侄子们和一帮大夫都给杀了。

双方谁也不肯让步，形势十分危急，一触即发。

在这个时候，子产挺身而出了。

子产找到子孔，劝说他把那份盟书烧掉。

"那怎么行？我这是为了国家的安定啊，大家一反对，我就烧了，以后还怎么管理国家？"子孔讲起大道理来，自古以来，大凡为了私欲的，都会讲大道理来给人听。

"众怒难犯，专欲难成，合二难以安国，危之道也。"子产继续劝说子孔，他说：众怒难犯，专制的欲望难以达到，这两件事情放在一起，大家都很愤怒，而你专制的欲望又没有边际，国家就很危险了。你烧掉盟书，大家平静了，也没有人来跟你争权，不是很好吗？何必要搞得这么紧张呢？

子孔想了半天，也觉得得罪人太多不是个办法，既然这样，顺坡下驴吧。

于是，子孔焚毁了盟书。大家也给子孔一个面子，承认他的执政地位。

两件事，反映出子产的临危不乱。

427

转眼间又是九年过去，这时候子产已经是三十九岁，还是一个普通的大夫。其间子孔很欣赏他，几次要任命他为卿，都被他谢绝了。

子产知道，郑国的权力场还要洗牌。当时郑国的权力场上分为两派，以子孔为首，加上子然的儿子子革和士子孔的儿子子良是一派，除此之外，以子展、子西为首的其余八个兄弟的后人为另一派。而子产比较低调，尽量不参与到斗争之中。

"宁可杀错人，不能站错队。要怕站错队，尽量别站队。"子产暗地里这样叮嘱自己，从自己开始懂事到现在，郑国的权力斗争就没有停止过，兄弟之间、叔侄之间，一个个都是六亲不认，为了权力和利益，斗得你死我活。

终于，又一次洗牌开始了。

郑简公十二年（前554年），子孔趁着晋国攻打齐国的机会，暗中勾结楚国，想要利用楚军的力量一举铲除这一帮侄子。谁知道阴谋被子展和子西发觉，结果楚军偷袭郑国没有成功，军队反而因寒流冻死过半，仓皇回国。子展和子西趁机率领郑国军民进攻子孔，结果杀死子孔，子革和子良则逃到了楚国。（见第四部第一五四章）

郑国权力重新布局。

子展担任正卿，其后是子西，子产被任命为少正，级别为下卿，正式进入卿序列。另外的三个卿分别是子张（公孙黑肱）、游皈（子明）和良霄（伯友）。六卿全部是郑穆公的后人，子展、子西、子产和子张是堂兄弟，游皈和良霄是他们的堂侄，游皈是子游的孙子，良霄是子良的孙子。

基本上，子展非常强势，再加上子西、子产和子张都很贤能，郑国政局非常稳定。

六卿讨论了国内国外形势，谈到国外形势的时候，自然要说到晋国。

"各位兄弟，大侄子们。晋国人越来越难伺候，一个比一个腐败，今后怎么处理跟晋国的关系，请大家谈谈看法。"子展提出一个很尖锐的问题。

"我看，咱们也跟齐国一样，阳奉阴违。"游皈提出建议。

"不好，我觉得咱们应该体现出真诚来，主动跟他们的卿沟通。"子张性格比较温和，倾向于忍气吞声。

"我觉得，干脆投靠楚国人算了。"良霄最讨厌晋国人，巴不得跟他们断绝关系。

"子西，你怎么看？"子展问子西。

"我想听听子产的。"子西这样回答。

于是，子展和子西都看着子产。

"晋国这个国家，国君已经被架空，各大家族把持政权，但都是为了家族利益，所以，这个国家已是外强中干。晋国被一帮腐败分子掌握在手中，他们只想占你便宜，所以，跟他们走得太近不是件好事。但是回过头来，公然与他们作对也不聪明，我们没有必要做他们的对立面。所以，对晋国，要保持距离。对于牵涉我们的利益，要据理力争，不要怕得罪他们，他们就是一帮无赖，我们越是忍让，他们就越是瞧不起我们。我们强硬，他们反而尊重我们。"子产娓娓道来，子展和子西听得频频点头。

"兄弟，以后跟晋国打交道的事情就交给你了。"子展很高兴，他没有想到子产这个看上去很温和低调的人，竟然也是个很强硬的人。

所以，当晋国人来指责郑国，并且要求郑国国君前往晋国朝见的时候，子展并没有贸然请郑简公前往，而是派子产去了。结果，子产一番措辞强硬的应答让范匄低头服软。

子产的任务完成得非常出色。

"兄弟，真行。"子展非常高兴，他现在知道谁可以接自己的班了。

子产回郑国后没有多久，子张去世了。

子张是子印的儿子，子产的堂兄。

在去世之前，子张立了儿子印段（伯石）为继承人，裁减家臣，降低祭祀的规格。然后留下足够祭祀用的土地，多余的土地全部退还给国家。

"吾闻之，生于乱世，贵而能贫，民无求焉，可以后亡。敬共事君，与二三子。生在儆戒，不在富也。"这就是子张对印段的临终遗言，简单翻译：生于乱世，就算地位尊贵也要安于清贫，这样就没人打你的主意，就能活得长久一点儿。要尊重国君，尊重上级和同僚。生存下去的关键在于保持警戒，而不在于有多少财富。

子张真是一个清醒的人，所以《左传》里的君子给他的评价是：自戒。

子张九月份去世，十二月份的时候，又死了一个卿，谁呢？游皈。

如果子张是自戒的榜样，那么游皈就是不自戒的典型了。

三年前游皈的父亲公孙虿去世，因为他在晋国攻打秦国的战役中表现出色，所以晋平公请求周王室允许使用卿以上才能用的大路车来为他送葬。三年之后，游皈要去晋国向晋平公表示感谢。

还没有走出国境，就遇上了正在迎亲的一队人，游皈凑上去一看，发现新娘长得如花似玉。

"给我抢了。"游皈一声令下，仗着人多势众，把新娘给抢了，然后直接送回了自己的封地。

这下好了，游皈连晋国也不去了，先回家跟抢来的美女圆房去了。

游皈没想到的是，这美女的未婚夫也不是善类，而是郑国数一数二的武林高手。结果仅过两天，武林高手就领着几个兄弟趁着夜色潜入游皈家中，咔嚓咔嚓，男的杀了，女的抢走，连夜逃出了郑国。

游皈就这么死了，死的时候，还光着屁股呢。

下卿光着屁股被人砍了，立即引发轰动。换了现在，就是国家级大案。

"破案？我还想再砍他两刀呢。一个国家的卿，是为人民做主的，他倒好，不为人民做主，他这么胡作非为，死有余辜。"子展拍桌子大骂游皈，不仅不破案，还废了游皈的儿子游良，而改立游皈的弟弟游吉。

随后，子展派人找到杀了游皈的人，请他回到家乡，同时警告游家的人不许报复。

郑国的政局日渐稳定，几位卿也都很尽心尽力，百姓的生活都有了改善。可是，晋国所要求的贡赋越来越重，这让郑国人感觉到不堪忍受。

"子产，晋国人贪得无厌，向我们索要的贡赋年年都在增加，再这样下去,过不了几年郑国就破产了。你看,有什么办法让他们减少我们的贡赋?"这一天,子展找来子产商讨这件事情。

"你不说我也正想来找你说说这件事情呢。"子产说,他思索一下,接着说,"其实现在是一个好机会,你想想看,晋国刚刚平定栾盈的内乱,齐国公开攻打晋国,其余国家也都对晋国三心二意。这个时候,如果我国国君前往晋国朝见,晋国人一定会感动,我们趁机提出贡赋的问题,成功的可能性就很大。"

"你说得有道理,不过,主公亲自向晋国人提这个要求不大妥当,最好是你来提。但是,如果主公去,按着规矩,就应该是子西陪同,而子西没有你这么强硬。这样,你写一封信,让子西带去给晋国人。"子展想得周到,连细节也都想到了。

"不过,如果要更保险一些,最好再向晋国人提个要求。那么,晋国人为了面子,也要答应我们的一项要求。"子产又提出一个想法来。

"兄弟,想到一块儿了。当年陈国人跟着楚国侵略我国,所到之处,砍光我们的树木,还填上我们的水井,可恶至极,我早就想收拾他们。这一次,我们顺便提出请晋国出兵帮助我们打陈国。"子展的想法比子产还要具体。

"晋国人不会出兵的。"

"那他们就一定要减少我们的贡赋了。"

"子展兄高明啊。"

"没办法,让晋国人逼的。"

第二〇八章

夹缝中生存

南山有台，北山有莱。乐只君子，邦家之基。乐只君子，万寿无期。

南山有桑，北山有杨。乐只君子，邦家之光。乐只君子，万寿无疆。

南山有杞，北山有李。乐只君子，民之父母。乐只君子，德音不已。

南山有栲，北山有杻。乐只君子，遐不眉寿。乐只君子，德音是茂。

南山有枸，北山有楰。乐只君子，遐不黄耇。乐只君子，保艾尔后。

——《诗经·小雅·南山有台》

明明在下，赫赫在上。天难忱斯，不易维王。天位殷适，使不挟四方。

挚仲氏任，自彼殷商。来嫁于周，曰嫔于京。乃及王季，维德之行。

大任有身，生此文王。维此文王，小心翼翼。昭事上帝，聿怀多福。厥德不回，以受方国。

天监在下，有命既集。文王初载，天作之合。在洽之阳，在渭之涘。

文王嘉止，大邦有子。大邦有子，伣天之妹。文定厥祥，亲迎于渭。造舟为梁，不显其光。

有命自天，命此文王。于周于京，缵女维莘。长子维行，笃生武王。保右命尔，燮伐大商。

殷商之旅，其会如林。矢于牧野，维予侯兴。上帝临女，无贰尔心。牧野洋洋，檀车煌煌。驷𬴐彭彭，维师尚父。时维鹰扬，凉彼武王。肆伐大商，会朝清明。

——《诗·大雅·大明》

以上两首诗是下面子产所引用的诗，从中可以找到三个成语的出处：万寿无疆、小心翼翼、天作之合。

428

晋平公十年（前548年），郑简公在子西的陪同下前往晋国朝见。

郑国人在这个时候前来，晋国人都非常高兴，中军元帅范匄设宴招待。

例行的套近乎和拍马屁是免不了的，这一次多了一条，就是郑简公坚决支持晋国人民为保持国家统一和领土完整所做出的努力，指责齐国粗暴干涉别国内政的卑劣行径。

大家说得高兴，酒过三巡，子西突然想起什么，拿出一封信来。

"范元帅，这里有子产给你的一封信，您看看。"子西说着，把信递了过去。

对于子产，范匄印象深刻，暗地里也非常欣赏，听说有他的信，急忙拿过来看。

信是这么写的："阁下是晋国的执政者，可是周围国家没有感受到您的美德，感受到的是贡赋的逐年增加，这让我困惑不解。我听说君子治理国家，并不忧虑钱财的多少，而是忧虑没有一个好名声。晋国横征暴敛，诸侯当然心存叛逆。如果您也想把什么好处都占了，晋国也会四分五裂。诸侯背叛，晋国内乱，对您的家庭似乎也不会有什么好处吧？德行是一个国家也是一个家族存在的基础，您怎么能不致力于建设这个基础呢？有了德行，心情就会快乐，国家和家族就会长存。《诗经》写得好：'乐只君子，邦家之基'；'上帝临女，无贰尔心'。快乐的君子是国家的基础，不要干坏事，因为上天随时在监视你。你想让大家说'范元帅给了我们快乐的生活'，还是想让大家说'姓范的靠压榨我们过上了幸福生活'（毋宁使人谓子'子实生我'，而谓子浚我以生乎？），自己看着办吧。大象之所以被杀，就是因为它的象牙很值钱。财富聚集得越多，就离毁灭越近。"

范匄的脸色随着信的内容而变化，一阵红一阵青，十分难看。看到最后一句，脸上的表情突然变得轻松起来。

"信写得太好了，我们这就减少各国的贡赋。"范匄说，竟然一脸的释然。

为什么会这样？为什么头号腐败分子竟然肯放大家一马？因为子产的信太一针见血，特别是最后一句，让范匄颇为感慨，晋国最富有的家族一个接一个被灭，拼命敛财有什么意思呢？

子西暗中佩服子产，如此不给面子的一封信，也只有子产敢写了，也只有子产能够写得如此震撼了。

子产的一封信，基本搞定范匄。但是，仅仅这样是不够的，范匄这种人翻脸不认账的事情做得多了。

所以，下一步还要继续。

郑简公突然跪了下来，并且向范匄磕了一个头，这一举动把范匄吓了一大跳。再怎么说郑简公也是一国国君，没有任何理由要向范匄磕头的。

范匄连忙也跪了下来，也向郑简公磕了一个头，然后问："这，您这是什么意思？我不敢接受啊。"

郑简公没有回答，因为子西替他回答了。

"元帅，当年陈国跟着楚国侵犯我国，结果所到之处砍光了我们的树木，填了我们的水井，见过流氓，没见过这么流氓的。郑国人民早就想教训他们了，可是他们有楚国撑腰，我们希望晋国能出兵讨伐陈国，为我们讨回公道。所以，我们主公要给您磕头。"子西三言两语，把事情交代清楚了。

讨伐陈国？范匄现在一听打仗就脑袋疼，特别是打陈国很可能就要跟楚国人决战，哪有这个底气？

"这个，我看，算了吧。那狗咬人一口，人还能去咬狗一口吗？要不这样吧，我们减少你们的贡赋，你们就用省下来的那部分去种树和挖井，行不行？"范匄想了半天，出了这么个主意。

郑简公和子西听得偷偷乐，心说这老腐败外强中干，除了索贿受贿，别的就没什么本事了。

不管怎样，在减少贡赋的问题上，范匄是不好意思再改口了。

当年，郑国给晋国的贡赋就减少了一些。

"陈国怎么办？就这样放过他们？"子展又找来子产商量，他觉得子产的眼光非常独到。

"出兵揍他。"子产毫不犹豫地回答。

"那就出兵揍他。"子展也说得毫不犹豫，他也是这个看法。

第二年六月，子展和子产以参加晋国组织的军事演习的幌子调集了七百乘战车。然后亲自领兵，傍晚出发，直扑陈国，一夜行军，天蒙蒙亮时来到陈国都城外。

"攻城。"子展一声令下，郑国军队如狼似虎地攻上了城头，这个时候，陈国人还在睡觉。

闪电战，标准的闪电战。

郑国大军迅速占领了整个陈国都城，陈哀公的后宫被包围。

"什……什……什么？郑国人来了。"陈哀公从睡梦中醒来，才知道郑国人已经打到了家门口，叹了一口气，"看来，这大床是保不住了。"

可是，出乎陈哀公意料的是，郑国人并没有攻进来。

"主公，子展和子产亲自守住了前后两个大门，不让郑军进来。"有人来报。

陈哀公一听，心中暗喜，看来郑国人还是很讲风度的，这下大床是保住了。不过，人家给脸，咱不能给脸不要脸。

于是，陈哀公派人向子展进献宗庙中的祭器，然后召集百官上朝，自己身穿丧服，男女站成两排，躬身低头，等待子展受降。

等这边准备好了，子展拿着一根绳子就进来了，看见这帮家伙一个个灰头土脸，抖若筛糠，又可笑又可气，心想要不是你们这帮吃饱了撑的填了我们的井，至于有今天吗？不过子展还算客气，面对陈哀公，两次叩头之后，向他献酒。

陈国投降了。

随后，子产进来，开始点数："一双，两双，三双……"

子产清点俘虏，听得陈国人想哭，因为子产好像清点鸡蛋或者草鞋一样在清点他们。

随后，郑国人在陈国的祖庙祭祀了土地神，由司徒代表郑国把百姓还给了陈国，由司马代表郑国把兵符还给了陈国，司空代表郑国把土地还给了陈国。

"撤军。"子展一声令下，郑军撤退。

空手而归？郑国人会空手而归吗？把陈国的国库搬空了。

郑国人的速度太快了，以至于陈国人连向楚国求救的机会都没有。

429

子展和子产从陈国回来，郑国驻晋国办事处来了消息，说是范匄有感于子产那封信，主动要求退居二线了，眼下，晋国由赵武出任中军元帅。

一封信，让腐败分子退休，牛。

"赵武？他是什么施政纲领？"子展急忙问。

"总的来说有三点：第一，减少各诸侯国的贡赋，这是最令人高兴的；第二，加强礼仪建设，和诸侯之间融洽相处；第三，要避免战争，争取和平，积极开展与楚国的对话。"来人的汇报言简意赅。

俗话说：新官上任三把火。赵武这三把火注定会在诸侯中引发巨大反响，而且一定是正面的反响。

"子产，你怎么看？"子展问。

"当然是好事，看来我们的日子能好过一点儿了。"子产说，不过他的表情似乎并不轻松，"不过，我有点儿担心。"

"担心什么？"

"赵武上任，必然要找一个国家来立威。而他倡导和平，我们却恰好攻打了陈国，我担心赵武会拿我们来立威，同时讨好楚国人。"子产皱皱眉头。

子展笑了笑，他也想到了这个问题。

"兄弟，我已经想到了办法。"子展说。

"什么办法？"

"我们不能被动地等晋国人来谴责我们或处罚我们，这样，辛苦你跑一趟，去趟晋国献战利品。一来晋国人贪财，二来我们主动进献，他们也不好意思说我们什么。"

"好主意。"子产大声说了出来，对子展，他一向是很佩服的。

赵武的想法被郑国人猜到了，听说郑国入侵陈国，赵武就打算谴责郑国并且命令郑国立即把抢夺陈国的财物送还，然后再派人向楚国通报，这样，楚国人一定很高兴，而和平就会加快到来。

赵武把自己的想法告诉了韩起，韩起也觉得很好。两人正在一起商讨的时候，郑国人来了，说是新近惩罚了陈国，获得了战利品，特地向晋国进献。

"本来还要找他们呢，自己送上门来，先把使者扣下来怎样？"赵武的眼前一亮，觉得这是个好时机。

"元帅，不能这样啊。您刚说了要加强礼仪建设，现在要扣人家的来使，这不合周礼啊。"韩起连忙阻止了。

"那怎么办？"

"我看我们可以先羞辱他们一番，这样，咱们不要接待他们，让士弱去。"韩起出了个主意，让中大夫士弱去接待郑国的卿，故意不给面子。

赵武找来士弱，大致交代了晋国对郑国入侵陈国的态度，然后让他去接见子产。

其实，除了要羞辱郑国人之外，赵武和韩起从内心里都有点儿害怕子产，想想范匄这老油条都被子产骂得呆若木鸡，自己这小样儿估计更不是对手了。

事实证明，他们的担心是有道理的。

士弱在国宾馆接见了子产，他心里也有点儿打鼓。

"你们为什么要攻打陈国？"士弱尽量绷着脸，以斥责的口吻质问子产。

你这蠢货，问这问题都不过脑子的。子产心中暗骂，当然嘴上不是这样说，他盯着士弱的脸，慢慢说来："从前陈胡公做周朝的陶正，武王为了嘉奖他，把女儿嫁给他。所以，陈国是我们周朝的外甥，至今还依靠着周朝。最近这些年来，陈国国君多半都是我们郑国帮着立的。可是如今陈国人的良心都被狗吃了，忘记了周朝对他们的大恩大德，无视我们郑国对他们的恩惠，恩将仇报，贼咬一口，跟着楚国人攻打我们。这还不算，所到之处，他们填井砍树，丧尽天良，连楚国人都看不过去。对于这种丧尽天良的事，是可忍孰不可忍？当年我们请求贵国为我们主持公道，可是贵国拒绝了。所以，我们只好靠自己讨回公道，出兵教训了他们，而他们甘心认罪，主动接受惩罚。因此，我们才能向贵国来进献战利品。"

士弱一听，人家子产从周朝开国说起，句句在理啊，陈国人咎由自取啊。可是，赵元帅交代过的事情，也不能没开一枪就投降啊。

"那，那什么，那你们以大欺小也不对啊，是不是？"士弱想了半天，说了这么一句话。

"当年武王说过了，只要有罪的诸侯，就要惩罚，没说过不能讨伐小国啊。再者说了，从前诸侯土地最大四百里，现在大国土地都有四千里了，要不是侵略小国，怎么能这么大？"子产说话真不客气，一句话驳得士弱目瞪口呆。

士弱傻眼了，不知道该说什么。猛地，他看见子产还穿着军服，这好像不对。

"就算你说得有道理，可是你穿着军服来进献战利品，这不合规矩吧？"

子产一听这句话，知道士弱彻底蔫菜了。

"我们郑国的先辈可都是周朝的卿，到了城濮之战的时候，晋文公命令我们的主公穿上军服，陪同周王接受晋国献俘。如今我们也穿着军服向贵国进献战利品，这是不忘晋文公的命令啊，你有什么意见吗？"子产反过来问。

士弱发现，自己的问题总是被子产拿去借题发挥，然后再反过来给自己出难题。再这么下去，自己非被问傻了不可。

"那，什么，嘿嘿，您先休息，我回去汇报一下，回见回见。"士弱灰溜溜，逃跑一般离开了，去向赵武汇报。

士弱把双方的对话过程对赵武说了一遍，听得赵武也无话可说。

"算了算了，人家说得有道理。那什么，送了些什么好东西来？"赵武没脾气了，决定接受战利品，承认郑国的行为是正义的自卫反击战。

对于这件事情，孔子这样赞扬子产：《志》有之："言以足志，文以足信。"不言，谁知其志。言之无文，行而不远。

翻译过来是这样的：言语用来表达思想，文采用来修饰语言。如果不会讲话，谁了解他的志向呢？如果说话没有文采，又有多少人愿意听呢？

陈国人向楚国人报告了被郑国侵略的事情，不过让他们郁闷的是，楚国人根本没有兴趣帮助他们。

"当年填人家的井干什么？活该。"基本上，这就是楚国人给的答复，当然话说得委婉一些。

不过，夏天的时候，楚国人和秦国人联军攻打吴国，因为吴国已经有了防备，两国军队顺便偷袭了郑国，活捉了郑国的皇颉和印堇父。（见第四部第一五五章）

楚国人把皇颉带回了楚国，印堇父则送给了秦国。就这样，两人分别被带到了楚国和秦国。

印堇父是子印的孙子，而印家在郑国实力雄厚，于是印家出钱，要求国家出面，把印堇父从秦国赎回来。印家提出这样的要求，当然不能拒绝。于是，子展把这件事情交给了担任令正的游吉来处理。

"大侄子，你准备怎么办？"子产问游吉。

"印家准备了玉璧两双、锦缎二十四，准备用这些去赎人。"游吉说，这已经是相当重的赎金了。

"不行，这样去赎不回来。"子产说。

"还不够？"

"不是不够，是太多。"

"叔啊，开玩笑呢吧，还有赎金嫌多的？"游吉笑了出来。

"我告诉你，印堇父是楚国人献给秦国人的，秦国人却拿他来挣钱，这是有损国家尊严的，秦国人不会这么干。如果在赎金上略微表示一下，然后对秦国人说'感谢贵国的帮忙，要不是贵国，楚国人现在还在我们的城下呢'，这样，秦国就可能会放人了。"

"叔啊，这年头哪个国家还讲什么尊严啊？"

"不信，你就试试看。"

游吉终于还是不相信子产的话，带着大笔赎金去了秦国，他以为赎金加上卿的身份就可以把事情办好，却不知道秦国人比中原人耿直。

"什么？你回去吧，我们不缺这点儿东西，为了你这点儿东西就把兄弟国家送给我们的人卖了，我们成什么人了？"秦国人一点儿面子也不给，把游吉给赶回来了。

被赶回郑国之后，游吉才知道子产确实是太高明了。

于是，游吉收拾了一点儿郑国特产，用来串亲戚的那种特正宗的特产，看上去就很亲切。然后再次上路前往秦国。

这一次，游吉就按照子产教的话来和秦国人说，这一回，秦国人高兴了，就像招待一个亲戚一样招待游吉，然后像送亲戚一样把印堇父交给了游吉，痛饮三天好酒，欢欢喜喜送郑国客人上路，还送了好些秦国特产。

"子产，牛啊。"全郑国人都这么说。

所以，国家间的事务，钱并不是最重要的。最重要的，是你一定要知道对方需要什么。对于秦国人来说，对于被中原主流所抛弃的秦国人来说，他们要的是尊严，或者说，是面子。

历史一再证明，那些迫切寻求主流世界承认的国家，往往宁愿花钱买面子。

第二〇九章

子产面临的抉择

由于成功地对陈国实施了闪电战，郑简公决定对有关立功人员进行奖励。

为此，郑简公专门宴请了子展和子产，在宴席上赏赐子展先路车和三命朝服，赏赐子产次路车和二命朝服。同时宣布，赏赐子展八座封邑，子产六座。

对于赏赐，子展坦然接受。不过，子产并没有全部接受。

"主公，车和衣服我都收下，不过，封邑我不要。"子产拒绝了最实惠的赏赐。

"为什么？"郑简公有些惊讶，赏赐名正言顺，为什么要拒绝？

"自上而下应该以二的数目递减，我排名第四而已。再说了，这主要是子展的功劳啊，我不能要。"

"不对啊，就是以二的数目递减啊，子展上卿，你是下卿，不正好是六座城邑吗？"

"反正我不要。"子产还是拒绝。

"子产，你还是要吧，你不要，我怎么好意思要？"子展也来劝子产。

最终，子产还是没有接受六座城邑，只接受了三座。

<h1 style="text-align:center">430</h1>

印堇父赎回来的时候已经是冬天了，刚刚到家，炕还没坐热呢，楚国人又来了。

"什么？难道楚国人还不肯放过我？"印堇父哭了，他不知道自己怎么得罪楚国人得罪得这么深。

不过印堇父很快知道，楚国人这次来讨伐，跟他没有任何关系。

那么，为什么楚国人又打来了呢？

说起来，其实很简单。

原来，这么多年来郑国一直在欺负许国，许国国君许灵公气不过，跑到楚国，请求楚国为他们做主，教训郑国，楚国不答应，那就不走了。

结果呢，许灵公真就没走，病死在了楚国。

"楚国要是不帮我们打郑国，我做鬼也要缠着你们。"临终，许灵公发誓。

"太感人了。"楚康王被许灵公的誓言感动了，就觉得好像自己辜负了许国人民对自己的殷殷期待。

就这样，楚国人杀过来了。

"兵来将挡，水来土掩。楚国人也不过是外强中干，跟他们干。"子展并不惧怕楚国人，打交道这么多年，也知道楚国人现在跟晋国人一样只会欺软怕硬。

郑国人都不害怕楚国人，因此也都准备好了要迎击楚国人。

"慢着。"子产来劝阻子展了。

"兄弟，你有什么想法？"子展有些惊讶，因为他知道子产是个很强硬的人，难道他要投降？

"我知道晋国和楚国已经开始进行和平谈判了，各国和平是大趋势。这个时候楚国来进攻我们，很显然是一时冲动的结果，他们不会坚持多久的。既然这样，不如我们让他们满意而归，这样反而能促进天下和平的早日到来。"子产站在天下和平的高度来看问题。

"好。"子展非常高兴。

于是，郑军没有迎击楚军，而是全部退守荥阳。

楚军一路没有遇到抵抗，因此直接攻到了荥阳，首先拿下已经空无一人的外围小城南里，将城墙拆毁；随后来到荥阳城门，郑军急忙关上城门。楚军在城门外抓住了九名没有来得及逃走的郑国人，之后并不攻城，只是在城门下喊了几句类似"伸张正义、和平万岁"之类的话，然后全体楚军拍拍屁股，灰尘大作，等到尘埃落地，楚国人已经回家了。

华夏和平就像潮汐，该来的时候一定会来。

转年到了郑简公二十年（前 546 年），华夏和平终于来到，晋国楚国率领各自的扈从国在宋国举行和平大会，正式宣布华夏和平了，战争结束了。

华夏真的和平了。（见第四部第一五六章）

代表晋国出席世界和平大会的是中军元帅赵武、下军佐智盈和上大夫叔向。宋国的和平大会结束后，赵武、智盈和叔向顺道访问了郑国。

郑简公在荥阳郊区设国宴招待了赵武一行，除了郑简公外，出席国宴的还有郑国最有权力的七个人，他们全都是郑穆公的后人。按照职位高低的顺序，他们是子展（子罕之子）、良霄（子良之孙）、子西（子驷之子）、子产（子国之子）、游吉（子游之孙）、印段（子印之孙）、子石（子丰之子）。也就是说，郑国的六卿加上子石都来了。

"嚯，阵容鼎盛啊。既然都来了，是不是大家都朗诵一首诗以感谢国君的厚爱，同时也让我见识见识各位的想法？"赵武很高兴，同时他也知道郑国的卿们普遍很能干，想看看他们究竟有多大的学识。

"恭敬不如从命，我先开始了。"子展第一个吟诗，这个时候是不能退缩犹豫的。

《诗经·召南·草虫》：

> 喓喓草虫，趯趯阜螽。未见君子，忧心忡忡。亦既见止，亦既觏止，我心则降。
>
> 陟彼南山，言采其蕨。未见君子，忧心惙惙。亦既见止，亦既觏止，我心则说。
>
> 陟彼南山，言采其薇。未见君子，我心伤悲。亦既见止，亦既觏止，我心则夷。

这首诗描述一个姑娘苦等心上人，看见心上人来了，心里很高兴。子展在这里比喻看见赵武非常高兴。

忧心忡忡，这个成语便是来自这里。

"好，真是国家的栋梁啊，我比不上你。"赵武很高兴，他对子展一向是很佩服的。

第二个出场的是良霄。

《诗经·国风·鄘风·鹑之奔奔》：

> 鹑之奔奔，鹊之彊彊。人之无良，我以为兄！
> 鹊之彊彊，鹑之奔奔。人之无良，我以为君！

这首诗描写卫宣公抢儿媳，也有说写婚外情。用在这里，显然很不合适。

"嘿嘿，"赵武笑得有些尴尬，但从良霄的诗来看，这小子倒好像不欢迎自己，不过表情又不像，也许这小子念书没念好，"男女偷情的话该关着门说啊，我们这可是在野外，这不是我这个使者应该听到的。"

第三个出场的是子西。

《诗经·小雅·黍苗》：

> 肃肃谢功，召伯营之。烈烈征师，召伯成之。

这只是第四段，子西只念了这一段。这首诗把赵武比喻为召公，小小地拍了个马屁。

"过奖过奖，子西太客气了。"赵武笑了，谁听了这样的诗都会高兴的。

第四个出场的是子产。

《诗经·小雅·隰桑》：

> 隰桑有阿，其叶有难，既见君子，其乐如何。
> 隰桑有阿，其叶有沃，既见君子，云何不乐。
> 隰桑有阿，其叶有幽，既见君子，德音孔胶。
> 心乎爱矣，遐不谓矣，中心藏之，何日忘之。

这首诗写一个人渴望见到君子，一说是姑娘渴望见到情人。子产把赵武比作君子，见到他非常高兴。

"哈哈，子产真是过奖啊，我只敢接受最后一段。"赵武更加高兴，他一直很喜欢子产。

第五个出场的是游吉。

《诗经·国风·郑风·野有蔓草》：

> 野有蔓草，零露漙兮。有美一人，清扬婉兮。
> 邂逅相遇，适我愿兮。野有蔓草，零露瀼瀼。

有美一人，婉如清扬。邂逅相遇，与子偕臧。

这首诗写一个姑娘与一个青年在野地里一见钟情，于是以身相许。比喻赵武与郑国之间的关系非常亲近。

"托你的福啊。"赵武觉得很有意思，眼前这帮君子，其实也都很喜欢情诗。

第六个出场的是印段。

《诗经·唐风·蟋蟀》：

　　蟋蟀在堂，岁聿其莫。今我不乐，日月其除。无已大康，职思其居。好乐无荒，良士瞿瞿。

　　蟋蟀在堂，岁聿其逝。今我不乐，日月其迈。无已大康，职思其外。好乐无荒，良士蹶蹶。

　　蟋蟀在堂，役车其休。今我不乐，日月其慆。无已大康，职思其忧。好乐无荒，良士休休。

这首诗劝人勤奋，不要耽于享乐。

"好，好。你一定能够保全自己的家族，我看好你。"赵武夸奖了印段。

最后一个出场的是子石。

《诗经·小雅·桑扈》：

　　交交桑扈，有莺其羽，君子乐胥，受天之祜。
　　交交桑扈，有莺其领，君子乐胥，万邦之屏。
　　之屏之翰，百辟为宪，不戢不难，受福不那。
　　兕觥其觩，旨酒思柔，彼交匪敖，万福来求。

这首诗，勉励君子要知道礼仪，才能得到老天的垂爱。

"嗯，好一句彼交匪敖，万福来求。借你吉言啊。"赵武也很高兴。

宴会尽欢而散，宾主各自回去安歇。

"叔向，我觉得良霄迟早有杀身之祸。诗能反映一个人的想法，他的诗充满了怨恨和不满，当然不是对我的，那就应该是对国君的。有了这些怨恨和不满，他即便能够免于一死，恐怕也会流亡国外。"回到住处，赵武对叔向说，在叔向的指点下，他对诗的理解有了很大的进步。

"元帅说得对啊，他很傲慢，我估计等不到五年了。"叔向想想，附和赵武。

"其他几家都应该能延续下去，子展家族应该最长久吧，他的地位高但是很谦虚。印段的家族也应该不错，他很欢乐但是有节制，对自己的百姓应该很好。"赵武得到了叔向的附和，非常高兴，继续发挥。

两人正在说话，子展派人来了。赵武一问，原来是子展希望明天单独宴请赵武，子西单独宴请智盈，子产单独宴请叔向。

431

叔向很高兴能够单独拜会子产，郑国卿的学养普遍比晋国的卿要高一个档次，子展、子西、游吉、印段都很有素质，叔向最喜欢的还是子产。

第二天，子产亲自来接叔向，此前两人只有过一面之缘，但是那次的相视一笑给两人都留下了很深刻的印象。再次相见，两人已经如同老朋友一样。

叔向跟着子产去了子产的家，两人一路上相谈甚欢。到了家里，两人入座，随后侍从端酒上菜，二人边喝边聊。

菜上得差不多了。这个时候，只见一个人跟着上菜的人走了进来。

看见这个人，叔向皱了皱眉头。看服饰，这个人应该是一个士。可是他长得十分寒碜，叔向见过丑的，却没见过这么丑的。

这个丑人对着叔向笑了笑，然后开口说话了："既见君子，孔燕恺悌。宜兄宜弟，令德寿岂。"

叔向一愣，这是《诗经·小雅·蓼萧》，在这里说来，比喻晋国和郑国的兄弟关系。

什么人，这么有学问？

叔向猛然间明白了，他站了起来，快步走过去，一把拉住这人的手，问道："你是然明吧？"

然明点点头。

"从前，晋国贾地的大夫长得很丑，却娶了一个漂亮老婆。老婆三年不说不笑。后来，贾大夫驾着车带老婆去打猎，一箭射死了一只野鸡，老婆这才笑了。贾大夫对老婆说：'你从前不说不笑，就是以为我没什么本事吧？'如今你其貌不扬，要不是你刚才说话，我真不敢相信你就是然明啊。"叔向非常高兴，说完，拉着然明的手入席。

叔向原话中的最后几句是："今子少不扬，子若无言，吾几失子矣。"

其貌不扬，这个成语最初出自这里。

"叔。"然明对子产笑笑，打个招呼。

"坐吧，好好跟羊舌太傅学学。"子产也笑了。

然明是谁？为什么叔向和子产对他都很客气？

然明是子然的孙子，所以也就是子产的侄子辈。当初子孔被杀，子然的儿子子革逃亡到了楚国，子革的全家却没有逃走，然明就是子革的儿子。子展和子西放过了这个侄子，不过剥夺了他们家族的地位，然明成了士。

然明虽然人长得丑，但是非常聪明，因此子产很喜欢他，大家也都愿意跟他往来。晋国栾盈被杀之后，晋平公任命自己的宠臣程郑为下军佐，程郑知道自己家族的底子太薄，因此非常担心自己会被铲除。一次郑国公孙挥去晋国，程郑偷偷问他有没有什么给自己降级的办法。从晋国回来之后，公孙挥把这件事情告诉了大家，然明就断言程郑活不了多久，因为程郑既贪恋卿的位置，又害怕被清洗，他会一直处于恐惧中，怎么能活得长呢？

果然，不到一年，程郑就死了。（见第四部第一五一章）。

通过这件事，子产认识到了然明的才能，于是向他请教治国的方略，然明说："视民如子。见到不仁德的人就坚决铲除，就像老鹰捕捉麻雀一样。"

这一次，然明听说叔向来了，很想见他，可是身份相差太远，于是，然明就想了这么个办法，果然叔向一下子认出了他。

叔向、子产，再加上然明，三人酒逢知己，当天尽醉而归。

世界和平到来，战争暂时远离了各国。

到郑简公二十二年（前544年），子展去世了，子展的儿子子皮（罕虎）继承了上卿的职位。不过子皮刚担任上卿就遇上了难题，这一年郑国歉收，发生了粮荒。子皮按照父亲的遗嘱，给郑国人民发放粮食，每户一钟，因此，郑国人民都很感激子皮。

子展去世后，子西也逝世了，子西的儿子驷带继承了父亲的位置。

随着子展的去世，郑国的两个问题凸显出来了。

目前的郑国政坛实际上是"七穆"在执掌，也就是六卿加上子石，原本在子展和子西相继去世之后，子石是满怀希望递补为卿的，谁知卿的位置被世袭了，子石难免心怀不满。但是，比子石还心怀不满的是子西的弟弟子皙（公孙黑），他一直认为自己的能力应该成为卿。

这又是萝卜和坑的矛盾了，坑少萝卜多。

另一个问题是良霄，良霄一直认为自己的爷爷子良是所有人的救命恩人，因此自己应该排名第一，为此他一直心怀不满并且表现得很无礼。

这也是萝卜和坑的矛盾，坑小萝卜大。

不管是子石、子皙还是良霄，尽管他们心存不满，但是在子展在世的时候，也都不敢太过分，毕竟子展的能力和魄力摆在那里。等到子展去世，这几位就没有了忌讳，纷纷开始活动。

最糟糕的是，子皙和良霄之间互相瞧不起，这使得驷家和良家的关系非常紧张。

子产支持谁？谁也不支持，他的原则还是不结党，不站队。

子产认真地分析过郑国当前的形势。

郑国七穆的力量远远超过了郑简公，并且七穆世袭六卿，这对于国君才是最要命的，这意味着权力属于七穆，就像晋国的权力属于六卿以及鲁国的权力属于三桓。毫无疑问，郑国与邻国一样也正处于裂变之中。对于子产来说，他不希望看到这样的裂变产生，因为这对国家是有害的。但是，他改变不了现实，所以，他也只能参加这个裂变的过程，成为裂变的力量之一。

但是，子产知道，自己的家族将不会是聚变的力量，在聚变的过程中随时有可能成为被吞并被消灭的对象。

为什么这样？首先，子产内心很抗拒瓜分郑国这个事实，其次，子产家族算不上七穆中的主流。

在郑穆公的所有儿子当中，当初子孔、子然和士子孔走得很近，但是，关系最密切的是子罕、子驷和子丰，为什么这样？因为这三位是同母兄弟，三人之间有天然的亲近感。

在子孔被杀之后，子罕、子驷和子丰的后代团结得更紧密了，因为在与子孔的斗争中他们感受到了什么叫作团结就是力量。现在，子罕的孙子子皮、子驷的孙子驷带都是卿，子丰的儿子子石仅次于卿。这一股力量，是郑国当前最大的力量。

而其余的四个卿之间，他们的凝聚力就要小得多。

所以，尽管子产在郑国的卿里排名第三，仅次于子皮和良霄，他还是非常小心。

要保住自己很简单，退休回家就行；要保住家族也不是太困难，退回一部分封邑，然后退休回家就行，毕竟大家都是亲戚，只要你不挡人家的财路，面子都是会给的。这一点上，子产比叔向的处境要好得多。

但是，子产面对一个叔向所不同的处境，那就是晋国的兴衰与叔向的家族命运没有关系，或者说叔向根本也没有资格去改变自己的国家。可是子产不一样，只要努力，他有机会去改变国家。另外，郑国的兴衰直接关系到子产的家族命运。子产明白，如果任由七穆之间的矛盾继续下去，如果这个国家不做些改变，那么和平是靠不住的，晋国和楚国随时会灭掉郑国，那时候，子产的家族也就完了。

家族的命运与国家的命运息息相关的时候，子产明白，自己是不可能独善其身的。要想保住家族，就要保住国家。

后世有人认为子产比叔向更贤，其实不然，大家都是形势使然。叔向如果要做晋国的子产，恐怕连自己都保不住了。

尽管想得明白，子产还是有些犹疑，在家与国之间拿不定主意。

直到有一天，一个人的到来终于让子产下定了决心。这个人是谁？季札，吴国王子。

季札为什么到郑国来了？他又怎么能够让子产下定决心的？

第二一〇章

延陵季子

吴王余祭四年（前544年），季札提出要去中原走一圈，一来算是代表吴国去聘问一番；二来学习一下周礼，也看看中原国家的山川人物。

"兄弟，想去就去吧。"吴王余祭当然支持。

于是，收拾收拾，季札上路了。

432

季札北上，第一个目标自然是鲁国。不过，要到鲁国，中间首先要路过一个国家，那就是徐国（今江苏徐州境内）。

徐国国君早就听说过季札，如今季札经过，徐国国君免不了要热情招待。徐国属于东夷，对周礼一窍不通，于是向季札请教了一通，态度十分恭敬。

季札觉得徐国国君这人虽然没什么学问，但是待人还算真诚。

"哎，公子，我听说吴国的剑比中原国家的都好，能不能让我欣赏一下公子的剑？"徐国国君突然提出这样一个请求。

"没问题。"季札不假思索，解下了自己的剑，递给了徐国国君。

吴国的铸剑技术在当时属于各国领先，而且是遥遥领先，后世所说的名剑，多半出自吴国。而季札的剑是吴国剑中的精品，比寻常的吴国剑更好。

徐国国君持剑在手，看那剑寒光闪闪，剑刃锋利，国君爱不释手。

"好剑，好剑。"徐国国君大声叫着好，一边用手轻轻地抚摩着剑面。

季札微笑、不语。

"唉，我要是有这样一把剑，此生心愿足矣。"徐国国君看了季札一眼，欲言又止。

"一定会有的。"季札说。

徐国国君看着季札，等他继续说"这把剑就送给您了"，可是，季札没有说。

徐国国君把剑还给了季札，看得出来，他有些失望。

"多谢款待，等我回来，再来看您。"临行前，季札对徐国国君这样说。

季札难道舍不得这把剑吗？

不一日，季札来到了鲁国。对鲁国，季札太熟悉了，他在这里学习过周礼，以至于现在说话都带着一点儿鲁国口音。

季札首先见到的是叔孙豹，两人谈起了周礼，之后两人都有些惊讶。叔孙豹是鲁国最有学问的人，对周礼的熟知程度让季札佩服；而季札对周礼的精髓同样了解，这让叔孙豹对他刮目相看，一个蛮夷国家的人有这样的学问，简直不可思议。

两人互相欣赏，迅速成为朋友。

"公子，我听说当局者迷，旁观者清。不瞒公子说，我总觉得我这个家有点儿奇怪，你帮我分析分析。"叔孙豹说，他觉得季札看问题特别准。

"那，请您说来听听。"

叔孙豹于是把自己当年怎样流亡齐国，怎样一夜情生下了私生子牛，又怎样因为老婆改嫁而长期拒绝两个儿子回来等都说了一遍。

"牛？牛是你儿子？"季札有点儿吃惊，他刚刚见过牛，就觉得这人贼眉鼠眼，心术不正，心说叔孙豹怎么找这么个人当管家，现在才知道这竟然是叔孙豹的私生子，这私生子也生得太没有水平了。

"是。"叔孙豹回答。

"那我实话实说了。"

"你说吧。"

"我说你恐怕不会善终了。"季札直接说了结论，叔孙豹略略有点儿吃惊，并没有生气，"你这人心地善良，但是却不知道怎么用人。我听说，君子最要紧的是会用人。你看你，身为鲁国世袭的卿，在用人上却很轻率，恐怕要自作自受了。"

季札的话说得很清楚，就是在说牛。

叔孙豹点点头，他也知道牛不适合当管家，也知道牛的权力过大而且心眼不是太好，可是，那毕竟是自己的儿子，而且是长子，自己不忍心亏欠他。

"唉。"叔孙豹又叹了一口气，终于还是没有说话。

按照季札的请求，这一趟希望能够观赏到完整的"周乐"，叔孙豹在请示鲁襄公之后，决定为他安排。在鲁国历史上，这是第一次也是唯一一次为外国客人展示全套周乐。

这一天，阳光明媚。

鲁国国家乐团和国家歌舞团联合演出，演奏及演唱全套周乐给来自吴国的客人。

作陪的，是叔孙豹。

报幕员走上前台：第一个节目，配乐歌曲《周南》《召南》。

音乐响起，华丽而轻松。一段过门之后，歌声响起。

"关关雎鸠，在河之洲。窈窕淑女，君子好逑。"（《周南·关雎》）这是所有歌曲中的第一段。

《周南》和《召南》是《诗经》中"国风"最前面的两个部分，描绘的是周朝故地周地和召地人民的幸福生活，当然，主要内容是关于爱情故事。

《周南》共有十一首，《召南》十四首。《周南》第一首为"关雎"，《召南》第一首为"鹊巢"。

季札闭上眼睛，随着音乐和歌声，脑海里浮现出祖先们在周地追逐嬉戏，男欢女爱，尊老爱幼，过着低碳绿色的幸福生活。

"美哉，始基之矣，犹未也，然勤而不怨矣。"听完最后一首，季札满足地睁开了双眼，发出长长的感慨。这句话什么意思？哇，太美了，这就是周朝创业时期啊，虽然前面的路还远，但是大家很勤奋而且很愉快啊。

基本上，这些歌曲相当于《兰花花》《南泥湾》《山丹丹开花红艳艳》等，苦中求乐，追求爱情，充满了革命乐观主义精神。

叔孙豹看了季札一眼，不免有些惊讶，季札对音乐和《诗经》竟然这么有感觉。

第一部分结束之后，开始第二部分。

第二部分包括《诗经·国风》中的《邶风》《鄘风》和《卫风》，邶和鄘原本都是国家，周初被并进了卫国，因此，这三部分实际上都是描写卫国的。其中，《邶风》十九篇、《鄘风》十篇、《卫风》十篇，合计三十九篇。

卫国的诗多半凄婉忧伤，令人感怀。歌中唱道："死生契阔，与子成说；执子之手，与子偕老。"（《邶风·击鼓》）"投我以木桃，报之以琼瑶；匪报也，永以为好也。"（《卫风·木瓜》）

歌舞结束的时候，季札长出了一口气，然后说："美哉，渊乎！忧而不困者也。吾闻卫康叔、武公之德如是，是其《卫风》乎？"什么意思？哇，太深沉了。歌中虽然有忧伤哀愁，但是并不困惑堕落。我听说卫国的康叔和武公具有这样的品德，刚才唱的应该是《卫风》吧？

叔孙豹惊呆了，这个南蛮子简直就是音乐天才啊。

到这里，穿插一段《世说新语》里的故事，说是东汉大学问家郑玄特别博学，连家里的奴婢都满腹经纶。有一次让一个女用人干活儿，结果干得不好，郑玄很生气，批评了她，可是她竟然为自己辩解，郑玄大怒，让人把她拖到院子里的一摊泥水中罚站。不一会儿，又来了一个女用人，一看这位站在泥里，心想：让你平时那么横，活该。嘴上就冒出来一句："胡为乎泥中？"意思是："你站泥里干什么呢？"这位罚站的头都没抬，回了一句："薄言往愬，逢彼之怒。"意思是我好好解释没用，他正发着火呢。

别小看这两个女用人的对话，这可埋伏着《诗经》呢。"胡为乎泥中"出自《诗经·邶风·式微》，"薄言往愬，逢彼之怒"则出自《诗经·邶风·柏舟》。

接下来是《王风》，这部分一共十首，来自洛邑一带。歌中唱道："知我者谓我心忧，不知我者谓我何求""一日不见，如三秋兮"，缠绵凄婉。季札听得如痴如醉，最后长舒一口气："美哉！思而不惧，其周之东乎？"什么意思？真好听啊，有忧虑但是不畏惧，这是周朝东迁时候的歌曲吧？

"公子，你说得真对啊。"叔孙豹实在忍不住了，大声赞扬起来。

随后是《郑风》，《诗经》中共有二十一首。歌中唱道："青青子衿，悠悠我心。纵我不往，子宁不嗣音？"（《郑风·子衿》）

歌曲唱罢，季札摇了摇头："美哉！其细已甚，民弗堪也，是其先亡乎！"啥意思？很动听，但都是男欢女爱，连执政者也是这样，这一定是《郑风》，这个国家会很快灭亡的。

随后，《齐风》上来。共十一首，描述齐国的风土人情。

"美哉！泱泱乎！大风也哉！表东海者，其大公乎！国未可量也。"听完之后，季札立即说了出来，因为他有一种大海的感觉，而吴国同样是一个海洋国家。这句话什么意思？好听啊，声音宏大，这是大国的音乐啊！我有一种大海的感觉，所以这大概是姜太公的齐国吧？这个国家前途不可限量。

之后是《豳风》，《豳风》一共有七首。

《豳风》唱完之后，季札赞叹："美哉！荡乎！乐而不淫，其周公之东乎？"啥意思？真美啊，浩荡博大呵！欢乐而不过度，大概是周公东征的音乐吧！

之后是《秦风》，一共十首。

歌中唱道："蒹葭苍苍，白露为霜，所谓伊人，在水一方。"（《秦风·蒹葭》）

季札仔细听完，说道："此之谓夏声。夫能夏则大，大之至也，其周之旧乎？"什么意思呢？这就叫作西方的夏声。夏就是大，大到极点了，恐怕是周朝的旧乐吧！

叔孙豹想想，秦国就是周朝的旧地啊，季札说得对啊。

接下来是《魏风》，共有七首。

歌中唱道："硕鼠硕鼠，无食我黍。三岁贯汝，莫我肯顾。逝将去汝，适彼乐土。"（《魏风·硕鼠》）

季札听完，说道："美哉！沨沨乎！大而婉，险而易行，以德辅此，则明主也。"什么意思呢？真好啊！抑扬顿挫，洪亮而又婉转，艰难而又流畅，再用德行加以辅助，就是贤明的君主了。

接下来是《唐风》，一共十二首。

一曲唱罢，季札感慨："思深哉！其有陶唐氏之遗民乎？不然，何忧之远也？非令德之后，谁能若是？"什么意思？思虑很深啊！应该是陶唐氏的遗民吧？否则，为什么那么忧深思远呢？不是美德者的后代，谁能像这样？

接下来是《陈风》，共十首。

一曲唱罢，季札叹息道："国无主，其能久乎？"啥意思？国家没人管，迟早要完。

之后是《桧风》和《曹风》，季札再也没有评价。

"算了，过了，直接《小雅》吧。"叔孙豹见季札没兴趣，自己也觉得没什么兴趣，直接叫住了。

下面开始《小雅》，《小雅》又分七个部分，共七十四首。

歌中唱道："呦呦鹿鸣，食野之苹；我有嘉宾，鼓瑟吹笙。""他山之石，可以攻玉。""战战兢兢，如临深渊，如履薄冰。"

听了《小雅》，季札又来了精神，赞叹："美哉！思而不贰，怨而不言，其周德之衰乎？犹有先王之遗民焉。"啥意思？美啊！忧愁而没有背叛的心，怨恨却不表现在语言中，恐怕是周朝德行衰微的乐章吧！还有先王的遗民啊。

《小雅》结束，自然就是《大雅》。《大雅》分三个部分，共三十一篇。

《大雅》让季札听得肃然起敬，叹道："广哉！熙熙乎！曲而有直体，其文王之德乎？"什么意思？广博啊，和美啊！抑扬顿挫而本体刚健劲直，大概是文王的德行吧！

歌曲的最后部分是《颂》，共分五个部分，四十首。

《颂》是《诗经》中的最后一部分，气势恢宏，大义凛然。

"至矣哉！直而不倨，曲而不屈，迩而不逼，远而不携，迁而不淫，复而不厌，哀而不愁，乐而不荒，用而不匮，广而不宣，施而不费，取而不贪，处而不底，行而不流，五声和，八风平，节有度，守有序，盛德之所同也。"季札听完，给出了最高的评价：哇，至高无上了。正直而不倨傲，婉柔而不屈挠，亲近而不相逼，疏远而不离心，活泼而不邪乱，反复而不厌倦，哀伤而不忧愁，欢乐而不过度，常用而不匮乏，宽广而不显露，施舍而不浪费，收取而不贪婪，静止而不停滞，行进而不流荡。五声和谐，八风协调。节奏有一定的规律，乐器都按次序，这都是盛德之人所共同具有的。

"是啊是啊。"叔孙豹也沉浸其中，对季札的评价深表赞同。

歌罢，开始表演舞蹈。

首先表演的舞蹈是《象箾》和《南龠》，季札认真地看完并评价说："舞，美啊，但还有所遗憾。"

接下来是《大武》，季札看得饶有兴趣，评价："美啊！周朝兴盛的时候，大概就像这样吧！"

再接下来是《韶濩》，季札评价："像圣人那样的宏大，尚且还有所惭愧，可见当圣人不容易啊！"

再接下来是《大夏》，季札评价："美啊！勤劳而不自以为有德，如果不是禹，还有谁能做到呢？"

再接下来是《韶箾》舞，季札站了起来，表情庄重地说："功德达到顶点了，伟大啊！像上天般没有不覆盖，像大地般没有不承载。盛德达到顶点，就不能再比这更有所增加了，聆听观看就到这里了。如果还有别的音乐，我不敢再请求欣赏了。"

于是，舞蹈在这里停止了。

随后，季札亲切地接见了演职人员，勉励他们要继续努力，弘扬周朝的文化。演职人员纷纷激动地表示，从来没有人这样认真地欣赏他们的表演，也从来没有人能够这么到位地做出这样的评价。

"我们最大的心愿不是多挣多少钱，而是把我们的歌舞表演给真正懂得歌舞的人，这样才是体现了我们的价值。"演员们纷纷表示，并且流下了感动的热泪。

叔孙豹也很感动，他对季札表示："其实，很多歌舞我也是第一次看到，要不是你来，这辈子可能都不会看到了。"

俗话说：好事不出门，坏事传千里。

不过，有的时候好事也能传得很快。

季札在鲁国观赏歌舞的消息迅速传遍了大江南北，各国都在惊呼："原来最懂周礼的竟然是一个叫季札的蛮子。"

离开了鲁国，季札北上，来到了齐国。

齐国此时恰好是庆封被灭，子尾和子雅执掌国政，这两位都是贪得无厌的主儿，现在瓜分了庆封的家产，富可敌国，生活十分奢侈。

基本上，季札来到了齐国之后，子尾和子雅没什么太大兴趣接待他，走走过场应付了事。在齐国，只有一个人是真诚在欢迎季札的，那就是晏婴。

"公子，不好意思，国家刚刚结束内乱，所以有点儿怠慢贵客了。"晏婴宴请季札，还忘不了帮齐国圆个场。

"在齐国能认识你就满足了，其他人都无所谓。不过，你刚才说内乱完了，这一点我不敢同意啊。"季札倒并不在意在齐国受到的冷遇，他很喜欢晏婴，两人有一见如故的感觉。

"公子的意思是……"

"齐国现在是子雅、子尾当权，两家骄横奢侈，不把别人放在眼里，实际上跟崔家和庆家没有什么区别。可是，我看陈家和鲍家似乎都在收买人心，齐国终究免不了另一场内乱。说实话，我有些为你担心。"

"公子，你所说的就是我所担心的，我应该怎么办？"晏婴一下子紧张起来，急忙请教。

"我建议你把封邑退掉，把官辞掉，这样就可以幸免于难。"季札出了这么个主意。

"好主意。"晏婴叫好，其实，他早就有这样的想法，只是一直没有下定决心。

季札走后，晏婴通过陈常向齐景公申请把封邑退掉、官职辞掉，齐景公还有些挽留的意思，找子雅、子尾一商量，这两位异口同声："好啊好啊，他退回来了，我们哥儿俩分了吧。"

齐景公没脾气了。

离开了齐国，季札来到了郑国。

郑国人对季札非常尊重，以子皮为首，热情接待。只有一个人没有把季札当回事，那就是良霄，宴请季札的头一天，良霄喝得烂醉，以至于第二天的宴请都无精打采。

季札和子产一见如故，季札赠送子产一匹白绢大带，子产则送给季札一件麻布衣服。

这一天，子产单独宴请季札。

"子产，我看子皮倒是个不错的人，只是良霄有些奢侈狂妄，似乎大家对他都不满，包括子皮也是在忍让他。我估计，他的结局不是流亡就是被杀，到时候，就该你来管理国家了。你可一定要依照礼法来管理啊，否则郑国还要乱。"酒过三巡，季札谈出自己对郑国的看法。

"公子，早就听说你看问题入木三分，今天的点拨，让我茅塞顿开。公子的指点，我谨记在心了。"子产对季札更加佩服，两人尽醉而归。

季札的话，让子产确信自己有机会能够改变这个国家。于是，他开始酝酿怎样去实施自己的想法。

离开了郑国，季札又来到了卫国。

卫国对季札的接待比任何国家都要热情，卫国的卿也都很尊重季札，纷纷向他请教。

在卫国，季札过得非常愉快，与蘧瑗、史狗、史鳅、公子荆、公叔发、公子朝谈得都很投机。

"卫国有很多贤能的君子，不会有什么祸患。"季札下了结论。

难道是谁对他好，他就说谁好？

当然不是，卫国随后的历史证明了季札的判断。

离开了卫国，季札来到了此行的最后一站：晋国。

晋国人也早就听说了季札在鲁国的传奇故事，因此赵武亲自接待，礼数非常恭敬。不仅赵武，韩起和魏舒也都恭恭敬敬地请教，而另外三个卿不以为然，觉得没有必要对这个南蛮子这么客气。

季札早就听说过叔向的大名，此次两人相见，也是惺惺相惜。

季札离开晋国之前，叔向特地去拜会了季札。

"公子，想请教你怎样看晋国的局势？"叔向真心请教。

"晋国公室衰落，政出多门。越是这个时候就越要低调谦虚，否则一定先灭亡。赵武、韩起和魏舒都很谦虚，我估计，晋国今后恐怕要归于这三家了。"季札看得清楚，分析得也清楚。

"那，我应该怎么办？"叔向有些紧张。

"你尽你的本分就行了，不过你为人耿直，要避免卷入权力斗争，这样就能远离灾难。"季札又给出了答案。

"多谢指点。"叔向很感激，他知道季札的话都是金玉良言。

在齐国，季札指点晏婴；在郑国，季札指点子产；在晋国，季札指点叔向。对于季札来说，这三个人都是他欣赏的人，可是他的指点并不一样，为什么？因为季札知道这三个人的处境不一样，面对的问题不一样，所以需要不同的应对方略。

季札是真正的高人，看问题一针见血，提建议直达要害。

离开了晋国，季札感觉一路上很轻松。通过在各个国家的观察，他更加确信自己拒绝当吴王是正确的决定。

不过，他还有一件事情要做。

穿过徐国，就要回到吴国。

在徐国，季札知道一个消息：徐国国君已经死了。

"啊。"季札大吃了一惊。

"他葬在哪里？"季札问。

于是有人告诉他徐国国君的墓地。

季札来到了徐国国君的墓地，墓地旁有一棵树，季札解下了自己身上那把宝剑，挂在了树上，然后转身走了。

"公子，您这是干什么？"随从们都有些惊讶，毕竟这把剑是一把宝剑。

"我送给徐国国君的，一个人要讲信用的。"

"可是，公子从来没有答应过他啊。"

"不，我在心里早已答应了他，只是因为这一路上要用到，所以决定回来的时候给他。我不能因为他死了，就违背我的诺言。"

随从们无言。

二十九年之后（前515年），季札再次出访中原诸国。此时叔向和子产都已经去世。不过，季札当初的预言都已经被证实。

出使期间，公子光和伍子胥合谋刺杀吴王僚，季札回到吴国后，彻底退出吴国政坛。

因为季札封于延陵，史称延陵季子。后又封州来，又称延州来季子。延陵的具体位置有争议，大致在今江苏常州和丹阳交界所在。

季札去世后葬在江苏江阴申港西南，后人在墓旁建季子祠，墓前立碑，传说碑铭"呜呼有吴延陵君子之墓"十个古篆是孔子所书，史称十字碑，后毁于抗日战争。

史上对季札的评价非常高，他对权力和财富的超然态度对于后世的影响非常大，他对于周礼周乐的修为令孔子敬佩并且极大地激励了孔子。

后世的评论认为季札是一位杰出的政治家、思想家、外交家和文艺评论家。

季札能够看透人性、看透权力、看透世事，他能够走遍中原，所言一针见血，所到之处备受尊重，与子产、晏婴、叔向等时代智者、贤者结交并且互相欣赏，其智慧、见识和人品已经无须后人评价。

后来吴国灭亡，夫差的太子吴鸿被流放到江西，其后代以吴为姓。不过，吴姓大部分是季札的后人，因此吴姓公认的得姓始祖就是季札，史称延陵季子。

吴亡后，吴王宗室乘船出海抵达日本，有说法日本皇室就是吴姓的后代。汉、魏至隋唐时，日本皇室都曾郑重表明是吴太伯的后裔。我国的史书《魏略》《晋书》《梁书》《北史》《路史》也都有类似记载。

季札的五十世孙吴权于公元939年在越南称王，建立了越南历史上最早的独立王朝——吴朝，吴姓现为越南第六大姓。

东汉时有吴凤进入朝鲜，吴姓为朝鲜最常见的二十大姓之一。王子夫概逃亡楚国，其子孙在吴者因此叫"夫余氏"，夫余氏族人后来辗转迁徙到朝鲜半岛。当朝鲜半岛三国鼎立之时，夫余氏家族独占百济一方，成为朝鲜历史上的三族。唐初有夫余党，成为百济国王。

第二一一章

占 星 算 卦

公子季札在中原国家走了一趟，就像一个赤脚医生对乡里进行了一次巡诊。从那以后，有病的治病，没病的健身，病入膏肓的准备后事。

卫国基本上就属于没病健身那种，大家安安生生过日子。鲁国基本上是病入膏肓，无药可救，静躺等死。齐国大病难愈，晋国必将肢解，郑国勉强求存，都只能尽人事而听天命了。

为什么这样说？

来看看当前的各国形势。

434

各国都在变化，怎么变？聚变，还有裂变。

而且，一切都不可逆转。

周朝在分裂，一个统一的王朝已经不复存在，而是若干个独立的国家，这是裂变。

与此同时，大国在不停地吞并小国，国家在变大，这是聚变。

然而，摆脱了周朝统治的诸侯却没有认真去思考，周朝为什么分裂，或者说，自己为什么能够从周朝分裂出来。所以，诸侯在重蹈周朝的覆辙，他们很快发现，周朝发生的事情正在自己的国家发生。

在诸侯国中同样发生着变化——聚变，还有裂变。

而且，一切都不可逆转。

就像分崩离析的周朝再也无力外顾一样，实际上，同样走入分崩离析的诸侯国也已经无力外顾。和平因此而到来，而和平的到来，转而加快了各诸侯国内部的聚变和裂变。

对于各国的卿大夫来说，现在他们面临的是春秋中早期诸侯所面临的同样的问题：强大则瓜分这个国家，不够强大则保全自己的家族，弱小则被吞并。

那么，什么是贤人？贤人就是在保全自身和家族的前提下，还能帮助国家苟延残喘的人。

那么，什么是圣人？圣人就是连自己的前途都看不到在哪里，却能为世界的前途殚精竭虑的人。

季札的朋友都是贤人，因为他们首先必须想办法保住自己的脑袋。

季札走了之后，子产更加小心地保护着自己。

驷带接了父亲子西的班，他有一个叔叔叫子皙（公孙黑），一直以来自视极高，认为自己的能力完全应该做到卿。驷带和这个叔叔的关系非常好，也常常为他呼吁。

对于子皙，子皮尽量躲着他，他知道子皙的能力和人品都不够做卿的资格。而子产、游吉和印段也都小心翼翼，尽量不去招惹他。

可是，有一个人不怕他，这个人就是良霄。

"当初要不是我爷爷极力坚持，你们这些家全都被灭了，牛气什么？"

良霄经常这样说，他说的都是事实，谁要不信，去翻翻第四部第一四〇章。

"小子，谁还没喝过谁家一碗棒子面粥啊？过去好几辈子的那点儿屁事总挂在嘴上说什么说？"别人没说什么，子晳不买这个账，当着很多人的面对良霄表示不服气。

说起来，两人还是叔侄，虽然稍微远了点儿。

季札的预言当年就在郑国成为现实。

良霄负责郑国的对外事务，他看子晳不顺眼，于是想了一个公报私仇的办法。

"晳叔啊，我给你派个活儿，出使一趟。"这一天，良霄把子晳给叫来，要给他派活儿。

"啊，去哪里？"子晳冷冷地问，他就觉得良霄是黄鼠狼给鸡拜年——没安好心。

"去楚国。"良霄微笑着说，他确实没安好心。

"什么？去楚国？我们跟楚国正冷战呢，你让我去，不等于让我去送死吗？"子晳一听，大喊起来。

"哎哎，别这么大惊小怪的，你们家不是外交官世家吗？你不去谁去？"

"世家？世家也不能送死啊。我告诉你，能去我肯定去，不能去，那我肯定不去。"子晳挺横。

"不去？国家养着你，到用你的时候了，你不去？不去就没收你的封邑。"良霄更横。

"你敢。"

"你看我敢不敢。"

两人吵了起来，最后子晳一拍桌子："好，小子，你给我等着。"

说完，子晳转身，气哼哼地走了。

"跟我斗，哼。"良霄得意地笑了。

子皙不是好惹的人。

从良霄家回来，子皙越想越窝火，最后一拍桌子："可恶的良霄，欺负到我头上了，老子跟你拼了。"

子皙说到做到，一边分发皮甲，武装家兵，一边通知驷带，让亲侄子出兵增援，同时还通知了子皮和子石。

三大家族如果合兵，在郑国是没有人能抵挡的。

驷带没有犹豫，立即准备出兵。

这一边，良霄还完全不知道那一边已经摩拳擦掌了。

内乱，随时到来。

关键时刻，子皮出面了。

子皮首先劝住了子皙和驷带，然后又去良霄家调解。良霄听说子皙和驷带要来攻打自己，也吓了一跳，如今子皮亲自来调解，他也乐得顺坡下驴。

于是，当天晚上，子皮召集了郑国所有的卿大夫到良霄家，所有人做证，良霄和子皙握手言和，举行盟誓。

"哼，这样的盟誓能管几天？《诗经》里说得好：'君子屡盟，乱是用长。'盟誓越多，反而越乱。"大夫裨灶私下里断言。

"那，你怎么看局势发展？"然明对裨灶十分信服，于是讨教。

"良霄专横跋扈，不自量力，最终完的一定是他。"

"他完了，谁来执政？"

"还用说，肯定是子产啊。"

"子产执政，这个国家才会有希望啊。"

"是啊，如果不是子产，郑国恐怕就要成为历史了。"

裨灶是一个什么样的人，为什么然明这个本身就很贤能的人对他竟然这么信服呢？

说到裨灶，就要来介绍一下春秋时期的占星术了。

裨灶，是最早有记载的占星术专家，也被称为中国占星术的祖师爷。

435

自古以来，人们就在研究天上的星星，认为天与地是对应的，所以星象能够预测人间的事情。

据《史记》记载，关于星象学，黄帝时期就已经有了，之后历代都有发展。不过，关于星象学的记载多半佚失，至今留存最早最完整的反而是《史记》了，其中的《史记·天官书第五》对中国古时的星象学有非常详尽的记载。

按古时的星象学，天上的星星都对应着地上的人物、器具、地点等，决定着人世间的祸福兴衰和喜怒哀乐。譬如，我们常说的二十八宿，就代表了中原的二十八个地区。

因此，星辰的运动，往往就昭示着相对应的人物、地区或者国家将要发生什么。

春秋时期，用得比较多的是岁星。

岁星是哪颗星？也就是木星。在太阳系的所有行星中，木星为最大，其质量是所有其他行星之和的 2.5 倍。木星绕太阳公转的周期为 4332.589 天，约合 11.862 年。

中国古代很早就认识到木星约十二年运行一周天，于是把周天分为十二分，称为十二次，木星每年行经一次，就用木星所在星次来纪年。因此，木星被称为岁星，这种纪年法被称为岁星纪年法。

除了十二次之外，天上又有十二辰的划分法（用子、丑、寅、卯、辰、巳、午、未、申、酉、戌、亥十二地支来称呼）。它的计量方向和岁星运行的方向相反，即自东向西。

由于十二地支的顺序为当时人们所熟知，因此，人们又设想有个天体，它的运行速度也是十二年一周天，但运行方向是循十二辰的方向。这个假想的天体称为太岁。当岁星和太岁的初始位置关系规定后，就可以从任何一年岁星的位置推出太岁所在的辰，因而就能以十二辰的顺序来纪年。

木星绕天一周，实际上不是十二年，而是 11.862 年，所以每隔八十二年就会有一个星次的误差，叫作"超辰"或是"超次"。

春秋时期星象学中，岁星的位置代表了不同的国家，岁星的运行以及与其他星体的相对位置也就对不同的国家有影响。

所以，春秋时期的占星术，多半拿岁星说事。春秋时期，有几位占星术的高手，他们是郑国的裨灶、鲁国的梓慎和宋国的子韦，这里略做介绍。

鲁襄公二十八年（前 545 年），也就是季札出访各国的前一年。这一年春天，鲁国气候反常，异常温暖，各地都没有发现冰。鲁国大夫梓慎断言："恐怕今年宋国和郑国要发生饥荒了。"

"为什么？"有人问，为什么鲁国气候温暖，郑国和宋国就要饥荒？

"是这样的，现在岁星本来应该在斗、牛的位置上，可是岁星已经过了这个位置，到了玄枵的位置。天时不正，就会带来灾荒，本来应该寒冷的时候却很温暖，龙在下而蛇在上，龙是宋国和郑国的星宿，所以这两国必然发生灾荒。"梓慎这样分析。

当年，郑国和宋国果然都遭受了旱灾。

当然，鲁国其实也遭受了旱灾。

当年秋天的时候，郑国的裨灶也做了一个预言："今年周王和楚王都要死。"

"为什么？"有人问。

"因为今年的岁星不在它本来该在的位置上，跑到了明年的位置上了，危害到了象征南方的朱鸟尾（南方七个星宿的总称），所以周王室和楚王都要遭殃。"裨灶这样分析，也是按照岁星的位置。

准不准？反正周灵王和楚康王都是那年年底死的。

据《左传》，此后裨灶还有几次预言，譬如陈国的灭亡、晋平公之死等，都很准确。

宋国的子韦职务是司星，专门看星星的。宋景公三十七年（前480年），天上出事了。

那天晚上，宋景公带着小妾赏月，猛然发现火星占了二十八宿之一心宿的位置，术语叫作"荧惑守心"。由于火星呈红色，荧荧像火；在天空中运行，时而从西向东，时而从东向西，情况复杂，令人迷惑，所以称为荧惑。这下麻烦了，因为心宿代表了宋国。

宋景公也略通天文，因此赶紧派人把子韦给叫来了。

"你看看，现在荧惑守心，主何凶吉？"宋景公急忙问。

"荧惑是颗凶星，走到谁的位置上谁倒霉。不幸的是现在到了我们宋国的位置，那就是主公您要倒霉了。恕我直言，您活不长了。"子韦仰望星空，这样解说。

"什……什么？"宋景公惊叫出来。

"不过，我有办法让这个灾祸从主公身上移开，让咱们的卿来承担这个灾祸。"子韦轻声说，怕被别人听见。

"是吗？"宋景公一时挺高兴，不过想了想，觉得不妥，"卿是为我治理国家的，我却要害死别人，太缺德了，不行。"

子韦一看，宋景公还挺有良心。

"那，还可以转嫁给老百姓。"子韦接着出主意。

"不行，老百姓死光了，我当谁的国君啊？这主意也不好。"这次，宋景公想都没想，拒绝了。

子韦一看，宋景公的觉悟提升很快啊。

"那，还可以转移到年成上。"子韦还有主意。

"年成不好，老百姓忍饥挨饿，家破人亡。作为国君，自己的灾难要转移到老百姓头上，谁还愿意把我当国君啊？算了算了，是死活不了，我是寿数到了，死就死吧。你就别再出馊主意了，就这样吧。"宋景公断然拒绝。

子韦一看，哇，这么多年了，没发现他觉悟这么高啊，这简直就是垂范千古了。

子韦向宋景公叩了一个头，说道："恭喜主公贺喜主公，天虽处在很高的地方，但它能听见地上的话，主公说了三句这么有觉悟的话，上天必定要三次奖赏君王。今天晚上火星肯定要移动三个地方，这样君王就会延长寿命二十一年。"

"你怎么知道呢？"

"火星移动一个地方要经过七颗星，一颗星相当于一年，三七二十一，所以君王的寿命会延长二十一年。"子韦计算了一番，这二十一年也不是信口说的。

"真的？"

"主公，咱们今天晚上就别睡觉了，我陪着你，咱们就看看它是动还是不动。要是不动，主公您就杀了我。"

当天晚上，宋景公和子韦真的整夜未眠，盯着星星看。还好，晚上没有乌云，随时能够看见星星。火星真的移动了吗？

一切都如子韦所说的那样，火星当晚移动了三次。

宋景公活了六十四岁，等于在那之后又活了二十一年。

这件事最早见于《吕氏春秋》，《史记》也有记载。

总结春秋及以前的星象学，并没有科学道理可言。不过，星象学对于中国历法贡献极大，并且对于考古有非同寻常的价值。

譬如周武王灭商，周朝史官史佚记录下了在这一激动人心时刻天空上的星座和月相，命铸铜匠在利簋上浇铸下"岁鼎克闻夙有商"的铭文，依据这一记载，可以断定周武王克商的准确日期为前 1046 年 1 月 20 日。

后来占星术逐渐衰落，被《周易》卜卦所取代。不过《三国演义》中诸葛亮还常常"夜观天象"，但是好像观察得就比较简单，往往是看见"一颗大星坠落到了某地某地"，与春秋占星术相比，就显得有点小儿科了。

既然说了春秋时期占星术，顺便也说说春秋时期的卜筮。

古时预测吉凶，用龟甲称卜，用蓍（音诗）草称筮（音是），合称卜筮。卜筮从上古就有，而《易》最早实际上就是卜卦。

卜的方法简单介绍一下，那就是取龟甲，上钻九个孔，占卜时是孔中插入干草点燃，龟壳受热产生裂纹，就根据裂纹的形状来进行解析。商朝以前，龟壳为一次性使用，到了周朝，则反复使用。

筮的方法略复杂，不做具体介绍。主要是通过一种固定程式的抽取过程，确定蓍草的数目，一共六次，得到六个数，称为六爻。六爻依次排列之后，就能得到一个或者两个卦象，然后根据卦辞进行解释。

一般来说，只有家国大事才会进行卜筮，而且，无疑不卜，不要平时没事吃饱了撑的去卜筮。

到后世，基本上不用龟和蓍草，而用铜钱占卜了，这是后话。

周朝初期，周武王伐商之前曾经占卜，结果卦象为不吉，当天暴雨。所有人都很害怕，只有姜太公把龟甲、蓍草砸个稀烂，然后劝告周武王："我们是奉上天的意思讨伐无道，不要让这些烂骨头破草阻止我们。"

之后，周武王发兵，灭了商朝。

按理说，姜太公已经把卜筮说得一无是处并且证明了卜筮没什么用，大家就该放弃卜筮了。可是事实上是，整个周朝依然盛行卜筮。

《左传》中有关卜筮的记载很多，关于以《周易》卜筮的记载共有十三条，还有五处引用《周易》来论说事理。卜筮的高手有卜偃、辛廖、史苏等，可见卜筮这样的工作通常由卜官或者史官来做。而且，不仅周王室、鲁国这样的正宗周文化传承国家使用，晋国甚至楚国都大量使用。俨然，卜筮是中原文明的一种象征。

《周易》占卜是迷信还是科学，说法不一，不去判断。依笔者所见所闻，确有很多神奇之处。

《左传》中对卜筮的记载，同样有灵有不灵，有信有不信。

晋献公想立骊姬为夫人，卜了一下，不吉；筮了一下，吉。晋献公说了："筮比较准。"其实，他早就定了要立骊姬为夫人，卜筮不过是做个样子。

同样，楚灵王想要占有天下，卜了一下，不吉。楚灵王把龟壳扔在地上，对天喊道："这点小小要求都不满足，老子去夺过来。"

基本上，多数情况下卜筮都是做样子。如果是吉，那就名正言顺；如果是不吉，学姜太公就是了。

《史记》中有"龟策列传"记述卜筮。

到了唐朝，唐朝第一名将李靖在《李卫公问对》中曾经跟唐太宗谈到占星卜筮这一类东西。按李靖的说法"天官时日，明将不法，黯者拘之"，所有这些占星卜卦，与装神弄鬼一样都属于"兵家诡道"，都是拿来骗人的，真正的名将是根本不信的。

可是，如今还有很多人相信占星算卦，实在是荒唐至极。

第二一二章

子 产 执 政

第二年开春，郑简公前往晋国访问，子产陪同。

看见子产来了，叔向非常高兴，这次轮到他做东了。

"听说郑国最近有点儿乱啊，到底怎样了？你没有危险吧？"叔向问子产，他很关心子产。

"唉，驷家和良家斗得厉害，去年几乎打起来，现在国君正在调解，不知道怎样了。不过，无论好坏，今年都会有结果了。"子产说，他对叔向笑笑，表示感谢。

"他们不是已经和解了吗？"叔向有点儿奇怪，他听说大家已经在良霄家盟誓过了。

"良霄骄奢而且刚愎，子晳又是谁也不服，两人之间互不相让。表面上和解了，但是两人积怨很深，还会爆发的。"

"那你要多加小心啊，不要把自己卷进去。"

"多谢了，我会的。不过，晋国怎么样？"

"唉，一言难尽。"

家家有本难念的经，说到自己的事情，谁都要先叹口气。

436

结束了对晋国的国事访问，郑简公和子产回到了郑国。实际上，郑简公对于良霄和子皙之间的事情也感到头痛，这两个都是不好惹的主儿，如果自己力量足够，就把他们都灭了。可是如今，自己只能装孙子，当和事佬。

回到郑国之后不久，郑简公亲自出面为良霄和子皙再次调解，于是在4月，郑简公和所有大夫进行了一次盟誓，强调要团结一致，共同对外。

对于这次盟誓，子产认为不是一件好事，而是一件坏事。因为这次盟誓会让良霄和子皙自以为更加重要，从而更加骄傲。

事实证明，子产的看法是正确的。

良霄和子皙不仅没有收敛，反而更加狂妄了。

秋天，终于到了摊牌的时候。

良霄喜欢喝酒，为此在自己家里建了地下室，里面装满了酒，良霄就经常晚上在地下室喝酒，一边喝一边击钟助兴，通宵达旦。

这一天，良霄又喝了一个通宵，第二天早上，醉醺醺地上朝去了。

郑简公一看，好嘛，还醉着呢。好在大家都已经习惯了良霄醉着上朝，见怪不怪了。

上朝也没有什么事，只有一件事算是件事，那就是楚国特使来了，要求郑国派人去朝拜。按照和平协议，这项要求倒是合理的。

"各位，谁愿意去走一趟？"郑简公问，他也决定不了，他也知道没人愿意去。

清醒的人都沉默了，只有喝醉的人说话了。

"子……子……子皙去。"良霄的舌头都硬了。

"什么，凭什么让我去？"子晳叫了起来。

"凭……凭……凭什么？"良霄用猩红的眼睛斜看着子晳，嘴角的口水都流了下来，"就……就……就凭老子个头比……比……比你大，行不？"

子晳一听，气得肺都要炸了，当时也不再跟良霄说话，起身走了。

"干……干一点儿活儿都……都要计较，什……什么东西？"良霄在后面还骂呢。

不欢而散，郑简公也没有办法，退朝休息去了，今天上朝就等于什么也没干。

良霄稀里糊涂，回家睡觉去了。

子晳气哼哼地回到家，二话不说，立即整理家兵，再派人通知了驷带，两家合兵，攻打良霄家。这一次，子晳根本就没有通知子皮，他怕子皮再阻止他们。

驷家的人马杀到了良家，这时候良霄还正睡着呢。良家人一看不妙，一边抵挡，一边用凉水把良霄浇醒。

"什……什么，怎……怎么这么凉快？"良霄人醒了，酒没醒。

良家群龙无首，只有一个办法：逃。

于是，良家家兵也顾不得别的了，护着良霄从后门突围，一路逃到了雍梁。到了雍梁，良霄才算彻底清醒过来，一问手下，说是所有家族合起来攻打良家。

"那，那还等什么？接着跑啊。"良霄这时候也不神气了，继续逃命。

良霄逃去了哪里？逃到了郑国的死敌许国。

良霄跑了，良霄的家人就倒了霉了。跑得快的算是捡条命，跑得慢的就没了命。随后，子晳一声令下，一把火把良霄家烧了个精光。

一场内乱过去，按理，主要过错在于子晳，应该定子晳"叛乱"之罪。

可是，事情全然不是这样。

子皮召开了全体卿大夫大会，讨论目前的形势。说是讨论，实际上是宣告决定。

"商汤的右相仲虺说过：'乱者取之，亡者侮之。推亡固存，国之利也。'良霄奢侈傲慢，就是乱者，如今被赶走，就是亡者。而罕家、驷家和丰家是同母所生，理所当然要互相支持。所以，大家要接受现实，精诚团结。"子皮的话说得很清楚，我们三家现在实力最强，所以，赶走良霄也就赶走了，我们就是对的。

郑国的大夫明知道这事情是子皙不对，可是人家三家团结在一起，谁惹得起？没办法，第二天，一个个去向子皮表达支持。

"干革命不能站错队啊，谁强站谁那边吧。"有人来动员子产也去子皮那里表达一下忠心。

"不能急啊，现在国家还在动乱中，谁知道最后什么结果呢？执掌国政的人一定要足够强大而且正直，国家才能免于灾难。我啊，还是先保持中立吧。"子产拒绝了，一来他不站队，二来他觉得子皮处理这件事情不公正。

子产没有去找子皮，反而带着人去收殓了良霄家族死人的尸首，埋葬之后，子产也没有跟大夫商量就出走了，去哪里？宋国。

"他们能这么对待良霄，也就能这么对待我。自己的家族都保不住，还管什么国家？"子产真是心寒了，这个时候了，保命要紧。

听说子产出走了，印段跟着也出走了。而这个时候，游吉正在晋国出使，以游吉和子产的关系，他回到郑国之后必然也要出走。

子皮有点儿傻眼了，赶走了一个卿，如今再走掉三个卿，这个国家还怎么整？这样固然可以把子石子皙们都递补为卿，可是这几位什么德行子皮还是知道的，要是他们都得了势，郑国离亡国就不远了。国家都亡了，自己的家族还不也就完了？

"大家看看怎么办？"子皮紧急召集了驷带、子石和子皙开会，商讨眼前的形势。

"嘻，子产既然不跟我一条心，走就走，管他呢。"子石发言，大家都赞同。

子皮一看，这几位都只想着自己。

"不行，子产对死去的人都这么有礼，何况对活着的人呢？他要是走了，郑国人都会骂我的。"子皮坚决地说，心想你们都鼠目寸光。

子皮不再管那几位，亲自上了车去追子产。

还好，子皮在境内追上了子产。

子产其实并没有一定要走的意思，还是有做做样子的意思，所以看见子皮亲自来挽留，知道子皮的诚意，因此也就跟着子皮回到了荥阳。听说子产回来了，第二天，印段也回来了。

子皮又组织了一次盟誓，地点在子皙家中。不过这次盟誓语气很谦恭，整个过程子皮、子皙等人也都很低调。

随后，郑简公又组织了一次盟誓。

良霄逃到了许国，听说郑国的大夫们盟誓来共同对付自己，非常生气，说了些"有奶就是娘"之类的胡话。可是随后听说当初攻打自己的时候，子皮没有出兵，良霄又高兴起来。

"子皮跟我还是不错的，就凭子皙和驷带，老子难道还怕他们？"良霄做了一个错误的形势判断，接下来，要做一个错误的决策。

在逃到许国之后的第十三天，良霄率领自己的家兵以及从许国借的人马，连夜出发，悄悄地回到了荥阳。第二天一早，通过墓门的排水道潜入了城内，城里，有良霄的好朋友马师羽颉接应，从郑简公的仓库里偷出来皮甲给大家装备。

羽颉是谁？子羽的孙子。

装备停当，良霄率领人马攻打内城的旧北门。这个时候，天已经大亮。

驷带和子晳探听到良霄杀了回来，立即组织家兵迎战，于是，驷家和良家就在卖羊的大街上交上手了。

良霄和驷带都派人来找子产，请他出兵帮忙。

"你们兄弟之间闹到这一步，我帮谁？我谁也不帮，让老天爷了结你们之间的恩怨吧。"子产拒绝了，越是这个时候，越是不能随便站队。

良霄对形势的错误判断让他付出了最沉重的代价，子皮、子石的队伍相继加入战团，良霄的人马除了被杀就是被俘，良霄也战死在街头。

良家被消灭了。

437

子产料到了这个结果。

子产也知道，现在驷家比从前更加张狂了，如果现在向他们表达顺从，今后一辈子在他们面前翻不了身。子产知道，越是他们气焰嚣张的时候，越是不能向他们屈服。

战斗结束，满大街尸体。

子产来到了良霄的尸体前，为他穿上一身干净衣服，枕到他的大腿上大哭起来。随后，子产收殓了良霄的尸首，把他葬到良家的封邑斗城。

自始至终，子产没有去搭理驷家。

驷家对子产很不满。

"岂有此理，不把我们放在眼里，打他。"子晳要出兵攻打子产。

"谁敢？谁打子产，我就打他。"子皮发火了，他强压住火对子晳说，"礼法是一个国家的根本，杀了讲礼法的人，国家就完了。"

看见子皮真的发火了，子晳也怕了。

从晏婴哭齐庄公，到子产哭良霄，其实其中都有一个共同的技巧。晏婴和子产都属于不站队的人，一旦国内发生内讧，每个人都会面临一个站队的问题。站在失败者一边，那就要逃亡，那就很失败；站在胜利者一边，那就要去表达效忠，那就很没面子。如果哪一边都不站，那就会被胜利者自动划到对立面。这个时候，既不想逃亡，又不想去表达效忠，怎么办？

子产和晏婴告诉了我们答案：去哭尸，去哭战败者的尸体。

这样做有什么好处呢？有没有危险呢？

首先，这没有危险。哭本身就是示弱的表现，胜利者不会认为你对他有什么威胁，何况这时候早就大局已定。

而好处很多。

老百姓会认为你很勇敢，这个时候还敢去哭战败者；同时，老百姓也会认为你很够义气，很仁义。

而胜利者也会对你另眼相看，首先，因为这时候大家都去表达效忠，胜利者根本瞧不起他们，而你敢于这样做，说明你是个值得交往的有原则的人，胜利者愿意拉拢你。其次，胜利者这个时候需要安抚人心，特别需要你这样的典型来衬托他们的大度和对人才的器重。

所以，当你实在没有办法的时候，哭，就是最好的办法。

俗话说：男儿有泪不轻弹，看你会弹不会弹。

游吉恰好在这个时候从晋国回来，听说郑国大乱，良霄被杀，子产很孤立，他也害怕了。到了都城之外，派副手回来复命，自己不敢进城，准备流亡到晋国。

"驷带，你赶紧去把游吉追回来，别让人家说你们驷家逼得大家四处逃亡。"子皮立即派驷带去追游吉。

终于，驷带在郑晋两国边境追上了游吉，一顿劝说之后，游吉还是不放心。

"兄弟，如果你不信，咱们就起盟誓。"驷带没办法，扔了两块圭玉到河里请河神做证，与游吉盟誓，游吉这才跟着他回到了郑国。

良家被消灭，现在有两个权力问题要解决。

首先，良霄被杀，空出来一个卿的位置，这个位置给谁？

其次，良霄死了，谁来执政？

按照顺位，应该是子石递补。但是，子皙早已虎视眈眈，志在必得。这个位置，给谁？

除了子皙，所有人都认为应该给子石。一来，按顺位轮到了子石；二来，驷家已经有了一个卿，不适合再有一个；三来，所有人都讨厌子皙，甚至包括驷家的人。

郑简公决定任命子石为卿，派太史前往子石家中宣布任命。

"不行不行，我当不了，我真当不了。"出乎意料，子石竟然谢绝了。

太史感到很奇怪，没有听说子石这么高风亮节啊。

不管怎样，子石坚决拒绝了，太史只好回去回复郑简公。

来到后宫，太史下了车，准备走进去复命。还没走到宫门呢，突然从后面追上来一个人，一把拉住了太史的袖子。太史吓了一跳，仔细一看，认识，谁啊？子石的管家。

"什么事？"太史问。

"咱们靠边点儿说。"子石的管家神神秘秘，拉着太史到了一个角落，这才说话，"实不相瞒啊，不是我家主人不想当卿，是怕得罪子皙啊，所以只好假装拒绝。您看您能不能到宫里转一圈，撒泡尿就出来，然后再去我们家里宣布任命，就好像是国君一再要求的。那样的话，我家主人当上了卿，子皙也不能恨他了。"

太史一听，这话说得有理，主意也够好。

"那什么，您帮这个忙，我家主人有厚礼相报。"子石的管家见太史一时没有表态，赶紧又说。

"好吧，我能理解。"太史同意了。

随后太史进宫里转了一圈，出宫后再次去子石家宣布任命。这一次，子石还是拒绝，太史假装劝了几句，又回宫去了，又转了一圈出来，又来宣布任命。

第三次，子石才勉强接受了任命。

于是，子石成为卿。

子晳原本对子石有些恼火，可是听说人家再三拒绝，自己也就无话可说了。而子产和太史关系很好，知道了一切都是子石在做戏，倒有点儿意外。

"真能装。"子产有些瞧不起子石，但是同时，知道这个人并不好对付。

卿的问题解决了，执政的问题呢？

先要说说郑国的特殊政体。

当年郑成公去世，郑僖公还小。于是郑国六卿商量了一下，决定让子罕代理国君执掌国家，俨然就是国家元首，子驷管理政务，而国君基本被架空。这叫作子罕当国，子驷为政。之后都是按照这种模式进行，此前，子皮当国，良霄执政。平时，子皮并不过问国事，只有大的决策以及人事任免才由他做出。

这个时候，虽然子石由郑简公任命为卿，可是执政人选是由子皮来决定。

按照顺位，现在应该子产执政。

"叔，您来执政吧。"子皮把子产请到自己府上，要把管理郑国的权力交给他。

"算了，郑国国家弱小却又夹在大国中间，家族势力强大而且恃宠骄纵的人又很多，我干不了，另请高明吧。"子产拒绝了。

"叔，我知道您说的话有道理，可是这个国家是咱们的国家，亡了国对谁有好处呢？现在这么多人，我知道叔您的才能远在我们所有人之上，除了您，别人都不行。"子皮说得很诚恳。

"不行，良霄的下场大家都看到了，我还想多活几年。"子产没有让步。

"叔，良霄的事情我知道处理得不公道，可是良霄也有责任。这样，我现在就承诺，从我这里开始，无论谁都必须听您的，谁要违抗，我就拿他是问。叔，您就一门心思治理国家，其他的事情我给您摆平，您看怎样？"子皮说得越发诚恳。

子产没有回答，他有些被说动了。

"叔，要不这样，我组织一个盟誓。"子皮看子产还在犹豫，接着说。

子产看了子皮一眼，他了解子皮，他知道子皮是个说话算数的人。

"那这样吧，这个执政我就当了，盟誓就免了，反正说了也不算。别的我也不敢奢求，你把子皙看好就行了。"子产答应了。

"叔，太好了。"子皮很高兴。

新的执政团队成立了。

成立大会上，子皮一再强调今后这个国家由子产来管理。

"包括我在内，都必须听从子产叔的指挥，谁要违抗，我第一个跟他过不去。"子皮表了态，大家也都响应。

随后，子产发言。

子产没有说太多，他知道说太多没有意义，他只说了些感谢子皮信任，希望大家支持之类的套话。随后，他给大家分了工。

"今后对外事务由子石来分管，执政的排序他排在我后面。"子产宣布。

包括子石在内，所有人都对这个决定感到惊讶，因为子石刚刚当上卿，原本应该排第六位的。大家都有不满，但也无话可说，一来子皮刚刚说过一切听子产的；二来，子石和子产同辈，比其他人都高一辈。

现在，郑国的六卿是子皮、子产、子石、游吉、印段和驷带。

那么，子产为什么要超拔子石呢？

子产分析了形势，六卿中，游吉和印段肯定没有问题，特别是游吉跟自己很同心。问题在哪里？在子石和驷带，如果他们对自己不满，凭借他们与子皮的特殊关系，就完全可能对自己不利。所以，要拉拢并瓦解他们。

相比较，子石刚刚当上卿，如果这个时候拉他一把，他就会感恩戴德。再说，子石胆子比较小，让他坐到第三把交椅，他也不敢搞什么名堂。

从另一个角度说，子石当上卿，子晳心里本来就很不平衡，如果再超拔子石，子晳一定认为子石在暗中搞了什么名堂，他们之间的关系就会疏远。这样，就达到了分化瓦解的目的。

而只有在没有人能够对自己构成威胁之后，自己才能够开始进行改革。

当然，子产明白，要掌控大局，仅仅靠这些是不够的，还必须施点儿小计谋。

除了小计谋，有的时候还要搞点儿阴谋。

一个合格的政治家，必然是一个阴谋家。

大乱之后，郑国终于有可能走向大治了，历史重任就这样历史性地落到了子产的身上。

第 二 一 三 章

权 术 运 用

原则是要坚持的，但是，不同的情况，要坚持不同的原则。

而所有的原则要服从于一个原则，总的原则。

"苟利社稷，死生以之。"（《左传》）这就是子产的总原则，只要对国家有利的事情就去做，不在意生死。

两千四百年后，林则徐写道："苟利国家生死以，岂因祸福避趋之？"

当然，子产坚信，能不死最好不死，死了就无法为国家效力了。

团结一部分，拉拢一部分，打击一部分，忽略一部分。

该明白的时候明白，该糊涂的时候糊涂。

这是子产的策略，或者说叫作权术。

权术没有好坏之分，只有高明和低劣的差别。

438

游吉和印段不仅有才能，而且人品好，子产将他们列为团结的部分。

驷带和子石人品、能力一般，但是人性并不恶劣，再加上与子皮家族的密切关系，他们属于拉拢的对象。

打击的对象不在卿的系列，但是必须有，那么是谁？子产在等待时机。

谁应该是被忽略的人？子皙。子产根本不同他发生关系，他也就无从怨恨。

游吉和印段很容易就成了子产的左右手，团结成功。

子产决定拉拢子石，他比较容易被拉拢，因为他从前地位低，容易满足。

子产给了子石一个简单的任务，简单到《左传》都懒得记载。

"兄弟，这个任务很艰巨，完成之后，奖赏你三邑。"子产布置了任务，还给了悬赏。

子石高高兴兴地走了，这个任务如此简单，悬赏简直就是白送给自己。

游吉对于子产的做法有些不满了。

"叔啊，国家是大家的国家，为国家办事是每个人的义务，为什么别人办事没有奖赏，偏偏他有呢？"游吉觉得不公正，于是问子产。

"人都是有欲望的，要让一个人全力去做一件事情，就要顺从他的欲望。子石现在最想要的就是土地，我就给他，这样，他就能全力去做，把事情做好。地给他有什么关系，不还是郑国的吗？"子产这样解释，他不好明说这是要拉拢子石。

"可是，其他国家会怎么看我们？"游吉还是想不通。

"我这样做，是要让大家和谐相处，而不是互相挖墙脚啊，外国人管得着吗？《郑书》说得好啊：'安定国家，必大焉先。'要想建立和谐社会，首先要让大家族得到好处。大家族安定下来之后，再进一步安定全国。"这一次，子产的话说得很明白了，他是要拉拢子石。

游吉没有再说什么，对于这件事情，他持保留态度。

正如子产所料，子石果然很卖力地去完成交给他的简单任务，并且做得非常出色。

"兄弟，太能干了，这三邑归你了。"子产说到做到，给了奖赏。

子石屁颠屁颠地走了，在所有的卿中，他的封邑比别人少很多，所以如今轻易得到三邑，喜出望外。

可是没几天，子石听说很多人对他得到三邑不满，他有点儿害怕，于是回来找子产，请求把三邑退回来。

"怕什么？没偷没抢，那是你该得的，别怕，我给你撑腰。"子产暗暗高兴，一来，这证明子石胆小怕事；二来，自己的人情做得更足了。

子石千恩万谢，回去了。

从那之后，子石见人就说子产贤能得一塌糊涂。

团结成功了，拉拢成功了，打击的对象出现了吗？

该出现的都会出现的。

子石有个侄子叫丰卷，到了秋天，准备举行家祭祭祀自己的父亲。于是，丰卷找子产，请求打猎以便猎取祭品。

"叔啊，我要打猎来祭祀我爹，行不？"丰卷说话的态度很不恭敬。

"不行，只有国君祭祀才用新杀的野兽，卿以下，都不可以。"子产断然拒绝。

"哎，我从前年年都打猎啊，怎么到了你这里就不行了？"丰卷斜着眼睛质问子产。

"你已经错了很多年了，我不能让你再错。"子产也没给他好脸。

"嘿，别以为别人怕你，我就怕你，有种的你就等着。"丰卷气哼哼地走了，他跟驷带的关系一向不错，平时也是专横跋扈惯了。

丰卷决定，率兵攻打子产。于是，一边准备甲兵，一边去通知驷带和子石，联合出兵。

子产很快知道了消息，立即来找子皮。

"子皮啊，干不了了，我干不了了，你另找能人吧，我，我去晋国避难了。"子产兜头就是这几句，搞得子皮一头雾水。

"叔啊，什么事啊？"

"丰卷这小子联合了驷带和子石，要来攻打我，我只能跑了。"子产把事情大致说了一遍，还要跑。

"叔，你等等，我这就派人去找子石和驷带，如果他们敢出兵，我就出兵灭了他们。"子皮大怒，当场留下子产，就要派人出去。

就在这个时候，驷带派人来了。

"报，丰卷要攻打子产，还约了我家主人。我家主人现在赶去劝阻他了，特地让我来报个信。"驷带派来的人这样说，驷带没有跟丰卷同流合污。

子皮略略放了心，子产则心头一喜，看来驷带没有问题了。

驷带的人刚走，子石来了。

"哎哟，子产兄也在这里啊，我正要找你呢。丰卷这小子吃错药了，竟然要起兵攻打你，这不，我赶紧来找子皮去阻止这小子。实在不行，咱大义灭亲，合兵灭了他。"子石说话说得激动，眼泪差一点儿掉下来。

子皮彻底放心了，子产也彻底放心了。

丰卷被驷带连劝带骂，早已打消了出兵的念头。两人正在说话，子皮、子石和子产来了。

"叔，您来了？"看见子石，丰卷很老实，那是他亲叔，丰家的掌门。

"混账东西，我不是你叔，你是我叔。"子石劈头盖脸把丰卷一通臭骂，骂得丰卷不敢抬头。

"叔，我错了，我知错了行吗？"丰卷彻底老实了，连忙求饶。

"错了？晚了。你子产叔待我们丰家不薄哪，你叔我能有今天，都是你子产叔一力抬举。如今你不知报恩，反而恩将仇报，你这个没人性的白眼狼。今天，当着你子产叔的面，我要大义灭亲。"子石说得很激动，抽出刀来。

"扑通。"丰卷吓得跪倒在地。

子石回头看了看子产，意思是说我要动手了，你要想劝就趁早。

"子石，算了，年轻人不懂事，这次就算了吧。"子产当然知道子石的意思，杀了丰卷不是一件好事。

"子产兄，你别护着他。"

"算了，他也就是说说而已。再说了，他也是我侄子啊。"

这边，子石拿着刀就是不动手，子产一个劲儿地劝。子皮一看，这要靠自己收场了。

"两位叔，你们也别争了。丰卷的过错，按理说杀了也不过分。不过既然子产叔给他求情了，死罪饶过，活罪难免。给你一个时辰收拾，给我滚到晋国去。"子皮做了判决，基本上是各方都能接受的。

丰卷得了性命，大喜，急忙来向子皮道谢。

"皮哥，多谢饶命之恩。"丰卷忙不迭说。

"谢我什么？谢你叔去。"子皮大声呵斥。

"叔，多谢多谢。"丰卷又来谢子石。

"混账东西，快去谢你子产叔才是正路。"子石也大声呵斥。

"子产叔，我……我狗眼看人低啊，我……我错了，呜呜呜呜……"丰卷说着说着，就哭了。

子产没有说话，因为他怕一说话就会笑出来。

丰卷当天被驱逐出境，前往晋国流亡。在子产的劝说下，子皮决定不没收丰卷的封地，准他三年之后再回来。

"哥啊，你对我们丰家太好了，我……我，什么也不说了，我们丰家就跟你了。"子石感动得说不出话来了，他觉得子产就是世界上最好的人了。

"你该感谢主公和子皮啊。"子产淡淡地说。

该团结的团结了，该拉拢的拉拢了，并且打击了胆敢对抗的不服分子。现在，时机成熟了，子产知道，可以做自己想做的事情了。

秋收之后，子产开始了第一次改革。

子产的第一项改革分为两个部分：第一部分，整顿社会秩序；第二部分，整顿农田。按《左传》："子产使都鄙有章，上下有服。田有封洫（音序，田间的水道），庐井有伍。大人之忠俭者从而与之，泰侈者，因而毙之。"

对于这段话，历史上解说不一。不过，从当时的情况看，我们作如下的解释。

"都鄙有章，上下有服。"核心在于恢复社会秩序，自从穆族独掌郑国大权，一来穆族本身张扬跋扈，强取豪夺，破坏了社会秩序；二来，穆族外的旧贵族不甘心利益受到剥夺，暗中也在破坏社会秩序；三来，郑国近年来主要精力在国家间生存，对国内秩序忽略轻视以及无力照顾。因此，近年来，郑国的社会秩序混乱，社会治安恶化。

因此，子产制定制度，对城市和农村进行规范化管理。同时，按照等级、行业对人民进行管理，人们要守礼，不得僭越，一切行为要依礼法。

田有封洫，庐井有伍。郑国土地肥瘦不一，关键是郑国并非多水的国家，因此，很多田地往往因缺水而歉收。当初子驷意识到这个问题，因此作"田洫"，在田间挖水沟，保障灌溉，可是因为事情做得有些过分，因而遭到"西宫之变"，把命都给送了。如今，子产要继续做这件事情，强行推进田间的水利工程。同时，借鉴当初管仲管理齐国的办法，在农村实行保甲制度，强制保障农业发展。建立乡校，实行全民义务教育。

大人之忠俭者从而与之，泰侈者，因而毙之。响应并且积极实行改革的，有赏；阻止改革的，重罚。

改革的目的：稳定社会，发展农业。

不过，具体推行方法已经不可考。

改革强势推行，六卿全力支持。

人们现有的生活方式被强制终止，很多人不满意；田间沟渠的挖掘导致大量的田地面积缩小，很多人不满意。

郑国人民对子产很不满意，不满意虽然不满意，但没有人有实力奋起反抗，连子皙也没有胆量借机闹事。

"取我衣冠而褚（贮）之，取我田畴而伍之，孰杀子产？吾其与之！"（《左传》）郑国人编了一首民歌，歌中唱道：没收了我的衣服，侵占了我的土地，限制了我的自由，子产这个王八蛋，谁要带头去杀他，我就跟他一起干。

为什么会没收衣服？因为当时郑国已经到了乱穿衣的地步，譬如普通老百姓穿上了士的衣服，士穿了大夫的衣服，等等。因此，但凡在街上乱穿衣服的，子产都下令没收。

子产知道自己现在是全民公敌，可是他不怕，真的不怕。

这一年，是郑简公二十三年（前543年）。

转眼到了第二年夏天，郑国农作物的生长明显好于前一年。也就是说，虽然土地面积减少了，但是灌溉充分，单位产量提高了。

骂声少了很多，因为大多数人的收入增加了。

6月，子产请郑简公去晋国朝拜，进献贡品，而自己成为郑国执政后，也应该去晋国一趟。原本去年就该去，但是那时候子产真不敢去，而现在郑国正在安定下来，他敢去了。

子产和郑简公来到了晋国，被安置在国宾馆暂住。

一住两天，晋平公没有接见。子产待不住了，一打听，说是鲁襄公薨了，消息刚到，晋平公没工夫接见郑简公了。

"这……这怎么办？"郑简公傻眼了，真是来得不巧。

"我们辛辛苦苦来了，抽个一天半天的都抽不出来？太欺负人了。主公，您别担心，看我的。"子产有些生气，当然，也有些办法。

子产命令随从把国宾馆的墙给拆了，然后把马车都赶了进来。国宾馆的工作人员一看吓了一跳，这郑国人怎么无缘无故损坏公物啊？还不好管，人家是外宾。

于是，郑国人损坏国宾馆围墙的事情就报了上去，这时候还是赵武为中军帅，一听这事挺生气，可是再一听干这事的是子产，当时竟然有点害怕。

"那什么，请范老去一趟吧，把事情弄清楚。"赵武不敢去，他怕说不过子产而丢面子，所以派人去请已经退居二线的范匄去跟子产打交道。

范匄气哼哼地来到了国宾馆，之前几次被子产骂得狗血喷头，如今想想，说什么你们拆了国宾馆的墙都不对啊，我正好报仇，好好骂你一顿。

"子产，我们国家因为管理不好，有很多盗贼。无奈各国有很多使节来往，我们为了大家的安全，把国宾馆的围墙修得很高，以便大家有安全感。现在你们擅自拆了我们的围墙，你们的随从加强了戒备，可是别的客人呢？啊？你们还有没有一点儿公德心？破坏公物，照价赔偿知道不？告诉你，我们国君知道这件事之后非常生气，后果很严重，今天，你就给我好好解释清楚，否则，吃不了兜着走，哼！"范匄没客气，指着鼻子骂了子产一通，然后等他认错求饶，然后再骂一顿。

子产都没用正眼看他，心说你这两把刷子也就忽悠没见过世面的吴国人还行，在我这儿，你还嫩点儿。

"范老，我们郑国吧是个小国，又夹在大国中间，大国向我们索要贡品呢也没有什么规律，因此我们不敢安居，主动来朝拜。这不，我们搜集了全部的财富来朝见，谁承想吃个闭门羹，贵国国君根本没时间接见我们。这样的话，我们的贡品就麻烦了，直接交到你们仓库吧，那就成你们的东西了；如果放在院子外面吧，风吹日晒雨淋，那就毁坏了。范老，你教教我，我们该怎么办？"子产说到这里，给范匄出了个难题。

范匄愣了愣，有点儿发傻。本来就有点儿老年痴呆的症状，再加上这个问题提得突然，范匄竟然张口结舌，答不上来。

"我听说，当年晋文公做盟主的时候，他的宫室矮小简陋，可是国宾馆却富丽堂皇。那时候的国宾馆就像现在的宫室一样漂亮而舒适，仓库和马棚都修建得很好，环境幽雅，干净整洁。诸侯的客人们来了，接待的官员在庭院中设置火炬照明，护卫人员日夜巡逻以防盗贼，车马都有停放的地方，还有专人替代宾客的随从以供使用，车马有专人帮助维护喂养，朝中百官也都拿出珍贵的物品招待客人。晋文公从来不会让客人无故滞留，而是随到随见，主随客便。晋文公很关心宾客，什么都替宾客着想，有什么问题亲自出面解决。可以说，那时候是宾至如归，什么都不用担心。可是看看现在，国君的宫殿广阔数里，诸侯下榻的国宾馆跟奴隶住的地方没什么区别，大门狭窄，门槛过高，车马根本进不来。车马根本没有安置的地方，而盗贼又横行霸道。现在贵国君主还不知道什么时候接见我们，你说说，要是不拆毁围墙，把马车赶进来，还有什么别的办法？鲁国的君主去世，我们也很悲伤啊，可是，不能因为这个就不接见我们啊。希望贵国君主早日接见我们，我们早日把贡品献上之后回国，那样的话，我们愿意把围墙修好。"

子产把晋文公给搬了出来，其实那时候是什么样，谁也不知道，可是子产就这样说，范匄也不敢说不是那么回事。子产一番对照，把现在的晋国说得一无是处。

"是，是，是，是。"范匄听得只有点头说是的份儿了，子产都说完了，还在不住地点头，全然忘了他来这里本来是要痛骂子产的。

范匄老老实实离开了国宾馆，回去把子产的话向赵武说了一遍。

"子产说得有道理啊，是我们不对啊，现在的国宾馆的确环境比较差。"赵武也听得点头，心说幸亏我没有自己去。

赵武当即派人前往国宾馆向郑国人道歉，并且立即安排晋平公第二天设宴招待郑简公。

第二天，晋平公的宴席特别加重了礼仪，场面非常隆重，赠送的礼品也比往常都要丰厚。送走郑国人之后，赵武立即下令在新址修建全新的国宾馆。

"外交辞令是如此重要啊，子产善于辞令，其他的诸侯也跟着受益。《诗经》中说：'辞之辑矣，民之协矣；辞之怿矣，民之莫矣。'好的言辞能够让国家和谐安定啊。"叔向为此事感慨不已。

第二一四章

言论自由

子产敢于理直气壮地跟晋国人论理，是因为他确信一点：只要自己按礼行事，走到哪里都不怕别人挑自己的理。只要自己站得正，就没有什么可害怕的。

对晋国强硬仅仅是一个方面，该尊重的时候一定要尊重，这样才能让晋国人尊重自己。

子产和郑简公从晋国回来，紧接着准备派印段前往楚国聘问，这是各国和平协议规定的。去之前，子产专门请子皮派人前往晋国通报此事，以示尊重。

随后不久，卫襄公前往楚国朝拜，路过郑国。子产命令印段到城郊招待，随后让外交官子羽陪同卫襄公一行进入国都，游吉和冯简子接待。整个过程符合周礼并且十分周到，卫国人离开的时候非常高兴，称赞郑国"郑有礼，其数世之福也"。

外交无小事。

因为一句话，或者因为一餐饭，或者因为一棵树，都有可能引发国家间的战争，都有可能导致国家的灭亡。

所以，外交无小事。

子产建立了郑国的外交团队，他们是游吉、子羽、冯简子和裨灶。

游吉风度翩翩，对人彬彬有礼，因此人见人爱，走到哪里都受欢迎。子羽又叫公孙挥，按照郑国当时的情况，他应该是郑穆公的孙子，似乎是士子孔的儿子，也就是子产的堂兄弟。子羽是个全球通，对于各国的情况都很清楚，对各国的世族大家以及当政者的深浅长短了如指掌，并且，子羽很擅长外交辞令。冯简子有一个特长，那就是能够在不同方案中迅速确定最佳的一个。裨灶有谋略，不过很奇怪，他如果在野外出谋划策就很灵，如果在城里就不灵。

每当郑国有外交事务的时候，子产就会让子羽来介绍将要打交道的诸侯国的情况，并且草拟外交函件；然后跟裨灶前往郊区，具体探讨事情应该怎样去做；探讨之后，请冯简子来做决断；最后，一切确定后，再派游吉去执行。

因为所有环节都很严谨，郑国在外交事务中受到广泛赞扬，与各国之间都建立了友好关系。

国内的改革初见成效，国家间的事务也都理顺。

这一天，然明来找子产。

"什么事？"子产问他，然明最近也提了不少合理化建议。

"叔啊，我听说郑国人现在喜欢聚集在乡校，议论您的新政，好像说好话的不多，舆论导向不对啊。"然明说。

"是吗？"子产不经意地说，其实这些事他都听说了。

"把乡校给关闭了，怎么样？"

"为什么？大家喜欢去乡校，议论我的新政有什么对错。大家支持的，我就坚持，大家反对的，我就改进。这有什么问题？大家实际上在帮我啊。为什么要关闭呢？我听说应该择善而行以减少怨恨，没有听说过利用权势来压制怨恨。如果使用压制的办法，也可以让人们闭嘴，但是这种做法就像防河水决口一样。如果河水决了大口子，必然造成很大的损害，到那时候就无法挽回了。还不如开个小口子，让水一点点流出来。我们不妨把听到的批评当作治病的良药来看待。"子产断然拒绝了，《左传》原文是这样的："何为？夫人朝夕退而游焉，以议执政之善否。其所善者，吾则行之；其所恶者，吾则改之，是吾师也，若之何毁之？我闻忠善以损怨，不闻作威以防怨。岂不遽止？然犹防川：大决所犯，伤人必多，吾不克救也；不如小决之使道，不如吾闻而药之也。"

然明听完，肃然起敬。

"叔啊，到今天我才明白，您确实是值得追随的。如果照这样去做，郑国真的大有希望，而不是小有希望啊。"然明说得有些激动起来，他打心眼儿里佩服子产。

"以是观之，人谓子产不仁，吾不信也。"孔子因为这件事而赞扬子产，由此也可以看出来，孔子也是个支持言论自由者。

这一段，在历史上是著名的"子产不毁乡校"，历朝历代受到歌颂。可是，历朝历代的统治者都是叶公好龙，没有几个人真正学习子产的心胸。

子产，中国历史上言论自由的先驱。

子皮封邑的邑宰老了，因此需要物色一个新人去管理封邑。子皮有一个家臣叫尹何，人很年轻，子皮也很喜欢他，想要他接任。不过，在决定之前，他想听听子产的意见。

子皮先把情况介绍了一番，然后询问子产是不是应该让尹何来管理封邑。

"太年轻了，不知道能不能胜任啊。"子产考虑了一下说，他并不了解尹何。

"尹何谨慎老实，我喜欢他，他不会背叛我的。让他上任之后再学习，他也就懂得怎样治理了。"子皮说。

"恐怕不行。人们爱一个人，总是希望对他有利。现在您爱一个人把管理封邑的事交给他，如同他还不懂得拿刀却要他去割东西，那样造成的伤害就会很多。最后就弄成您喜爱一个人，反而使他受到伤害，那还会有谁敢来求得您的喜爱呢？对于郑国，您就如同栋梁。栋梁若是折断了，屋椽就会坍塌，我也将会被压在下面。所以，我一定要跟你说实话。譬如您有美丽的锦缎，是不会让不懂裁缝的人用来学裁制的。高级官员和重要城邑，是自身的庇护，您却让没有治理经验的人来治理，他们对于锦缎来说，不是更为重要吗？我听说要先学习然后任职，没有听说上任之后才学习的。如果这样做，一定有所危害。比如打猎，对射箭、驾车都很熟悉，就能够获取猎物，如果从来没有上车射箭驾驭，那么就只会担心翻车被压，还有什么心思用于考虑捕获猎物？"现在，子产进一步明确了自己的态度，那就是反对外行领导。

子皮听得频频点头，从来没有人像子产这样对自己直截了当地提出意见。

"说得太好了，我真是糊涂。我听说君子致力于大的、深远的事情，小人致力于小的、近的事情。这样看来，我不过是一个小人啊。衣服穿在我身上，我知道爱惜它；高级官员、重要城邑，是用来庇护自身的，我却不懂得他们的重要性。没有您这番话，我还不知道啊。从前我说过，您治理郑国，我只治理我的家族来庇护自身，就可以了。现在知道这样做还不够。从现在起我请求即使是我家族内的事务，也听您的意见去办。"子皮说得很诚恳，子产的能力和为人他现在看得太清楚了。

"每一家的情况都不一样的，就像每个人长得不一样，你家里的事我是管不了的。不过，如果我心里认为很要紧的事，也一定会如实相告。"子产这样说，他才不愿意去管子皮的家务事呢。

从那以后，子皮把国家的所有政事都交给了子产，子产的权力更大了。

可是，子产所反对的，我们是不是常常可以看到呢？

不要因为对方是大国，就答应他们的无理要求。

不要因为对方是大国，就不敢跟他们交朋友。

子产常常这样说，当然，他也这样做。

郑简公二十五年（前541年），郑国先后接待了楚国令尹王子围和晋国中军元帅赵武，看看郑国怎样和他们打交道。

王子围来郑国有两件事，一是参加在郑国举行的第二届各国间和平大会，二是迎娶子石的女儿。

王子围带了三千楚国精兵来到郑国，这让郑国人普遍担心，万一迎亲的时候楚国人突然起事，郑国可就危险了。

怎么办？

"不许他们进入郑国都城。"子产下令，事关国家安危，该强硬的时候一定要强硬。

于是，子产派出子羽与楚国人交涉，据理力争，决不让步。最终，楚国人不得不接受郑国人的条件。（详见第四部第一五九章）

441

第二届各国间和平大会结束后，王子围带着老婆回了楚国，晋国中军帅赵武和鲁国的叔孙豹则专程来到郑国首都荥阳拜会郑简公。

郑简公非常高兴，亲自设宴款待，子皮则亲自去通知时间地点。

首先来到了赵武的房间，把时间地点通知之后，临告别的时候，赵武念了一首诗《瓠叶》。子皮听得有些奇怪，不知道赵武什么意思，又不好问。

从赵武那里出来，子皮去了叔孙豹那里，时间地点通知之后，把刚才赵武念的那首诗跟叔孙豹说了，问是什么意思。

"元帅的意思就是宴席从简，一献就够了，大家叙旧聊天，算个朋友聚会了。"叔孙豹急忙给他解释，来的时候，赵武就跟叔孙豹说过这个意思，说郑国的几个兄弟人很好，想跟他们交朋友。

"那，行吗？"子皮犹豫。

"怎么不行？他提出来的啊。"

子皮回来，把赵武的意思跟郑简公说了，郑简公觉得不妥，他认为这样轻慢了赵武，会让赵武不高兴。

于是，宴请当天，子皮准备了五献的标准。

赵武来到，一看是五献的标准，当时就退出来了。子产一看，跟了出来。

"我跟子皮说过不要这么丰盛啊，大家朋友相聚，随便一点儿好啊。"赵武对子产说。

子产再进去把赵武的意思对子皮说了，子皮还有些犹豫。

"别犹豫了，人家把咱们当朋友，咱们为什么要拒绝呢？就一献吧。"子产劝子皮。

于是，子皮紧急将宴会改为一献，基本上就是农家乐的水准了。赵武一看，笑了，要的就是这个。

于是，重新开席，赵武、叔孙豹、子皮、子产等人落座，之后海阔天空一顿猛聊，大家喝得很是开心。

"吾不复此矣。"酒宴结束的时候，赵武慨叹了一声，意思是今后再也不会有这么爽的酒宴了。

赵武高高兴兴地走了，叔孙豹也高高兴兴地走了，子皮也高高兴兴地走了。

子产明白，大国并不总是想欺负小国，有的时候他们愿意像朋友一样跟小国打交道，可是小国总是把自己当孙子，因而也就丧失了跟大国平等对话的机会。

很久没有子皙的消息了，难道他被子产感动了？

子皙终究还是没有耐得住寂寞。

游吉有个叔叔叫子南，又叫公孙楚，也叫游楚。游楚跟徐吾犯的妹妹定了亲，可是不知道怎么就被子皙知道了，子皙一打听，说是徐吾犯的妹妹长得跟水仙花一样，迷人得不行。

"嘿，不行，不能便宜了游楚这小子。"子皙来劲了，他根本瞧不起游楚，要欺负他。

第二天，子皙派人也给徐吾犯家里送了聘礼，也要娶他的妹妹。

这下徐吾犯害怕了，按理说妹妹是该嫁给游楚，可是惹不起子皙啊。怎么办？徐吾犯只好去找子产。

"这是因为国家政务混乱，才会导致两个大夫抢你的妹妹。这样吧，让你妹妹来决定吧。"子产出了这么个主意，他现在也不愿意正面对抗子皙。

徐吾犯一看，子产这主意基本上等于没出，最多算是出了半个，还得自己想办法。于是徐吾犯分头去找游楚和子皙，就说是子产说的，这门亲事由自己的妹妹来决定，你们两位分别来我家走一趟，让我妹妹从远处瞧瞧，看上谁就是谁。

"行。"游楚和子皙都答应了，游楚是没办法，子皙是自我感觉特别好。

到了这一天，子皙驾着豪华房车先来，子皙本来就长得帅，精心打扮一番就显得更帅，来到徐吾犯家走了一圈台步，把彩礼摆放在徐家的院子里，走了。

"真帅，真有钱。"徐吾犯的妹妹躲在屋子里看，这样评价子皙。

游楚随后来到，游楚是驾着战车来的，一身戎装，看上去英姿飒爽，来到徐家大院，跳下车来，左右开弓射了两箭，然后追上战车，飞身上车，走了。

"真威猛啊，太男人了。"徐吾犯的妹妹看得眼睛发直，当时芳心暗许："我要嫁的是这个男人啊，这才是男人，我的好男人。"

最后徐吾犯的妹妹嫁给谁了呢？游楚。

子皙觉得很没有面子，非常没有面子，原本想欺负游楚，如今反而受到羞辱。

换了几年前，子皙就该出兵攻打游楚了。如果那样的话，就成了驷家大战游家。可是现在子产强势，子皙不敢贸然出兵，他知道，就算自己出兵，驷带也不会帮自己了。

可是，就这么忍了？子皙是不会忍的。

这一天，子皙内穿皮甲来找游楚，说是请他去喝酒。子皙的算盘是，趁游楚不注意，拔出刀来一刀杀了游楚，然后霸占他的老婆。

游楚看透了子皙的算盘，所以根本不等他靠近，直接就操起大戟来。

"兄弟，这什么意思？"子皙装傻。

"你是黄鼠狼给鸡拜年——没安好心，你出去，我们家不欢迎你。"游楚对他没有好脸色。

"兄弟，这是什么话？"子皙说着，还往前凑，手就准备拔刀了。

"站住，再不站住，我动手了。"

子皙还不肯站住，游楚瞪圆了眼，真的用大戟刺过去了。

游楚一动手，子皙就只好后退了，因为人家是长兵器，自己是短兵器。游楚也没客气，一直把子皙赶出大门，赶到了大街上。

子皙这叫一个恼火，本来是来出气的，结果成了别人的出气筒，活这么大岁数，还真没这么丢人过。

"游楚，你个小样儿，我发誓要杀了你，把你老婆抢过来。"子晳骂起街来。

游楚也正在火头上，听子晳这样喊，冲到了大街上："你个杂碎，你要杀我，那我今天就杀了你。"

游楚的大戟劈头盖脸砍过来，子晳急忙抽出刀来抵抗，但终究在兵器上吃亏太多，子晳抵挡不住，转身逃命。命是逃了，可是也被砍伤了好几处。

子晳哭了，长这么大没吃过这么大的亏。

六卿正在开会，子晳哭着就来了。

"没天理、没天理啊，我好心好意去请游楚喝酒，反而被他一顿狂殴，打得我半死，各位可要给我做主啊。"子晳一通哭诉，听得大家暗暗发笑，想不到这家伙也有被人打的时候，只有驷带皱皱眉头，他知道这事情肯定也是子晳没有道理。

子晳哭诉完，回家包扎去了。

这一边，六卿要讨论这个问题，毕竟这是两个大夫打架，影响很坏。

大家都不好发言，一来两个当事人辈分高，二来牵涉驷家和游家。驷带和游吉都不说话，别的人说的都是无足轻重的话。

子产一看，这事情只能自己来摆平了。

"这事情，说起来双方都有过错。既然这样，就该地位低岁数小的来承担责任了。"子产说，看一眼驷带，再看一眼游吉，两人都没有说话。

子产派人去把游楚给抓来了。

"你知不知道犯了五条罪？第一条，擅自动用武力，藐视国君；第二条，违反国法；第三条，子晳是上大夫，你是下大夫，却不懂忍让，这是不尊重高贵的人；第四条，年轻却不懂得思考问题，不尊重长者；第五条，怎么说子晳也是你堂兄，你不能团结亲人。有这五条罪行，我不能不惩罚你。不过，念在大家都是兄弟的分儿上，你回去收拾收拾，准备流亡吴国吧。"子产现场编了五条罪状，算是给游楚定了罪。

其实，子产的心里明白这事情是子皙挑起的，问题是现在还不是跟子皙算账的时机，因此不如以流放的方式来保护游楚。

没有人有意见，有意见也没有用。

"游吉，你有什么看法？"子产问游吉。

"哈，我连自己都保护不了，怎么能保护族人呢？何况，这件事情是法纪的事情，只要利于国家的，该怎么办就怎么办吧，我没有意见。"游吉表态，听得出来，他有些不满。但是也听得出来，他知道子产应该这样做。

以上三件事，反映出子产的胸襟、胆量和变通，这才是真正的政治家。

第二一五章

政 治 家 的 阴 谋

游楚被赶去了吴国，带着他的新婚老婆。

"叔，你就当去吴国度个蜜月，很快就会回来的。"游吉安慰他，他是这样想的。

子皙很得意，他觉得这是他的胜利，包括子产在内的六卿都必须给他面子。

"哼，跟我斗？子产都要买我的账，你们游家算个屁。"子皙公开这样说，他也是这样想的。他略微有点儿郁闷的是，老婆最终还是成了游楚的。

谁想的是对的？答案很快就会出来。

442

赶走游楚之后仅仅一个月，郑简公召集六卿在子石家里起了一个盟誓，大致是大家和衷共济，为了郑国的安定和发展而奋斗终身之类。

从子石家出来，在子皮的建议下，六卿又来到闺门之外的熏遂，大致就是一个农家乐的地方，再次盟誓。

盟誓刚开始，子晳闻着味儿就来了。

"哎，各位各位，带我一个带我一个。"子晳厚着脸皮凑上来。

奇怪的是，竟然没有人阻止他，大家就当没有看见他。

子晳不在乎，他脸皮厚惯了，他经常说的话就是：脸皮厚，吃个够；脸皮薄，吃不着。

"哎，那什么，鸡血还不少啊，给我蘸蘸。"子晳也蘸了鸡血，算是正式加入。

还是没人理他，似乎他不存在。

别人不说话也就算了，可是旁边做记录的太史有点儿为难了，原本准备写"某年月日六卿盟誓"，现在子晳来一搅和，怎么写？

"嘿，叫你呢。"子晳眼神挺好，看太史发愣，就知道他正在为难，于是主动给他出主意："你就这么写：某年月日，子皮、子产、子石、游吉、印段、驷带、子晳，那什么，就叫七子盟誓吧。"

六卿改七子了。

六卿虽然不说话，可是一个个都差点儿忍不住笑，心说这位脸皮也太厚了，竟然还发明了个七子。

驷带的脸色很难看，他觉得叔叔太过分了，纯粹在这里给自己难堪。

"我奶奶怎么生这么个东西出来？"驷带几乎要骂出来，他忍叔叔很久了，现在他终于觉得有这么个叔叔是整个家族的耻辱。

仪式结束，大家还是没有说话，各自回家了。

"驷带。"子晳也觉得很没趣，招呼侄子。

驷带头也没回，上车走了。

子产最后一个走，看着子晳，他的脸上闪过一丝笑容，奸笑。

秋天的时候，晋平公得了重病，子产于是决定去看望一下。他知道，这个时候去一趟，比平时去十趟都好使。

子产带着子羽到了晋国，果然晋国人很感动。

叔向看见子产来，非常高兴，早早去国宾馆探望。看见叔向，子产也很高兴。

"贵国国君是什么病？"子产问。

"不知道啊，就是整天哼哼，头昏脑涨，四肢无力，下腹疼痛，等等，至今没诊断出来怎么回事。不过，前两天占卜了一下，占卜的说是实沈、台骀在作怪。这实沈、台骀是谁呢？我也不知道，问太史，太史也不知道。子产，你知道这是两个什么神吗？"叔向问，他的学问很渊博了，竟然也不知道这是什么神，看见子产，连忙请教。

"这我碰巧倒知道。"子产说，然后思考了一下，接着说，"从前高辛氏有两个儿子，大的叫阏伯，小的叫实沈，住在森林里，兄弟不能相容，每天使用武器互相攻打。帝尧认为他们不好，把阏伯迁移到商丘，用大火星来定时节。商朝人沿袭下来，所以大火星成了商星。把实沈迁移到大夏，用参星来定时节，唐国人沿袭下来，以归服事奉夏朝、商朝。它的末世叫作唐叔虞。当年武王的夫人邑姜怀着太叔的时候，梦见天帝对自己说：'我为你的儿子起名为虞，准备将唐国给他，属于参星，而繁衍养育他的子孙。'等到生下来，掌心上有个虞字，就名为虞。等到成王灭了唐国，就封给了太叔，所以参星是晋国的星宿。这样看来，实沈就是参星之神了。"

叔向听得直点头，这个故事听说过，但是这样的推理第一次听说。

"从前黄帝的儿子金天氏有后代叫作昧，做水官，生了允格、台骀。"子产略顿了一下，接着又说，"台骀继承了父亲的职位，疏通汾水、洮水，堵住大泽，带领人们就住在广阔的高平地区。颛顼因此嘉奖他，把他封在汾川，沈、姒、蓐、黄四国世代守着他的祭祀。现在晋国主宰了汾水一带而灭掉了这四个国家。从这里看来，台骀就是汾水之神了。"

叔向现在有种豁然开朗的感觉，这故事他也听说过，可是这样的分析还是第一次听说。这样说来，这两个神就是晋国的星神和水神了，怪不得他们能够在这里作怪。想到这里，叔向觉得自己知道答案了。

可是，叔向竟然没有听到自己以为正确的答案。

"这两个神都是晋国的神，不过，国君的病跟这两个神没有关系。"子产讲了半天关于神的故事，最后的结论却是晋平公的病跟这两个神没有关系。

"为什么？"

"其实神跟人一样，各管一摊。山川的神灵，水旱瘟疫这些灾祸属于他们管。日月星辰的神灵，雪霜风雨不合时令这是他们的事情。至于疾病在您身上，也就是由于劳逸、饮食、哀乐不适度。山川、星辰的神灵又哪能降病给您呢？"

"哎。"叔向的眼前一亮，听上去有理，可是自己还真没这么想过。

"我听说，国君每天的时间可以分成四段，早晨用来听取政事，白天用来调查询问，晚上用来确定政令，夜里用来安歇身体。这样才能有节制地散发血气精气，别让它有所壅塞不通。心里不明白这些，就会使百事昏乱。现在恐怕是精气用在一处，就生病了。"子产继续解说。

"什么叫精气用在一处？"

"我听说，同姓不婚，否则子孙不能昌盛。如果娶同姓的，一定是因为特别漂亮。所以《志》说：'买妾的时候如果不知道她的姓，就占卜一下。'如果晚上休息不好，还娶了同姓的女子，就很容易身体不好。现在国君有四个姬姓美人，估计这就是国君得病的根源了。要治好病，恐怕就要去掉这四个姬姓女子。"子产的话说得有些婉转，实际上就是四个字：纵欲过度。

"我明白了，你说得太对了。"叔向赞同子产的说法，他也知道晋平公近年来沉湎于女色。

两人又聊了一阵，叔向告辞出来，子羽送他出来。

"我听说子皙横行霸道，子产也不敢对他怎么样啊。"叔向悄悄问，他不好当着子产的面问。

"他蹦跶不了多久了，蛮横无理喜欢欺负人，而且仗着富有看不起比他地位高的人，你看着吧。"子羽一点儿也不隐讳。

叔向回去，把子产的话告诉了晋平公，同时也劝晋平公有所节制。晋平公对于子产的博学和推理非常佩服，称赞子产"博物君子也"（《左传》），送给了他许多礼物。

第二年，也就是郑简公二十六年（前540年），子羽的话得到了印证。

子晳越来越猖獗了，因为没有人管他。可是他没有注意到，他的朋友越来越少。子皮早已很讨厌他，子石因为常常被他嘲讽，已经恨他入骨，就连驷带也对他的颐指气使深恶痛绝。

渐渐地，子晳有了一种妄想狂的症状，总是梦见自己做了卿。

"把游家干了，老子不是就能当卿了？"到了秋天的时候，子晳终于按捺不住了。

子晳派人去找驷带，要求驷带与他合兵攻打游吉。

"做梦吧？真是个疯子。"驷带把派去的人骂了回去，然后毫不犹豫地把事情报告了子皮和子产，同时通知了游吉。

子产这个时候正在边境巡视，于是另外五卿召开紧急会议，会上一致通过一项决议：灭了子晳。在边境的子产很担心这几个卿出兵，无论怎么说那也属于内乱了。于是，子产连夜回到荥阳，一边派人阻止大家起兵，一边派人去找子晳。

子晳正在家里生闷气兼养伤，生闷气是因为驷带不肯帮自己，养伤是因为去年被游楚砍伤的地方复发了。

"我代表子产来宣读你的罪状。"子产派来的人直截了当，连寒暄都省了。

"我的罪状？什么罪状？"

"第一条，当年擅自攻打良霄，以下犯上。当时因为忙于处理国家间事务，放过了你，可是你不思悔改，变本加厉。第二条，抢堂兄弟的老婆。第三条，六卿盟誓，你非要插进来，还说什么七子。这三条罪状，条条都是死罪。所以，请你现在就去死，否则，司寇会来捉拿你、审判你，再处死你，那就难看了。"来人历数了罪状，条条都是秋后算账。

"那，我已是快伤重而死了，放过我吧？"子晳这个时候成了孬种了，他知道子产是有了十足的把握对付自己，才会派人来的。

"不可以。"来人拒绝。

"那，能不能让我儿子印担任市官？"

"子产说了，如果他有才能，自然会任命他；如果没有才能，早晚也会随你而去。你现在是罪犯，没有资格提任何条件。"

"那，我能不能吃顿好的？"子晳彻底蔫了。

"不好意思，司寇派来的人很快就到了，你再磨蹭，我可就帮不了你了。"来人说得很现实。

子晳抱着头，让自己冷静下来，然后分析了一下眼前的形势。这时他才发现，自己已经是众叛亲离，已经完全没有力量保护自己了。自己为什么会走到这一步？一瞬间，子晳想明白了。

"子产，你真阴啊。"子晳长叹一声，这也成了他人生的绝命之言。

当天，子晳上吊自杀。

之后，子产命令把子晳的尸体挂到大街上示众，并且在尸体旁边放了一块木头，上面列明了他的罪行。

子晳之死其实与子产的故意放纵有很大关系，子产的故意放纵使得子晳丧失了理智，最终被同盟抛弃，被宗族抛弃，其灭亡成为必然。

从某种角度说，子产阴险毒辣，一步步引诱子晳犯错，到了可以下手的时候，则毫不留情，一击致命。于是，我们想起郑庄公的"多行不义必自毙"。

但是从另一个角度说，政治需要智慧，需要果断，如果子产不除掉子皙这样的障碍，要想顺利地实现改革则困难重重。

一个合格的政治家，一定要是个阴谋家，而这与品德无关。

很多人改革为什么失败？不是改革不好，而是没有事先除掉改革的敌人，铲除改革的障碍。

443

从郑简公二十三年作田洫，到郑简公二十六年铲除子皙，三年时间过去，郑国人对子产的印象已经完全改变。

"我有子弟，子产诲之；我有田畴，子产殖之。子产而死，谁其嗣之？"这是郑国最新的流行歌曲，歌词大意是：我们家孩子，子产帮着教育；我们家的土地，子产帮着提高产量。要是子产死了，哪里去找这么好的领导啊？

虽然很多民歌都是自己编来歌颂自己的，但子产不需要。这是一首真正的民歌，因为歌里唱的都是事实。

改革三年，乡校如火如荼，老百姓的子弟都能接受义务教育，一个个知书达理了；改革三年，土地的产量年年攀升，小的天灾完全没有影响，老百姓们都尝到了田洫的甜头。"产量增加了，没有从前那么累了，还能抵御天灾了，田洫，就是好；子产，真牛。"大家都这么说。

改革获得成功，但是，只是初步的。在子产的改革进程表中，这仅仅是个开始。

郑简公二十八年（前538年），子产推出了第二项改革措施。

《左传》："郑子产作丘赋。"

对于"作丘赋"，历来的解释有很多混淆之处，主要是都想把这件事情说得很完美，说成国家和老百姓双赢。其实不然，这件事情对老百姓并不是一件好事。

丘，就是指没有被列为国家土地的那一部分土地，主要来自荒地开发、征服其他国家或者部落得来的土地。这部分土地从前是没有赋的，也就是对国家没有义务。而这部分土地上的人多半是野人，对国家也没有义务。

子产的"作丘赋"就是要让这部分土地和这部分土地上的人成为这个国家的一部分，对这个国家负起义务来。

所谓的赋，包括车马、甲盾、徒兵等，也就是说，按照土地面积承担车马、甲盾和徒兵的义务。对于这部分土地上的人来说，从今以后要购买战车战马、皮甲武器，遇上战争必须参加打仗、保卫国家了。对于他们来说，这就是新增加的负担。

负担增加了，但是社会地位有所提高，子女能享受义务教育了。

从前，战争是贵族和国人的事情，野人没有资格参加。现在，野人要和贵族、国人并肩作战了，国野的分别从此淡化掉了。这就像当今的农民工进城，使得城乡区别变小，也给了大量农民工成为城市人的机会。

"作丘赋"毫无疑问增强了国力，对国家是有利的。但是，对于大量的人来说这不是好事。

首先，当时大部分的丘实际上被贵族占有，他们的利益因此而受到损害；其次，对于依附于此的野人们来说，他们的负担增加了。

"其父死于路，已为虿尾；以令于国，国将若之何？"许多郑国人对子产恨之入骨，他们说："他爹死于非命，他就变成了蝎子尾巴来祸害百姓。这样的人来治理国家，这个国家怎么好得了？"

这个时候，如果子皙还在，振臂一呼，率领无数野人杀来，估计子产就真要跟他爹一个命运了。

"大家都在咒你死啊。"大夫子宽来告诉子产，他对子产的新政也很不满意。

子宽，郑国公族，又叫浑罕，是浑姓的得姓始祖。

"何害？苟利社稷，死生以之。"子产知道子宽的来意，毫不犹疑地这样回答，"好的治理不能随便改变政策的标准，这样才能成功。不能纵容老百姓，政策的标准不能轻易改动。丘赋早就应该有，不能因为从前没有就否定丘赋的正当性。《诗经》里说：'礼义不愆，何恤于人言。'我是依照礼法来行事的，又何必怕别人说什么？我是不会改变政策的。"

见子产的态度决绝，子宽告辞出来了。

"子产这样加重民众负担的做法，其后代大概要先灭亡了；而郑国如此做法，肯定会比卫国先灭亡。"子宽自言自语道。

子产作丘赋是否正确，历来也是说法不一。从历史的角度说，子产的做法无可非议。

首先，作丘赋具有合法合理性。时代变化，兵赋不可能还按照祖宗时候划分的土地一成不变。

其次，子产先作封洫后作丘赋，先利民之后取之于民。

最后，郑国处于晋楚之间，贡赋负担为各国之最，因此不得不从民间征收。

子产说得对，"为善者不改其度"，对老百姓好不等于要改变国家的法度。"民不可逞"，老百姓的要求不应该无原则地满足，因为老百姓考虑的是自己的利益，而国家领导人要综合考虑国家的利益。

到此，我们可以看到，子产是一个非常强硬的领导人。但是，强硬的背后，子产是一个深思熟虑，懂得掌控节奏和力度的人。

此外，子产并不是一个对内强硬，对外软弱的人。

第二一六章

叔 向 的 痛 苦

郑简公三十年（前536年），子产继续他在郑国的改革。

子产也许自己也没有想到的是，这一次的改革，开创了中国法制史的先河。

《左传》："三月，郑人铸刑书。"

子产命令人把刑法刻在了鼎上，是铁鼎还是铜鼎历来有争议，不过这不重要。什么是重要的？重要的是中国的法律第一次被公布于众。

在此之前，贵族之间用"礼"来约束，老百姓才用"刑"。"礼"是有明文规定的，贵族都要学习。可是，"刑"就没有明文，而完全掌握在执政者的手中，说一是一，说二是二；有时候说一是二，说二是一。说不管不管，说严打严打；今天杀人无罪，明天偷针砍头。老百姓要是犯了罪，完全不知道自己会受到怎样的处罚。

所以，《周礼》写道："礼不下庶人，刑不上大夫。"

郑国推出了刑鼎，举世震动。

叔向在晋国知道了这件事情之后，非常失望，于是派人给子产送了一封信，以表达自己的失望。

叔向的信是这样写的："一开始我对你抱有很大的期望，现在看来是没戏了。从前先王根据事情的轻重来判定罪行，而不制定法律条文，就是为了防止人们胡搅蛮缠。即便如此，还是不能禁止犯罪的发生，因此又通过道义来限制，用政令来约束，用礼法来推行，用诚心来维持，用仁慈来奉养，并制定了俸禄和爵位的制度来劝勉人们服从教诲，通过严打威慑放纵的人。还怕这样不够，又用忠诚对待他们，对好的行为加以奖励，教他们掌握一些专业技能，使其心情愉快，同时又感到严肃而有威严，对犯罪者果断处罚。同时还经常请教圣明贤能的卿相、明察秋毫的官员、忠诚守信的乡长和仁慈和善的教师，百姓在这种情况下才能俯首听命，而不发生祸乱。一旦百姓知道国家有了刑法，就只知道依据法律，而不会对上司恭恭敬敬了。而且人人都会用刑法狡辩，希望脱罪，这样一来，整个国家就没办法治理了。夏朝乱了的时候作了《禹刑》，商朝乱了的时候作了《汤刑》，西周乱了的时候作了《九刑》，三种刑法的制定，都只是加速灭亡而已。现在你治理郑国，作封洫、作丘赋，制定了三种刑罚，又把刑法刻在鼎上，试图以此来安定百姓，是不是太异想天开了？《诗经》说：'效法文王的德行，每天都能安定四方。'又说：'效法文王，万邦信赖。'这样一来，又何必制定什么刑法呢？老百姓知道了法律的规定，今后就将抛弃礼法而只相信刑法。刑法中的每一个字眼，他们都会钻进去跟你狡辩。今后，犯法者会越来越多，贿赂也会越来越多。等到你去世的时候，郑国大概也就完了吧？据我所知：国将亡，必多制。国家将要灭亡的时候，必定制定很多的法令。这大概就是说的郑国的情况吧。"

叔向的信写得毫不客气，甚至带着威胁。作为朋友，叔向把信写到这种程度，只能说他确实很失望。

子产没有料到叔向的反应会这么强烈，信会写得这么强硬。但是不管怎样，子产决定给叔向回一封信。

子产的回信在《左传》上被"此处省略若干字"，不过不碍，按照子产的风格和思维方式，就代他拟一封给叔向的回信。

子产的回信是这样的："如果按照您所说的，那么我就应该什么也不做了。可是，您所说的都是盛世的时候应该做的，天下承平，各安本分，当然就无为而治。可是，如今天下荼毒，大国欺凌小国，小国苦苦求存，内忧外患，如果不想等死，必须有所改变。作封洫是为富民，作丘赋是为强国。郑国夹在两个大国中间，虽然无力抗衡大国，但是也需要自保的能力。至于制刑鼎，我认为并无不妥。如果刑法不告诉百姓，那么百姓就不知道什么能做、什么不能做，最好的结果就是什么也不做，这于国于家都不是好事。如今把刑法告诉大家，大家就知道什么能做、什么不能做。不能做的就回避，能做的就去做好，这难道不对吗？至于说到百姓由此钻字眼、胡搅蛮缠、无理狡辩等，只要刑法表达清晰，又何必担心这些问题？至于说到贿赂，从前民不知法，法由人出，百姓就会去贿赂执法者；而如今刑法刻在鼎上，又何必去贿赂执法者呢？从前不让百姓知法，其实就是愚民政策。固然，愚民政策能够巩固统治，但是也必然导致国家不能发展。如今郑国随时面临亡国，如果国家停滞不前，亡国就真的不远了；如果开启民智，让百姓有所作为，国力有所加强，即便我子产被赶走，国家却能存在下去，为什么不这样做呢？叔向，你所想的是子子孙孙都统治下去，可是我所想的是怎样保证在我活着的时候能够保全郑国。我感到你的好意，即便不能接受您的劝告，我还是要表示衷心的感谢。"

信让人送走了，子产却还有些惆怅。从前，他把叔向引为知己，如今看来，叔向也不能理解自己了。

"他们为什么总是把百姓放在自己的对立面？为什么总是像防贼一样防着百姓？为什么总是把百姓的话当成恶意？"子产自问。

兴办平民学校，开放言论自由，公布刑法。

子产，走在了时代的前面。

凭此，子产已经可以跻身中国历史最伟大政治人物的行列。

叔向收到了子产的回信。

看了子产的信，叔向长叹了一声，很久没有说话。

其实，叔向很赞赏子产，一直都很赞赏。对于子产的各种举措，叔向其实也是赞赏的，但是他也确实是失望的。之所以如此，是因为他对于各种社会变革都心存恐惧。

为什么会这样？

事情要回到三年前。

三年前，齐景公把女儿嫁给了晋平公，晋平公非常宠爱，立为夫人。可是没多久，夫人因病去世了。于是，齐景公派晏婴前往晋国，希望再嫁一个女儿给晋平公。

事情很顺利，晋平公很高兴地接受了齐国人的建议，把事情就这么定了。

订婚之后，叔向特地设宴招待了晏婴，两人神交已久，所以一见如故，聊得非常深入。酒过三巡，叔向向晏婴靠近了一些，然后轻声问："齐国的情况怎么样？"

晏婴看了叔向一眼，四目相交，心领神会。

"说实话，齐国已经到了末世了，我不知道还能撑持多久。"晏婴说，说得很无奈。

"呃，为什么这样说？"叔向有些愕然，他没有想到会是这样的回答。

"齐国的国君根本不懂得珍惜自己的百姓，正在心甘情愿地把百姓送给陈家。齐国从前的量器有四种，就是豆、区、釜、钟。四升为一豆，四豆为一区，四区为一釜，四釜为一钟。而陈家的量器只有三种，每种都比国家统一的量器加大四分之一。他们用自家的大量器借粮食给百姓，而用公家的小量器收回。他们从山里采木材运到市场上卖，价格不比山里贵。他们经营鱼、盐、蜃、蛤，也都不比海边贵。百姓创造的财富，两份交给了国君，只有一份维持生活。国君积聚的东西已腐朽生虫了，但贫穷的老人却饥寒交迫。国家的集市上，鞋子很便宜，但是假腿很贵，因为被砍腿的人越来越多。百姓痛苦或者有病，陈家就想办法安抚。百姓爱戴他们如同父母一样，因此也就像流水一样归附他们，谁也拦不住。"晏婴说完，只能苦笑。

"真的这样？"叔向问。

"真的。晋国的情况怎么样？"晏婴反问。

"唉。"叔向先叹了一口气，看看周围，没有外人，这才接着说话，"不瞒你说，晋国的情况比齐国还糟糕，也已经到了末世了。这个国家已经没有人为国家打仗了，国家的战车都腐烂掉了。百姓贫困不堪，可是公室还是很奢侈。路上冻死的人到处都能见到，可是宠臣们家里的东西都装不下了。百姓们听到国家的命令，就像遇到强盗一样躲避犹恐不及。原先的强大公族栾家、郤家、胥家、原家、狐家、续家、庆家、伯家现在都完了，后代都沦为皂隶了，政权都落到六卿的手中。可是，国君还没有一点儿危机感，还整天沉溺于酒色之中。逸鼎上的铭文写道：'昧旦丕显，后世犹怠。'先辈拼死拼活得来的财富，后代毫不珍惜啊。"

叔向说完，这下轮到晏婴长叹一声了。

"唉。"晏婴叹一口气，看来这是天下乌鸦一般黑啊，"叔向，我问问你，你打算怎么办呢？"

晏婴的话，正问到了叔向的伤心处。

"晋国的公族早已没有了，公室没有人帮扶，而我们这些老公族注定是要被扫除的。我们这一宗当初十一兄弟，现在只剩下我们羊舌一支了。我又没有一个好儿子，所以我能善终就谢天谢地了，哪里还敢想今后有人祭祀呢？"叔向的声音越来越低，听上去十分凄凉。他的意思，即便自己能够善终，自己的儿子也劫数难逃。

话题越来越沉闷，越来越沉重。

"那，你打算怎么办？"叔向反问晏婴。

"唉，怎么说呢？如果遇上明君，那就努力工作，如果能力不够就主动让贤，总之，要对得起自己；如果遇上平庸的国君呢，那就混日子吧。不过，我这人绝对不会去溜须拍马，要对得起良心。"晏婴没有正面回答，不过话也算说得明白。

"家族呢？你不担心自己的家族吗？"叔向接着问，他最关心的是这个问题。

"叔向，齐国的情况和晋国的情况不一样，我的情况和你的情况也不一样。晋国现在权在六卿，所以你有个站队的问题。齐国暂时还不是这样，陈家虽然拉拢人心，可是权力还在国君，我没有站队的问题，国君虽然对老百姓不好，但对公族还行，人也还实在。所以，我倒不担心家族的命运。"晏婴说，在这一点上，他比叔向的大环境要好得多。

后世有人认为叔向总是顾虑家族前途，而晏婴一心为国，因此晏婴比叔向贤能。其实不然，处境不同，所想的自然不同。叔向不是不想为国，而是这个国家是谁的都不知道。

叔向点了点头，他的心情始终不是太好。

"你知道，在这个国家混是很危险的。不过，我还真不想愧对自己的良心。问题是，怎样做才算是个正士？怎样就成了邪人？也许稍不留意，自己就走上邪路了。"叔向又发问了，他知道自己应该坚持某种原则，可是，这个原则是什么呢？

"我谈谈自己的看法吧。所谓的正士，就是在得到国君信任的时候，为老百姓谋福利；如果国君不信任，就教导老百姓要遵纪守法。交朋友也是，谈得来就多交往，谈不来就少交往，但是不要说人家坏话。邪士就不一样，得到国君宠信的时候，他们压榨百姓；得不到国君宠信的时候，就去老百姓那里煽风点火。交朋友也是，顺着他的就说你好，跟他看法不同的就拼命说你坏话。"晏婴说，他的思想里有一个原则，那就是"以民为本"，这是当年管仲的原则。不过，晏婴没有对叔向说起这一点，因为叔向在晋国的地位根本没有资格去以民为本。

晏婴说的道理，其实叔向未尝不明白，他只是有些担心自己会不会昧着良心做事。晏婴的话，并没有解除他的疑惑。

"唉，我想干脆当农民算了，虽然穷点儿，可是过得安心哪。"叔向把自己的想法告诉了晏婴。

"那何必呢？混吧。再说了，就算你想当农民伯伯，你当得了吗？"晏婴反对。

"唉。"叔向又叹了一口气，其实他也明白，就算自己要辞职回家，六卿也不会同意的，毕竟叔向还是晋国的一块招牌。

两个人都不再说话，只顾喝酒了。

一顿闷酒，两个醉汉。

445

自从被栾盈案牵连之后，叔向就很为自己的前途担忧。之后的几年里，叔向因为贤能而得到了广泛的赞誉。可是，即便如此，叔向也只能做到上大夫，而卿的位置被六家世袭，叔向根本看不到前途。

叔向尽量不站队，但是有些事情说起来容易，做起来并不容易。

范匄退居二线之后，赵武出任中军帅。赵武非常欣赏叔向，赵武也明白，叔向的能力比六卿都要强。所以，但凡有大事，赵武都找叔向商量，而六卿会议反而成了摆设。

叔向跟赵武走得很近，而赵家和韩家关系密切，因此韩起对叔向也很尊重。相反，另外几家对叔向就有些冷眼相看了。

所以，有的时候，站队不站队都是身不由己的。

不管怎样，有了赵武罩着，叔向感觉安全一些了。

但是，赵武给叔向的安全感并不强烈，不是赵武跟叔向的关系不够铁，而是赵武也没有安全感。

有一次，赵武请叔向同游九原。

"叔向，如果晋国的先贤能活过来的话，我应该跟随谁？"突然，赵武问了一个很无厘头的问题。

叔向被问得有些发蒙，想了想，反问："那，阳处父？"叔向的意思，阳处父有学问，而且风流倜傥。

"不行，阳处父连自己的命都保不住，他不行。"赵武摇摇头，他不喜欢阳处父。

"那，狐偃？"

"嗯，也不行，他太贪了。"赵武又摇摇头，他也不喜欢狐偃。

"那，士会？"

"嗯，差不多。他廉洁正直，还能保护自己，跟他混应该有进步。"赵武点点头，他喜欢士会。

其实，叔向也喜欢士会。

从那之后，叔向知道没有安全感的不仅仅是自己，连中军元帅赵武也没有安全感，也担心不知道什么时候自己也完了。

那么，谁有安全感？老奸巨猾的范匄有吗？

其实，范匄也没安全感。

有一天，范匄把范鞅叫来，满面愁容地说："儿啊，你看我，整天小心翼翼为了国家，当然，主要还是为了咱们家。到现在，总算平安无事。你看看你，要能力没能力，要头脑没头脑，有一天你爹我呜呼了，真不知道你怎么办啊。"

"爹啊，我知道我没什么本事。可是，我低调，谁也不得罪，也不跟谁争，您看这样行不？"

"嗯，这样的话，你这代还能平安过去吧。"范匄勉强点了点头。

赵武去世之后，韩起接任中军帅，他和赵武一样非常器重叔向，遇大事也都向叔向请教，出国访问通常也都带上叔向。

关于叔向和韩起之间的关系，《国语》有一篇著名的文章：《叔向贺贫》。

韩起当上了中军帅，有一天也请叔向去游九原。

"唉。"突然，韩起叹了口气。

"元帅，为什么叹气？"叔向问。

"我穷啊，没钱啊。"原来，韩起觉得自己很穷。

"祝贺元帅，穷点儿好啊。"

"怎么说穷好呢？我都中军元帅了，可是在六卿中最穷，穷到都不好意思请各位吃饭的地步，先生怎么还祝贺我呢？"韩起觉得奇怪。

"想想啊，当初栾书为中军帅，家里也穷得叮当响，可是人家行得正走得直，诸侯都尊重他。虽然他儿子栾黡胡作非为，但是仗着栾书的遗德，也能平安无事。后来郤家富可敌国，三卿五大夫，说灭亡就灭亡了，没人为他们卖命，就是因为他们无德。现在你穷得跟栾书一样，一定也能像栾书一样有德啊，为什么不祝贺你呢？你想想，晋国首富不是一家家都灭亡了吗？"叔向举了两个相反的例子，证明穷一点儿不一定就是坏事。

"哎哟，多谢先生的提醒啊，要不是先生的话，我们韩家说不定什么时候就完了。"韩起觉得叔向的话有道理，即便不要太穷，也不要成首富。

历史一再证明，再富别当首富。

叔向知道，韩起也没有安全感。

叔向研究过晋国的历史，自从晋文公以来，晋国的每一次变革都是削弱公室的。作为仅存的几家公族，叔向是很担忧公室的衰落的，因为公室的衰落意味着六卿越来越强大，而自己的家族也就越来越危险。

　　所以，叔向的内心对于任何变革都是对抗的。

　　对于子产铸刑鼎，叔向的第一反应就是：晋国六卿一定会学过来。

　　所以，叔向按捺不住，给子产写了一封措辞强硬的近乎绝交的信。

　　不过，尽管叔向对子产严重不满，他更关注的却不是子产，而是晏婴。因为齐国的情况更像晋国，晏婴的处境也更像自己。

　　那么，齐国又是怎样的形势？晏婴又如何应对危局呢？

第二一七章

史 上 最 牛 钉 子 户

晏婴，字平仲，齐国公族。父亲晏弱为齐国大夫，晏婴也混到了大夫的职位。

到齐庄公被崔杼杀死，晏婴因为发表了一通著名的"打酱油"言论而声名大噪。（详见第四部第239页）

以现在的眼光来看，那就是一番成功的炒作。

446

齐景公三年（前545年），齐国发生了动乱，子雅和子尾联合鲍家和田家，灭了庆封。庆家被灭，大量的封地就空了出来。（详见第五部第一六七章）

"分地。"齐景公决定给大家发年终奖，奖金就是封地。

晏婴得到了六十邑，不过晏婴拒绝接受。

"伙计，人人都想发财啊，难道你不想？"子尾觉得有些奇怪，于是去问他。

"我当然想发财了，可是，人的欲望不应该轻易实现，否则灭亡就在眼前了。庆封富可敌国，不是都逃亡国外了？我现在的封邑不能满足我的欲望，可是加上这六十邑就能满足了，那我就要完了，最终是连原来的也没有了。所以，我不敢要这六十邑，实际上是为了保住我原来的封邑啊。"晏婴说，理智，出奇地理智。

子尾觉得晏婴的话有道理，他原本已经接受了齐景公新封的封邑，回家之后，赶紧退了回去。

"你这伙计挺实在啊。"齐景公很赞赏子尾，于是特别信任他，"那什么，你来当执政吧。"

齐景公要任命子尾为执政，一来是信任他，二来也是没办法，因为子尾、子雅两大家族是齐国目前最有实力的家族，不用他们还真不行。

"别啊，我把地退回来，都是人家晏婴指点的，让这家伙干吧。"子尾还真挺实在，推荐了晏婴。

齐景公本来就欣赏晏婴，如今又有子尾的支持，他决定任命晏婴为相。

"伙计，你来执掌齐国吧。"齐景公直接下了任命。

"主公，我不行。"

"不行？说你行你就行，不行也行。"齐景公没给晏婴推辞的机会，就这么任命了。

晏婴很困扰，他一点儿也没有因升官而兴奋。相反，他觉得自己很危险。想想也是，崔家、庆家都是大家族，说完就完。这样说起来，谁是安全的？

说起来，齐国跟晋国一样，每个人都生活在恐惧中。

晏婴仔细分析了一下齐国目前的实力构成，进一步证实自己确实很危险。

齐国国、高两家衰落，崔、庆两家覆灭，现在剩下了四大家族。四大家族中，子尾和子雅兄弟两个抱团，实力强劲，另外两大家族田家和鲍家也走得很近，与子尾和子雅遥相抗衡。

田家和鲍家是什么来历？

说起来，田家和鲍家都是齐桓公时期起家的老公族了。

陈国公子陈完在齐桓公十四年从陈国来到齐国政治避难，在齐国担任工正。（详见第一部第三十六章）

陈完死后被谥为敬仲，因为陈、田读音相近，陈完为自己改姓为田。

陈完，田姓得姓始祖。

《左传》中，陈完后代依然姓陈；《史记》中，陈完后代姓田。本书中，采取《史记》的称呼，一律改为田。

陈完的儿子是陈稚孟夷，之后是陈湣孟庄，再之后是陈文子须无。陈须无的儿子名叫田无宇，此人孔武有力，在齐庄公那里很受宠。

由于是外来户，田家一向都非常小心谨慎，察言观色，见风使舵。

庆封父子也很欣赏田无宇，庆舍的最后一次祭祀活动就特邀了田无宇同行，而田无宇早已和子尾、子雅合谋刺杀庆舍，于是，田无宇在抵达祭祀地之后撒了个谎，说老母病危，请假缺席。

离开了祭祀地，田无宇在回临淄的路上顺便把浮桥给拆了，切断庆舍逃生之路。与此同时，派人前往庆家经营木材的庄园，抢了庆家的一百车木材。

"真阴险啊。"晏婴知道之后慨叹，从那之后，他知道田无宇这个人不好对付。

鲍家是鲍叔牙的后代，在齐国显赫了多年，到这一代鲍家传到了鲍国，实力强横，跟田家走得很近。

田家和鲍家联合，实力也很不一般。

晏婴掂量了自己的分量，自己夹在两大势力之间，这两大势力要是和平相处也还罢了，万一互相干起来，自己岂不是又要找尸体去哭？到时候还不一定有没有合适的尸体呢。

所以，晏婴很惶恐。

好在，惶恐的日子没有超过一年。第二年，季札来了。

"伙计，赶紧辞职吧，保命要紧啊。"季札旁观者清，给晏婴出主意。

到了这个时候，晏婴终于下定决心辞去相国的职位，打死也不干了。

鉴于晏婴态度坚决，齐景公最终答应了他的辞职请求，任命子尾为相国。

尽管不当执政了，齐景公还是很喜欢晏婴，有事没事都爱找他聊天。为什么齐景公喜欢晏婴？因为晏婴很直率，说话很大胆，而且句句都在点子上，这一点，晏婴和子产非常相像。不过不同的是，子产身材高大，相貌堂堂，而晏婴五短身材，比武大郎略高半寸。跟晏婴在一起，齐景公就觉得自己孔武有力。

矮人们总觉得自己低人一等，却没有想到别人在自己面前会有高人一等的感觉。你的自卑恰恰成就了别人的自尊，这不就是你的价值所在吗？不就是你的优势吗？你不用努力，就能投人所好，让人喜欢你，这不是老天爷的恩赐吗？

晏婴就是这么想的，所以，他一直很快乐而且很自信。

这一天早朝，因为没事，别人都走了，只剩下晏婴陪同齐景公在这里聊天。聊着聊着，感觉天气有点儿寒冷起来。

"伙计，搞点儿热东西来吃。"齐景公命令晏婴，意思是让他跑个腿儿。

"嗨，不好意思，我又不是管你伙食的。"齐景公没想到的是，晏婴竟然拒绝了。

"伙计，我冷啊，那你帮我取件皮衣总行吧？"

"不好意思，我也不是管你皮衣的。"

"嘿。"齐景公不禁有些恼火了，这要是换了别人，早就屁颠屁颠地把自己的衣服脱了献上来了，怎么这晏婴这么不识相？当然，晏婴的衣服自己也穿不了，这也是事实。"你，你就不能有点儿眼力见儿吗？不能有点儿奉献精神吗？"

"我做好自己分内事就行了。"晏婴一点儿也不管齐景公的不满，坚持不去干不属于自己的事情。

"那，那你分内的事情是什么？"

"那就是大臣的职责，知道不？大臣，用来管理国家，用来分辨是非，纠正君主的错误；用来制定法律，传播四方。至于您刚才让我做的事情，那是您的小臣干的活儿。"晏婴说得理直气壮。

齐景公被晏婴说得无话可说了，没办法自己站了起来。

"你等等，我披件衣服再出来。"齐景公只好自己走路了。

从那之后，齐景公再也没有让晏婴做过这类事情了。

后来的中国历史，很多大臣喜欢干小臣的活儿，甚至专门干小臣的活儿，这是后话。

那一天晏婴和齐景公聊到当年崔杼杀齐庄公的事情，齐景公突然想起什么来。

"伙计，我问你，忠臣应该怎样侍奉他的君主？"齐景公问，因为他想起当初晏婴的"打酱油"言论了。

"忠臣嘛，就是我在国君在，国君不在我还在。"

"这话什么意思？"

"就是国君被杀了，我不去拼命；国君流亡了，我也不出国。"

"那你这算什么忠臣？我给你封邑给你地位，可是我有危难你不肯做牺牲，要你这样的忠臣有什么用？"齐景公有点儿恼火，大声喝问。

"哎，有理不在声高，知道不？如果国君能听从忠臣的良言忠告，永远也不会有危难，我为什么要去牺牲啊？如果国君能够听从忠臣的运筹帷幄，那永远也不会流亡，我哪有机会跟着您出去啊？如果国君把忠臣的话当成放屁，那就是该死活不了，我要是牺牲了，那就叫妄死。如果国君不听好言相劝，那就该被赶出国，我要是跟着去，那就叫诈为。所以，忠臣就是能够向国君提供正确意见的人，不是跟着国君去死去流亡的人。"晏婴脸不变色，一通话出来，齐景公又傻了眼。

后来的中国历史，妄死和诈为被当成美德来宣扬，这也是后话。

447

晏婴的封邑原本就不多，又没有接受齐景公的封赏，因此家里很穷。穷到什么程度？没有好衣服穿，没有好车好马，家里没好吃的。最糟糕的是，住房条件比较差。

齐景公了解到晏婴生活困难的情况之后，决定给一点儿组织关怀。

"伙计，我听说你的住房靠近市场，又潮湿又矮小还很老旧，而且环境很乱，猪叫狗叫声十分嘈杂，而且尘土飞扬。这么说吧，简直没法住了。这样，我有现成的装修好的大房子，家私齐全，你明天就搬过去吧。"齐景公想得还挺周到，他从来没有这么关心过一个人。

说起来，这就是早期的高级福利房了。

按照齐景公的设想，晏婴就该屁颠屁颠地回去搬家了。可是，齐景公错了。

"主公，多谢多谢了。不过，这房子是我爹从前住过的，能住那里我已经感觉很幸运了。虽然房子旧点儿，环境乱点儿，可是市中心地段好，离市场近，买菜什么的很方便。所以，我就不搬了。"晏婴竟然拒绝了，理由是买菜方便。

齐景公当时就笑了，心说：你还真买菜？

"伙计，你还真的自己去买菜？那我问你，市场里什么便宜，什么贵？"

"鞋子便宜，假腿贵。"

晏婴回答完，齐景公竟然不说话了，他在想，为什么鞋子便宜而假腿贵？

很容易他就想明白了：因为被砍腿的人太多了。齐国的刑法中，很多小罪都要被砍腿。

第二天，齐景公就下令减轻了刑罚。

为此，《左传》里的君子评价说："仁人之言，其利博哉。"一个仁慈的人，他的话能给大家带来利益。晏婴一句话，就让齐景公减轻了刑罚。

晏婴出访晋国的时候，就向叔向说了齐国假腿贵的事情。

等到晏婴从晋国回来，回到家的时候，大吃一惊。

"我的房子呢？"晏婴找不到自己的房子了，在自己房子的原址，他看到一栋新房，式样新颖，房子很高，面积比原来的大了两倍。原先自己的邻居们的房子也没有了，都被拆掉了。

"怎么回事？谁这么牛？胆儿肥了？把我的房子也给拆迁了？我住哪里去？"晏婴满腹疑惑，正在这个时候，从大房子里出来一个人，一看，是自己的管家。

"主人，您回来了？您走之后，国君就派人来把旧房子拆了，盖了新房。"管家说，非常高兴。

原来，这个大房子就是晏婴的新家。齐景公还真是有心人，你不是不愿意搬家吗？我就给你原地扩建。

"邻居们呢？"晏婴没有问自己的房子，先问邻居们去哪里了。

"这不都拆迁了？"

"拆迁？他们住哪里了？"

"都去郊区租房子住了。"

"都愿意拆迁吗？"

"没人愿意，可是拆迁办的一来，谁也不敢不拆。不过，有一家死活不走，当了钉子户。最后，给定了个扰乱社会治安罪，抓起来了。"

晏婴没有再问什么，也没有进自己的新家，径直去找齐景公了。

"伙计，辛苦了，看见新房了吗？"看见晏婴，齐景公很高兴。

"多谢主公关怀。"晏婴谢过之后，把这次出使的情况做了汇报，总之是圆满成功。

汇报结束之后，晏婴告辞出来。

"哈，回去享受一下豪宅吧，哈哈哈哈。"齐景公没有留他，以为他急着回去看房。

齐景公没有想到，晏婴并不是急着回家看房。

"把房子拆了。"晏婴命令家人去找人来拆房。

"为什么？"家人们都吃惊。

"不要问，快点儿。"晏婴很不耐烦。

拆房的人很快找到，盖房困难，拆房容易，不一会儿，豪宅就成了废墟。

"把我们自己的房子恢复到原来那么大，然后把邻居们的房子也都给修好。"晏婴又下令，于是，又开始盖房。

晏婴拆房的消息很快被齐景公知道了，齐景公真的很生气，好心好意给你个惊喜，房子都修好了，你竟然还给拆了，瞧不起我是吗？

晏婴被火速传到了齐景公这里。

"伙计，太过分了吧？怎么盖好的房子还给拆了，不给面子啊？"齐景公话说得有些不客气。

"主公，俗话说：'非宅是卜，唯邻是卜。'房子怎样不重要啊，邻居才重要啊。这些邻居都是我占卜之后选择的好邻居，大家相处这么多年一直都很好，违背了占卜的结果是不吉利的。君子不做不合礼法的事情，普通人不做不吉利的事情。所以，说什么我也要把邻居们给请回来啊。"晏婴说，他不看重房子，反而更看重邻居。

"唉。"齐景公叹了一口气，说，"让你搬家你不搬，原地扩建你要拆掉，你才是史上最牛的钉子户啊。"

国内形势很快发生了变化，在晏婴出使晋国当年的年末，子雅死了。

"看来情况不太好啊，如果子雅和子尾都在，基本上还能抑制田家和鲍家，子雅这一死，麻烦大了。"晏婴做了一个简单判断，子雅的儿子子旗接了子雅的班，子旗是个典型的花花公子，吃喝嫖赌样样都沾。

好在，子尾还能够主持大局，和田家以及鲍家的关系也都处得比较好，因此齐国看上去还是风平浪静。

转眼五年过去，到了齐景公十四年（前534年），子尾也去世了。

这下，田家和鲍家该有想法了吧？错。

田家和鲍家倒不一定有什么想法，子旗有想法了。

因为子尾的儿子子良岁数小，子旗有想法要趁着这个机会把子尾家的财产给吞了。

敌人还没有行动，自家兄弟先动手了。自古以来，都是如此。

子旗的办法很直接。

"梁婴，你这个吃里爬外的硕鼠，贪污腐败的蛀虫，来人，砍了。"子旗以大哥的身份来到子良家中指手画脚，第一件事情就是把子尾家的管家梁婴给砍了。

子良还小，子尾家中没人做主，眼看着梁婴就这么给砍了。

"那什么，我给你们派个管家来。"子旗得寸进尺，给派来一个管家。

这个时候，傻瓜都知道这派来的管家才是吃里爬外的，这不是管家来了，这是抄家来了。

子良虽然小，也不是傻瓜。

"什么大哥？熊外婆啊。"子良急了，等子旗一走，立即召集大家开会，把新派来的管家一刀砍了扔粪坑里了。

"主人，跟他们拼了。"群情激愤，同仇敌忾。

子良家中开始分发武器、皮甲，战车也拉出来了，进入一级战斗准备。

田无宇一直关注着子良家的事情，随时派人去探听。所以，子良家全家动员，准备与子旗家火并的消息立即传到了田无宇的耳朵里。

"狗咬狗，一嘴毛，好，太好了。"田无宇笑了，他没有想到机会来得这么容易。

"传我的命令，发放皮甲武器，准备战斗。"田无宇下令。

田无宇的如意算盘是这样的：首先帮助子良攻打子旗，但是主要是呐喊助威。如果子良轻易击败了子旗，那么就去锦上添花；如果子良和子旗旗鼓相当，两败俱伤，那么就最后收拾残局，把两家一网打尽。

那么，为什么田无宇没有找鲍家协同行动呢？因为田无宇认为一切都在掌握之中，没有必要再找鲍家来分蛋糕了。

田无宇等待着子良出兵的消息，子良一动，自己就跟随上去。

万事俱备，只欠东风。

一场混战就要开始了。

子良不是傻瓜，田无宇也不是傻瓜，子旗同样也不是傻瓜。

子良家中一级战备的消息迅速传到了子旗的耳朵里，不仅如此，田家也在蠢蠢欲动的消息也传到了子旗那里。

"怎么会？田无宇这么忠厚老实，不会吧？"子旗竟然不信，看来田无宇平时伪装得很好。

可是随后又有消息传来，说田家在准备出兵。这一次，子旗将信将疑了。

"走，去田家看看。"子旗急忙带着人赶往田无宇家中。

一路上，不断有人来报告说田家在厉兵秣马。子旗有点儿急了，加快了速度。

第二一八章

大火并

田无宇焦急地在等待子良家的消息，可是，子良家的消息没有到，却看见子旗来了。

"这怎么回事？"田无宇当时有点儿傻眼，大战当头，怎么子旗跑这里来了？怎么还敢几个人就来了？难道是子旗和子良演双簧，让自己钻圈套？

"快快，战车藏起来，皮甲都脱了。"田无宇紧急下令，一通忙活之后，大家都装成没事人一样。

这一边，田无宇脱了皮甲，刚换上了便服，子旗就到了大门口，田无宇赶紧命人把子旗迎进来。

"老田，看你们家的架势，好像要有什么动作啊？"子旗开口就问，他还是看出来了。

"那……什么……那……"田无宇结巴了一阵，才想好要说什么，"那什么，我听说子良家已经分发了武器，准备攻打您，您知道吗？"

"不知道啊。"子旗装傻。

"那您赶紧准备吧，我这里也装备好，可以协同您作战。"田无宇见风使舵，现在又成了要帮助子旗了。

其实想想，帮谁都一样。

"老田，你真让我失望。子良还是个孩子，所以我要帮他，还担心他不成材。他不懂事，可是我不能不懂事啊，我们兄弟怎么可能自相残杀呢？《周书》里说了，'惠不惠，茂不茂'，要对不知感恩的施加恩惠，对不知勤勉的人要劝他勤勉。你应该帮着我去劝劝他才对啊。"子旗一番话，高屋建瓴，高风亮节，高深莫测。

田无宇现在真是一头雾水了，怎么办？如果现在子良和子旗合兵，自己可就死定了。

关键时刻，该装孙子还要装孙子。

"扑通。"田无宇跪下了，紧接着给子旗叩了一个头。

"但愿顷公、灵公的在天之灵保佑您，也请您原谅我吧。"田无宇认错讨饶了。

大丈夫能屈能伸，大概就是田无宇这样的。

子旗没料到田无宇竟然来这一手，愣了一愣。

"那什么，老田，麻烦你跟我去趟子良家里，帮我们调解一下。"子旗还要请田无宇帮忙。

"调解？"田无宇现在是彻底发蒙，不知道子旗葫芦里卖的什么药，会不会把自己骗过去给砍了？

事到如今，也没有时间想太多，田无宇假装欢天喜地，跟着子旗去了子良家中。

448

子良虽说一时发怒要攻打子旗，可是冷静下来之后就觉得不大妥当。如此仓促行事，最终很可能就是两败俱伤，反而给了田家和鲍家机会。

所以，兵马准备好了，子良迟迟不肯下令出发。之后有人来报，说田家厉兵秣马，不知道什么意图。

"田家难道要和子旗夹击我？"子良现在更拿不定主意了，一边加强戒备，一边继续派人去探看子旗和田家的情况。

终于，子旗和田无宇来了，轻车简从。一看这个架势，子良先松了一口气。

"兄弟，开门吧，咱们兄弟有什么不好商量的？别舞刀弄枪的。"子旗在外面大声说。

子良赶紧命人开门，把子旗迎了进来。

"兄弟，你一定是听了什么人的挑拨离间。我听说你是不满我给你派了管家，你就直接告诉我不就行了？我都是好意，你要是不愿意，我把人叫回去就行了。你看你，事情弄得这么大，我怕你还是想不通，特地请老田来调解。"子旗摆出大哥的架子来，上来就数落了子良一番。

子良笑笑，没有说话。

"是啊，子良，子旗也是好心好意啊，兄弟之间，什么话不好说？啊？"田无宇假模假式地上来调解。

你一言，我一语，几番话下来，子良彻底没脾气了。

"大哥，是我错了，那什么，现在就让大家把武器收了。"子良认了错，下令刀枪入库，不打了。

"知错就改，真是好兄弟。这样吧，既然你们有怀疑，我就把我派来的管家带回去了，你们商量着任命个管家吧。"子旗也看出来了，要吞并子良家的财产不太现实。

可是问题来了，子旗派来的管家已经被杀了，怎么办？

"去，去把新管家叫来。"子良假装不知道，还给手下下命令呢。

手下们出去一趟，商量一阵回来了。

"报主人，新管家掉粪坑淹死了。"这是大家商量的结果，这时候也只能找这个台阶了。

子旗一听，当时也明白了。

"算了，淹死就淹死吧，帮我把尸体给弄回去吧，我那边当个因公死亡。"子旗没办法，这事情也不好说穿，只能怪这人命不好。

"那什么，大哥，要不，我这边也给追认个烈士什么的？"子良说。

不管怎样，哥儿俩已经和好了。

经过这一次风波，子旗和子良言归于好，而两人更加瞧不起田无宇了，一来认为他很阴险，二来觉得他是个软蛋。

子旗和子良常常在人前人后讽刺轻慢田无宇，田无宇则总是低声下气赔着小心。

"这小子彻底服了，跟我们斗，哼。"子旗子良很高兴。

"看谁笑到最后吧。"田无宇也暗暗高兴，他知道这两个家伙正在丧失警惕。

晏婴看得很清楚，他知道危险正在一步步逼近子旗和子良。从感情角度来说，他更支持同族的子旗和子良，可是，这哥俩的德行让他始终看不惯；而田家善于收买人心，齐国几乎人人都说他们好，晏婴知道自己无法与他们对抗。

所以，他只能旁观。

旁观者清，可是，看得越清，就越痛苦。

子旗和子良有一大共同爱好，酒。

哥儿两个没事就聚在一起喝酒，一喝起来就昏天黑地，什么都顾不上了。田无宇看在眼里，喜在心头，暗中筹备着。

两年之后，也就是齐景公十六年（前532年），田无宇决定要动手了。

这一天，线报说子良在子旗家喝酒，两人喝得大醉。

"开始行动。"田无宇下令。

行动分为两个部分：第一部分，田家进入一级战备，随时准备出动；第二部分，派人自称子良家的人，前往鲍家通风报信，就说子良和子旗已经合兵要讨伐鲍家和田家。

鲍家得到消息之后，立即进入一级战备，知会田家，同时派人前往子良和子旗家侦察。

田家准备妥当之后，鲍家来报信的人也已经到了。

"我家主公让我来报信，说子旗和子良要来攻打我们。"鲍家报信的人说，却不知道他们的消息就是这里捏造的。

"我们也接到线报了，这不也准备好了？你等等，我去跟你家主人商量商量。"田无宇假装什么也不知道，跟着来人去了鲍家。

说来也巧，在路上正好遇上子良醉醺醺地从子旗家回家。

"哎呀妈呀，太不巧了。"田无宇暗叫倒霉，因为子良喝成这样，怎么可能攻打田家和鲍家呢？鲍家的人看见了，岂不是立马就知道被忽悠了？

还好，发现得很及时，田无宇命令绕道而行，避开子良，算是瞒过了鲍家的人。

田无宇来到鲍家，鲍国迎了出来，两人谈论应急对策。

"蜂刺入怀，解衣去赶，我们没有退路了，只能跟他们干了。"田无宇很果断，没法不果断，整个都是他策划的。

"好。"鲍国想了想，也只好如此。

正在这个时候，鲍家前往子良家和子旗家侦察的人回来了。

"报主人，子良和子旗两家没有出兵的迹象，而且，两个人都喝得烂醉。"两边侦察得都很清楚，很显然，子良和子旗要来攻打的消息是假新闻。

"啊？"鲍国有些意外，他看田无宇一眼，似乎有些不知所措。

按常理，既然消息是假的，肯定是有人暗中搞鬼，挑拨离间。这样的情况下，就该解除战备。

所以，鲍国的意思，就当没有发生这件事情，各自回家抱老婆算了。

"伙计，事到如今，我们已经是骑虎难下了。你想想，就算这个消息是假的，可是我们两家准备出兵可不是假的，等他们两家知道这个事情，一定会把我们赶出齐国的。不如我们假戏真做，趁他们喝得大醉不省人事，主动进攻，先下手为强。"田无宇早已想好了说辞，这套说辞一个月前就准备好了。

鲍国想想，好像真是这么回事，要等到那两家准备好了，自己这边恐怕真不是对手。

"那，好吧。"鲍国同意了。

直到现在，鲍国也没有想到这一切实际上都是田无宇设计好的。

449

田、鲍两家联军给了子良和子旗两家一个措手不及，尤其是子旗家，大半个家被一把火烧掉，家族武装损失过半。子良家由于受到攻击的时间靠后，因此事先有所准备，损失较小。

此消彼长，原本实力差距较大的双方实力对比发生逆转，田、鲍联军略占上风。

"我们先把国君给弄过来，这样他们就算叛军，我们就有胜算了。"子良被家人用凉水浇醒过来，知道家族受到攻击，彻底醒了酒。恰好子旗亲自来求救，两人就这样商量。

于是，子旗和子良两家合兵，一边对抗田、鲍联军，一边派出小股部队前往公宫，准备强抢齐景公。

子良想到的，谁都想到了。

战争开始了，每个人都面临一个站队的问题。

对于晏婴来说，这一次的选择比较轻松，因为他知道双方现在都急需拉拢齐景公。这个时候，跟齐景公站在一起就是安全的。

于是，晏婴紧急入公宫，率领宫甲保护公宫，严禁任何人靠近。齐景公正在慌神，看见晏婴前来保护，自然求之不得。这边刚刚布置好防守，子良和子旗的小股部队就到了。

"什么人？"晏婴大声喝问。

"子良和子旗请主公过去，共同对付田家和鲍家。"子良的人马回答。

"不行，主公哪里也不去。"

"真的不去？"

"真的不去。"

"那我们就抢了。"子良派来的人属于缺心眼加没头脑，竟然展开强攻。

于是，子良的队伍就算跟国君的部队干上了。正在交手的时候，田家和鲍家的人马也到了，他们的主意也是把齐景公弄过去，可是因为后到，就成了子良的队伍攻打国君，田家鲍家的队伍救援国君了。

所以，有的时候并不是先到先得那么简单的。

一通混战，子良的队伍被内外夹击，抵挡不住，四散逃走了。

田家和鲍家的队伍一看，既然这样，咱们也就别抢国君了，就声称是来保护国君的算了。就这样，田、鲍两家的队伍索性驻扎在公宫之外，虽然实际上也等于挟持，但是看上去就是保护。

"咱们该帮谁啊？帮田家和鲍家怎么样？"晏婴手下的人悄悄问。

"他们哪点值得我们帮助啊？"晏婴反问。

"那，帮着子良和子旗？"

"他们哪点比田家和鲍家强啊？"

"那，咱们回家吧？"

"国君需要我们保护，怎么能回家？"

手下有些愕然，晏婴当初不为庄公死，难道要为景公死？为什么晏婴不肯回家呢？

首先，景公对他不错，而庄公对他看不上眼；其次，晏婴知道，现在很安全，不用担心会死。

很快，齐景公派人召请晏婴入宫。

"伙计，俗话说：不怕杀错人，就怕站错队。想不到，今天我也要站队了。两边这么打，咱们该站在哪边？"齐景公挺害怕，他急于站队。

"不碍，这次不用站队。"晏婴的态度，谁都不帮。

"不行不行，还是要站个队保险。依我看，田无宇比较实在，子良和子旗不地道，竟然还派人来攻打我。这样，我们站在田无宇这边吧。"

齐景公决定帮助田、鲍两家，晏婴没有阻止，他知道，现在不适合发表看法。

在相持了一个半月之后，决战开始了。

双方在临淄的稷门外展开决战，齐景公公开支持田家和鲍家。

双方兵力基本持平，战斗一开始势均力敌。但是很快，子良和子旗的部队崩溃了，原因很简单，因为整个都城的老百姓都在为田家呐喊助威，很多人扛着武器加入了田家、鲍家的阵营。紧接着，子良和子旗的队伍在庄地和鹿门又遭到老百姓的追杀，人马损失殆尽。

到了这个时候，子旗和子良真是连反扑的能力都没有了，怎么办？望了两眼家园，第三眼都没时间望，直接一路狂奔，逃往鲁国去了。

齐国实力最强大的两个家族，顷刻之间化为乌有。

子旗和子良两家崩溃，田家和鲍家乘势将两家的财产瓜分掉，并且准备瓜分两家的封地。

齐景公无可奈何，不过也说不上后悔，如果子旗和子良两家胜了，也是这样。

晏婴看不过去，于是来找田无宇。

"老田，子旗和子良两家的财产必须上缴给公家。谦让是德行的基础，是上等的美德。人都会争权夺利，但是靠争来的利益是不长久的，只有不忘义才是根本，才能够最终拥有利。你暂且放弃利，今后会得到更多。"晏婴对田无宇说。

"伙计，你说得对啊，我改，我改还不行吗？"田无宇说，他真的要改。

对于晏婴来说，他并不是真的要帮助田无宇，他只是想为齐景公讨回公道；但是对于田无宇来说，晏婴就是在帮助他，因为晏婴的话是正确的。

晏婴不想帮田无宇，却不得不帮；田无宇并不想放弃眼前的利益，但是为了长远的利益，他选择了放弃眼前的利益。

田无宇说到做到，立即将瓜分到的财产全数上缴给了公家。

如果仅仅是做到这一点，那就不是田无宇了。

田无宇派人前往鲁国，召请公子子山等十多个公子公孙回来，他们是十年前被子尾赶走的。田无宇把他们召回来，把子尾当初霸占他们的土地都还给了他们，还给安家费。除此之外，眼下还有些公子公孙没有封地，田无宇也从子旗和子良的地盘里给他们划分封邑。就连从前子旗和子良的党羽，田无宇也都妥善安排。

"大善人哪，君子啊。"整个齐国都在感谢田家，相反，鲍家全无反应，他们还沉浸在瓜分财产的喜悦之中。

到了这个时候，田无宇就满足了？到了这个时候，田无宇知道，还需要一个姿态。

"主公，我请求退休，回莒邑养老。"田无宇向齐景公提出请求，这一招叫作以退为进。

齐景公原本还在考虑是不是要让田无宇退休，还没考虑好，人家来要求退休了。

"退休？"齐景公一愣，这个时候，他必须从另外一个方向来考虑这个问题了。

首先,田家对自己很尊重,战利品都给了自己,一点儿都没留下,看上去,还是很忠于自己的;其次,田家现在名声正好,齐国人恨不得给他们编流行民歌颂扬田家。如果这个时候批准他退休,知道的说是他申请的,不知道的岂不说是我齐景公容不下人,陷害忠良?

"不行,国家需要你,你不能退休。"齐景公拒绝了,不仅拒绝了,还要把莒邑周围的地盘都给他。

"不行,我不能要,我坚决不能要。"田无宇也拒绝了。

高风亮节啊,这不就是传说中的高风亮节吗?

田无宇彻底让齐景公感动了,回到后宫,他忍不住把田无宇的高风亮节告诉了自己的老娘穆孟姬。

"孩子,不能让好人吃亏啊。"穆孟姬教导自己的儿子,想了想说,"那什么,高唐不是子旗家最好的地盘吗?给田无宇。"

有了老娘的指示,齐景公把高唐给了田无宇,不要也得要。

于是,这一年里,田无宇除掉了最强大的敌人,赢得了最广泛的赞扬,赢得了齐景公的信任,还得到了一块肥沃的地盘。

田家,正有条不紊地实施他们的跨代计划。

第二一九章

山 东 人 在 湖 北

子旗被赶走了，谁来担任相国？

"伙计，还是你来吧。"齐景公任命晏婴。

这一次，晏婴没有推辞。一来，除了自己，看不到合适的人；二来，两派争端已经结束，暂时看不到人身危险。

晏婴上任之后的第一件事就是出访，出访哪个国家？楚国。

按照和平大会的协议，齐国不用去朝拜楚国，也就是说，齐国可以不派人去楚国，为什么晏婴要去？晏婴已经看到了晋国的外强中干，晋国人是靠不住的，也是没有必要依靠的，那么这个时候，就有必要了解另一个超级大国楚国的情况，从而正确定位齐国在各国的位置，制定相关的外交和军事政策。

就这样，齐景公十七年（前531年），晏婴前往楚国访问，这也是历史上齐国对楚国最高规格的访问。

楚国人怎样对待这次访问呢？

"齐国人怎么想起来访问我们了？"楚灵王挺高兴，他对齐国人怀有一种说不清楚的感情，他很崇拜齐桓公和管仲，很向往传说中的齐国的繁华；可是他瞧不起齐国人的战斗力，总觉得齐国人有些软弱可欺。

根据楚国驻齐国地下办事处提供的背景资料，楚国人知道晏婴是齐国最贤能的人，伶牙俐齿，反应敏捷，不过，五短身材，看上去没什么威仪。

"整他。"楚灵王想了一个羞辱晏婴的办法，他觉得很好玩。

晏婴一行来到了楚国，远远望去，郢都高大雄伟，不愧是超级大国的首都。

楚灵王派出的官员早已在城外迎接，当天就住在城郊的国宾馆，第二天去见楚王。

第二天，楚国人派了车来接，直接进了外城。到内城，按惯例下车步行进入。

内城城门关着，这让晏婴有些奇怪，别的国家都是开门纳客，难道楚国是关门纳客？

来到门前，没有开门，也没人敲门，楚国官员带着晏婴沿着城墙走了十余步，这时候发现一个小门，从门的材料和颜色看，这是新开的门。门的高度还不如晏婴高，要走进去必须低着头。

"客人请进。"楚国人对晏婴说，旁边的人都忍不住笑。

"你先进。"晏婴假装客气。

"不好意思，你进去了，我们从大门进。"

晏婴现在彻底明白了，楚国人是看自己个子小，要用小门来羞辱自己。

晏婴笑了，这样小儿科的办法也拿来对付自己，楚国人太没想象力了。

"你这门的高度，也就是个狗门。如果我出使的是个狗国，那就从狗门进去；如果我出访的是个人国，那就从人门进去。来，你叫两声，咱们就进去。"晏婴说完，盯着楚国官员的嘴看，看他怎么叫。

"这……这……"楚国官员没话说了，没办法，带着晏婴回到大门，让人开了门，请晏婴进去。

楚灵王已经知道狗门的事情，看来第一计被晏婴轻松破解。

没关系，还有第二计。

晏婴拜见了楚灵王，分宾主坐下。

"晏婴先生，请问齐国是不是没人了？"楚灵王问，不怀好意地笑着。

晏婴已经领教了一招，想起此前听说的楚灵王是个无赖的传说，看来确实如此。如今这个问题出来，肯定还藏着什么后招，怎么办？见招拆招。

"大王，我们临淄有三百个居民小区，人口众多，那是'张袂成阴，挥汗成雨，比肩继踵'。人们拉起袖子来，那就是阴凉；大家一块儿挥汗，那就是一场中到大雨；街市上肩挨着肩，前脚打后脚。就这么多人，怎么说我们没人呢？"晏婴夸张了一下，反正楚灵王没去过。

挥汗如雨，这个成语就是晏婴发明的，见于《晏子春秋》。

楚灵王一听，知道这是忽悠。

"那，既然有这么多人，怎么偏偏派你这样的……"楚灵王说到这里，故意停顿了一下，从头到脚扫视了晏子一遍，然后摇摇头，笑着说，"来出使楚国呢？"

晏婴笑了，他知道楚灵王又在拿自己的身高说事儿。

"大王，我们齐国的规矩是这样的。好国家呢就派贤能的人去出使，流氓国家呢，派不成器的人出使。我这人不成器，长得很对不起祖宗，所以，就派我出使楚国了。不好意思，我们实在找不出比我还差的了。"晏婴说，脸上真还带出很抱歉的表情。

楚灵王又笑了，不过这次不是坏笑，而是开怀大笑。

"晏婴先生，我开始喜欢你了。"楚灵王说，他真的开始喜欢晏婴了。

前两计都没有成功，楚灵王还有第三计。

两人正在交谈，突然，两个小吏将一个人五花大绑押了进来。晏婴一看，知道又是冲自己来的，于是坐好了，看楚国人表演。

"这是什么人？"楚灵王故意问。

"一个齐国人，偷东西被我们捉住了。"小吏大声回答。

"哎哟，是你老乡。"楚灵王对晏婴说，然后大声喝问，"齐国小偷，你齐国哪里的？"

"伙计，俺是临淄的。"小偷用标准的临淄话回答，一边说，一边偷偷瞟晏婴一眼。

到这个时候，晏婴已经知道后面的台词了。

"晏婴先生，不好意思了，齐国人是不是都很擅长偷东西啊？"楚灵王问，台词跟晏婴设想的一样。

"大王，我听说啊，橘树种在淮南长出来的就是橘子，种在淮北，长出来的就是枳。叶子看上去一样，可是果实吃起来就完全是两种味道。这人在齐国不偷东西，可是到了楚国就偷东西，难道，楚国的水土让人比较擅长偷东西？"晏婴问，小心翼翼的。

"哈哈哈哈。"楚灵王大笑起来，他是真的太喜欢这个齐国小个子了，"圣人是不能拿来取笑的，我这反而自取其辱了。"

楚灵王就是这样的人，你软弱，他欺负你，你比他强，他佩服你。

楚灵王暗中对比了晏婴和叔向，叔向学识渊博，但是晏婴反应敏捷，相比较，晏婴更对自己的脾气。

"橘生淮南则为橘，生于淮北则为枳。"（《晏子春秋》）晏婴这句话流传至今，仍时时被人引用。

楚灵王这人就这样，当真心佩服一个人时，就会真心对待你。

现在，在楚灵王看来，世上最值得交往的就是晏婴了。

从那之后，晏婴在楚国被奉为上上宾，享受最高等级的接待。楚灵王连日设宴招待，大夫也都想来凑个热闹，设个家宴之类，竟然都排不上队。

这一天，又是楚灵王设宴。恰好南边的橘子送到了，金灿灿的，皮薄肉嫩，楚灵王舍不得吃，拿来与晏婴分享。

盘子，刀，还有橘子。

"来，晏婴先生，尝一尝。"楚灵王热情待客，自己还没有尝，先递给晏婴一个。

晏婴有点发蒙，橘子不是没吃过，不过都是吴国进口的。眼前这东西看上去像橘子，可是又不完全像，究竟是什么？又不好问。

摸一摸，皮还挺薄，难道是楚国的苹果？

晏婴拿起来，咬了一口。咬下去的时候，晏婴知道错了，这肯定是橘子。

果然，楚灵王笑了，不过是很善意的笑。

"先生，橘子要剥皮啊。"楚灵王说，丝毫没有嘲笑的意思。

晏婴扫了一眼盘子里的刀，他知道是自己错了。不过，他不会认错的。

"大王，我听说啊，国君赐给的水果，瓜桃不削皮，橘子柚子不剥皮。如今大王您给我的橘子，虽然我也看见刀了，可是您不下令，我也不敢剥啊。不就是橘子吗，我还不知道剥皮吗？"晏婴这段，纯粹强词夺理。不说没有这个规定，就算有，晏婴的性格也不会遵守。

楚灵王瞪大了眼睛，赞叹道："看人家齐国人，干什么都这么讲规矩，对国君总是这么尊重。"

451

从楚国回到齐国，晏婴把楚国的情况向齐景公做了汇报，大致是楚灵王蹦跶不了多久，不用理楚国的意思。

"哈哈哈哈，太好了。"齐景公非常高兴，尤其是听晏婴讲几个小故事的时候，"来来来，别回家了，我请你喝酒。"

现在，齐景公喜欢喝酒，他有三个酒友。通常，酒友就是最亲密的大臣。这三个人，一个是晏婴，一个是田无宇，还有一个是梁丘据。跟这三个人喝酒，原因却是不一样的：跟晏婴喝酒，是因为他见多识广，说话直率；跟田无宇喝酒，是因为他慷慨大方，常常有好东西拿来助兴；跟梁丘据喝酒，是因为他能说会道，能忽悠会奉承。

三人之间的关系也有些玄妙，在晏婴看来，田无宇属于不怀好意，看上去对齐景公挺好，实际上盯着齐景公的国家，所以他不会真正帮助齐景公。对于田无宇，要时刻提防。而梁丘据就是个弄臣，专门陪着齐景公吃喝玩乐，也起不到什么好作用。

在田无宇看来，晏婴表面上和和气气，实际上总想着帮齐景公对付自己，所以要找机会收拾他；而梁丘据陪着齐景公吃喝玩乐，对自己不是坏事。

梁丘据没别的本事，就能哄齐景公高兴，他很佩服晏婴的才能，也很羡慕田无宇的财产，因此，他很想巴结晏婴和田无宇。

来看看明争暗斗的情况是怎样的。

这一天，齐景公请晏婴喝酒。晏婴对喝酒的兴趣不大，不过一来是国君请喝酒不好不来，二来呢，喝酒的时候正好能沟通，所以，只要可能，晏婴都来。

可巧，这天田无宇和梁丘据都没有来。

机会，机会来了。

酒过三巡，齐景公就问了。

"相国，治理国家最怕的是什么？"齐景公问，问这类事情，当然是问晏婴。问国家又来了什么新鲜玩意儿，那得问梁丘据；问越国有什么特产，那就问田无宇。

"怕什么？怕社鼠和猛狗。"

"什么是社鼠和猛狗？"齐景公觉得有点儿意思。

"主公，这可不是我发明的，这是管仲发明的。"晏婴首先声明这不是自己的发明，一来齐景公敬仰管仲，二来省得齐景公以为自己在攻击别人，"土地庙是木结构，木头外面呢涂上泥。老鼠躲在土地庙里，用火熏怕引起火灾，用水灌呢又怕把泥给冲掉。所以你怎么也杀不掉它们，这些就叫社鼠。国家也有社鼠，就是国君左右这些人，他们对内蒙蔽国君，对外卖弄权力。不杀他们，他们就会祸害国家，杀他们呢，国君又会庇护他们。宋国有一个卖酒的，酒很好，杯具也收拾得很干净，幌子也做得很大，可是酒就是卖不出去，直到酒都放酸了。他很奇怪，就问邻居是怎么回事。邻居就告诉他：'你家的狗太凶了，人家来买你的酒，你的狗就上去咬人家，谁还敢来？'国家也有猛狗，就是某些当权的人。有贤能的人想来为主公效力，可是某些当权的人就迎上去咬人家。左右像社鼠，某些当权者像猛狗，有才能的人就不能被国君任用，国家怎么能治理好？"晏婴借题发挥，社鼠就指梁丘据，猛狗就指田无宇。

齐景公边听边点头，他知道晏婴指的是谁，不过他不这么认为。

不管怎样，晏婴有机会就给齐景公洗脑。

田无宇也不是善类，他知道晏婴常常借机攻击自己，因此只要有机会，他也会借机攻击晏婴。

这一天又是喝酒，在城郊的别墅。田无宇先到，于是和齐景公先喝起来。

过了一阵，晏婴才到。因为是在城郊别墅，车就直接赶进了院子。

"主公，今天要罚晏婴的酒。"田无宇对齐景公说，半开玩笑半认真。

"为什么？"

"你看看他，穿着劣质的衣服，赶着一辆破车，驾着四匹劣马，这是隐蔽了主公的赏赐啊，让天下人以为主公对臣下很吝啬。"田无宇说，听着挺有道理。

"哦，就是就是。"齐景公也觉得有道理。

晏婴下了车，过来叙了礼，入了座。

这时候，斟酒的人就端上了酒，对晏婴说："相国，主公命令罚您的酒。"

"为什么？"晏婴觉得奇怪，虽然来晚了，可是事先请过假了啊。

齐景公没有说话，看看田无宇。

"相国，主公给你高官厚禄，朝中没人比你级别高，没人比你俸禄高。可是你看看你现在这身打扮，破衣烂衫，破车老马，知道的你是齐国的相国，不知道的以为你是进城的农民。你这是隐蔽了主公的赏赐，所以要罚你的酒。"田无宇笑着说，看上去像开玩笑。实际上，没安好心。

晏婴离开了座位，对齐景公说："酒我喝，不过我有话说。主公，我是先说话后喝酒，还是先喝酒后说话？"

"那，先说吧。"齐景公说，他倒没想太多。

"主公给我高官，我接受了，可不是为了显摆，而是为了更好地为国家工作；主公给我钱财，我不是为了富有，而是为了传布主公的赏赐。如果说我接受了高官的位置和钱财的赏赐之后，却不能做好自己的工作，那就应该受到处罚。如果国民流离失所，大臣生活无着，那是我的过错；如果战车破旧，兵器不足，那是我的过错。至于坐旧车来见主公，那不是我的过错。再说了，主公给我赏赐，我父亲这一边的亲戚都有车坐了，母亲那边的亲戚都丰衣足食了，丈母娘那边的亲戚都脱贫致富了，还有上百个没有职位的读书人靠着我的钱养家糊口。这，怎么能说我隐蔽了主公的赏赐呢？我这不是在彰显主公的赏赐吗？"晏婴一番辩白，有理有据。

田无宇虽然还是面带笑容，但已经很勉强。

"哈哈，说得好说得好。老田，看来，该罚你的酒。"齐景公现在转过头来要罚田无宇。

"该罚该罚，来来，给我满上。"田无宇笑呵呵，喝了罚酒。

表面上，大家和和气气，有说有笑。实际上，早已是一番交锋。

身为相国，晏婴有封邑还有高薪，可以过上非常富足的生活。不过正如晏婴自己所说，他的财产都用来周济亲戚和读书人了，自己的生活很节俭，节俭到什么地步呢？

先看看吃什么。

晏婴的正餐是这样的：主食是去了皮的小米，菜是三只小鸟、五个鸟蛋和菜薹。作为一个国家的相国，吃成这样，确实寒酸得很。这些饭菜，仅仅够晏婴吃饱。

有一天中午，齐景公派人去晏婴那里送文件，正赶上晏婴准备吃饭。

"哎哟，没吃吧？"晏婴问，使者平时也都挺熟的。

"哈，没有呢。"

"那来随便吃点儿吧，否则等你回去也太晚了。"晏婴挺热情，把自己的饭菜分了使者一半，鸟蛋给了三个。

使者不好拒绝，只好吃了。吃完之后，觉得没吃饱，再看晏婴，正在那儿舔盘子呢。

使者回到宫里，把事情跟齐景公说了。

"嘿，怎么穷成这样啊？饭总得吃饱啊。"齐景公立即派人，把一个千户的大邑封给晏婴。

晏婴接受了吗？当然没有。

"主公给的赏赐已经很多了，我一点儿也不穷，只不过我都用来周济亲戚朋友和救济穷人了。我听说，君主给的赏赐越多，那么我给别人的也就越多，就成了代替国君给百姓施恩了，这样是不对的；如果我不给别人，自己收藏起来，我死了之后，也是别人的。所以，不要再给我了。"晏婴看得很开，顺便还用"代替国君给百姓施恩"来攻击了田无宇一番。

　　使者走了三趟，晏婴拒绝了三次。最终，齐景公没有坚持下去。

第二二〇章

鸟 飞 狗 死

晏婴治国，多半采用当年管子的方法。对于管子，不仅仅晏婴，整个齐国都佩服得五体投地。

"伙计，当初管子执政，可是富可敌国，吃香的喝辣的，不是带领齐国称霸天下？你为什么就一定要勤俭节约呢？"齐景公怎么也想不通晏婴为什么这么安于清贫。

"婴闻之，圣人千虑，必有一失；愚人千虑，必有一得（《晏子春秋》）。这或许就是管子的所失、我的所得呢？"晏婴早就想过这个问题，从容回答。

智者千虑，必有一失；愚者千虑，必有一得。这句话，来自这里。

452

晏婴吃得不行，穿得怎么样？普通的齐国人都比较讲穿，饿着肚子也要穿个样子出来，晏婴难道省下饭钱买衣服了？

《晏子春秋》记载："晏婴相景公，布衣鹿裘以朝。"

晏婴的布衣是哪种布衣呢？十升之布。春秋时宽二尺二的布幅，经线用八十缕，叫作一升。十升即八百缕，这是非常粗疏的布了，放到今天，基本上就是透视装。麑裘是什么？鹿皮大衣？没那么好，"麑"那时候通"粗"，麑裘就是粗劣的皮衣。那时候的布都是麻布，因此配以皮衣是必要的。

晏婴上朝就穿了这么一身破旧的服装，弄得同僚们都不好意思穿得太好了。

"伙计，把这件狐皮大衣，还有这顶豹皮帽子，都给相国送去，换个形象。"齐景公实在看不过去了，派梁丘据给晏婴送去。

这套衣帽，市值千金。

梁丘据送到了晏婴家里，不出意料，晏婴谢绝了。梁丘据知道自己也劝不动晏婴，只得又拿了回来。

齐景公也猜到了这套衣帽会被拿回来，不过，他也想好了说辞。

"这样，你再跑一趟，我教给你怎么说。"齐景公把自己想好的说辞对梁丘据讲了一遍，梁丘据觉得挺好，这回晏婴恐怕不能拒绝了。

梁丘据高高兴兴地又来到了晏婴家里。

"不是说了不要吗，怎么又拿回来了？"晏婴问他。

"相国啊，这同样的衣服和帽子是两套，主公给了您一套，主公留了一套。主公让我告诉您，您要是不穿，主公也不穿。我看，您就收了吧。"梁丘据笑嘻嘻地说，他觉得这个理由非常充分了，晏婴一定会接受。

"那我更不能要了。"晏婴脱口而出，"你想想，主公在上面穿着这身衣服，我在下面穿着一样的，那不是乱了套了？不行，你拿回去。"

梁丘据想想，晏婴说得也有道理啊。

没办法，梁丘据又给拿了回去。

最终，晏婴也没接受这套衣帽。

吃穿住都很差，晏婴出行的马车同样很差。齐景公也同样让梁丘据给晏婴送去了自己用的车马，结果也同样，晏婴拒绝了。

但凡君主，没有一个不是好酒色好玩乐的，齐景公自然也是这样，吃喝玩乐是他的主要功课。不过，齐景公还算有点儿志向，偶尔会想起祖先的霸业来。齐景公有一个最大的优点：厚道。他早就看出来晏婴是个贤能无私的人，因此对晏婴很重用也很尊重，格外地宽容。

晏婴自然知道齐景公对自己的信任，因此他对齐景公也是知无不言。

齐景公不算暴虐，但是对老百姓确实不好，赋税很重而且不停地修建宫室，百姓的生活并不富足。晏婴无法改变这一切，但是，他会尽量为老百姓谋些福利。

通常，晏婴对齐景公说话都是直来直去，但是有的时候必须讲究策略。

对付齐景公，晏婴还是颇有心得的。

齐景公跟齐桓公有很多相似之处，譬如，都喜欢喝酒。酒喝多了，难免胡说八道，也难免误事。

有一次，齐景公请大夫们喝酒，喝得天昏地暗，日月无光，齐景公喝得十分兴奋。

"伙……伙计们，今天喝……喝得高兴，大……大家别拘泥于礼……礼节。放……放开了，爱咋样就咋……咋样。"齐景公话也说不利索了，他的意思，就是让大家别讲什么君臣礼节了，狂喝到醉。

晏婴一听，变了脸色。

"主公说得不对。人和禽兽的区别就在于人是讲礼的，你让大家不讲礼，那不是成禽兽了？不行，喝得再高兴，也不能乱了秩序。"晏婴立即反对。

"没……没……没那么严重。"齐景公正喝得高兴,没把晏婴的话当回事。

虽然齐景公放了话，可是大夫们一时半会儿也还放不开。

"我……我去撒泡尿。"齐景公内急，起身去解决问题。

国君要撒尿，虽然不是件大事，可是好歹也是件事。内侍上来搀扶，大夫们也都起身相送。可是，只有一个人端坐不动，谁？晏婴。

齐景公撒了一泡尿，顺便用热毛巾擦了一把脸，有点儿清醒过来。

回到酒席，大家也都赶紧起身相迎。只有一个人还是端坐不动，谁？还是晏婴。

齐景公平安撒尿归来，大夫们都举杯表示祝贺，按着规矩，国君先喝，大家再喝。可是晏婴不管这些，只管自己喝起来。

这下，齐景公忍不住了。

"晏婴先生，你忘了你平时教我要懂礼守礼吗？可是你也太无礼了。"齐景公很不高兴，强压着火说。

"主公，我怎么会忘记呢？主公刚才说让大家不要守礼，我现在就演示给您看看。"晏婴回答。

"噢。"齐景公明白了，这是晏婴在用这种办法规劝自己。

从那之后，齐景公再也没有说过要大夫们不要守礼的话了。

齐景公喝酒没有节制，有一次一连喝了七天七夜，还要继续喝，谁也劝不住。

有个大夫叫作弦章，是个有正义感的大夫，看到齐景公这样喝酒，于是来劝。

"主公，请您不要再喝了。您要是再喝，就请杀了我。"弦章进谏的方法比较独特，刀拔出来，往桌子上一放。

齐景公虽然喝得天昏地暗，可是刀往桌子上一放，还是吓了一跳，酒有些醒过来。看着弦章，齐景公竟然有些不知所措。

正在这个时候，晏婴来了。

"夫子，正好你来了。弦章说了，我要是继续喝酒，就让我杀了他。你说其实我也不想喝了，可是如果现在不喝的话，好像是受了他的胁迫似的；可要是继续喝吧，我又不忍心杀他。我现在是两难了，你说说该怎么办吧。"

齐景公如同看见了救星一般，等着晏婴来解决问题。

晏婴听完，看看桌子上的刀，然后对着弦章说："老弦啊，真是你运气好，遇上这么知道爱惜大臣的国君。你要是遇上桀、纣这样的国君，你不是早死好几回了？"

齐景公一听，乐了。

"好嘛，我要是杀了弦章，那不是就成桀、纣了？算了算了，我服了，不喝了行不？"齐景公给自己找了个台阶，算是停止了喝酒。

从那以后，齐景公对弦章另眼相看，因为他心里明白谁是真心为他好。

虽然劝住了齐景公喝酒，但是这样的招数可一不可二。所以，过了一阵儿，齐景公还是照样喝，而且更加放纵。

这一年雨灾，连下了十七天雨，很多人家被雨淋坏了房子，或者被大水淹了。晏婴请求紧急救助灾民，连续请示了三次，齐景公都只管喝酒，不肯救灾。不仅不救灾，齐景公还派人出去找歌手，去给他唱歌助兴。

晏婴这下火了，他立即安排家人把家里的粮食拿去救济灾民，自己则徒步去公宫找齐景公。

"伙……伙计，也来喝两杯？"齐景公正喝得欢，还有歌星助兴，看见晏婴，邀请他入席。

"主公，到今天已经是连续十七天下雨了，多少人家流离失所，多少人家饥寒交迫。可是您还在这里酒照喝歌照唱。既然这样的话，老百姓还要你这个国君干什么？我作为一个相国，既不能救百姓于水火，也不能避免百姓对你的怨恨，所以我很失职，我尸位素餐，我……我没脸干下去了。我特地来跟主公告辞，我回乡下种地去了。"晏婴说完，也不等齐景公回答，转身就走。

齐景公拼命摇晃了几下脑袋，总算想明白了晏婴说了些什么。

"哎呀妈呀。"这下，齐景公酒醒了。

齐景公腾地站了起来，追出门外，一直追到大路上，愣是没追上晏婴。

正是：别看个子矮，走路还挺快。

"赶紧，回去套车。"齐景公站在雨地里，任雨水淋湿自己的头发，现在他的酒已经完全醒了，也体会到了被雨淋的滋味。

很快，梁丘据醉醺醺地驾着车就出来了，因为是酒后驾驶，车不是太稳，而齐景公没等车停稳，就已经跳上车。

齐景公一直追到了晏婴的家，这才发现晏婴家里正在分粮食赈济灾民，一问，说晏婴没有回来。去哪儿了呢？

"赶紧出城，他肯定往封邑去了。"齐景公还算了解晏婴。

齐景公总算在城外的大道上追上了晏婴，齐景公不等车停稳，从车上跳了下来，一把揪住晏婴的袖子。

"相国，我听你的还不行吗？跟我回去吧，我不能没有你，齐国不能没有你，齐国人民不能没有你啊。"齐景公认错态度很诚恳，早干什么去了？

既然有了这样的承诺，晏婴也就没有一定要走的必要了。

之后的三天，晏婴集中精力救济灾民，打开粮仓国库，该赈粮的赈粮，该发救济金的发救济金。这三天时间，齐景公没有喝酒没有歌舞，以表达自己的诚意。

453

齐景公有八个宠臣，段子讲得好，酒令也行得好，马屁拍得更好，齐景公非常喜欢他们，于是决定赏赐他们。具体的赏赐办法是：前三名赏粮食一万钟，其余赏粮食一千钟。

齐景公的命令下达到了职计那里，职计是干什么的？大致相当于国库主管。命令下了，可是国库主管拒绝执行。连续下了三次命令，连续三次被顶回来。

"嘿。"齐景公有点儿诧异了，这管仓库的胆子也太大了。

"去，把他们炒了。"齐景公派人去命令士师免掉国库主管的职务。

士师是干什么的？组织部部长？错，组织部部长是管大官的。士师大致相当于劳动人事部部长，本身级别低，而且是管小官的。

士师假装没听见。

齐景公连续派人去了三次，结果还是没有用。

齐景公蔫了，他想把士师也给炒了，可是又很犹豫。首先，士师是田无宇推荐的人，轻易还不敢得罪田无宇；其次，齐国从管仲时代留下了规矩，要炒士师，必须相国同意，也就是说，只能晏婴来炒。

正在郁闷，晏婴来了。

"相国啊，我这日子没法过了。"看见晏婴，齐景公几乎快要哭出来了。

"怎么回事？"晏婴心想，你整天吃香的喝辣的还有美女抱，你这日子都过不下去，别人不是更活不了了？

齐景公把事情大致说了一遍，然后说："我听说当国君的，喜欢谁就能让谁升官发财，不喜欢谁就能让谁卷铺盖滚蛋。你看看我现在，说话都没人听了，我，我这国君当得还有什么意思啊？"

晏婴听完，皱了皱眉头。

"主公，国君公正而臣下顺从，叫作顺；国君乖僻而臣下顺从叫作逆。如今您要奖赏无功之人，如果臣下服从的话，那就是逆了。古人奖赏自己所爱的人，是为了给世人树立一个榜样；惩罚所憎恶的人，是为了警诫世人。所以，古人所爱的人，一定是对国家有贡献的；古人所憎恶的，一定是对国家有危害的。如今您倒好，顺着你的你就爱他，不顺着你的你就恨他。你所要奖赏的几个人都是陪你吃喝玩乐的，引导你祸害国家的东西，他们被奖赏，就等于树立了坏的榜样，全国人民都会跟他们学，如此下去齐国离亡国也就不远了。如今职计和士师都不听你的，那都是在帮你，你还生气？您偷着乐去吧。"晏婴劈头盖脸，把齐景公痛斥一顿。其实，晏婴还有话没有说出来，那就是田家现在拼命笼络人心，你这样做不等于把老百姓都推给他们吗？

现在再看齐景公，也不生气了，也不窝火了。

"夫子说得对，说得对，我改，我改还不行吗？"齐景公倒没有想到田家的关系，但是他知道晏婴的话都是正确的。

第二天，齐景公开始清理国家歌舞团，赶走的赶走，降薪的降薪，还有吃空饷的也都清除掉。

齐景公喜欢打猎，这一点跟齐桓公又非常像。

这一天，齐景公带着人去郊外打猎，突然看见树上站了一只大鸟。

"别出声，我要射鸟。"齐景公拈弓搭箭，闭上左眼睁大右眼，瞄准了大鸟。

射了一辈子鸟，齐景公一次也没射中过，今天的感觉特别好，就觉得历史要改写了。

可是，历史往往在瞬间被改变。就在齐景公手中的箭要射出去的一刹那，突然，就听得不远处一声大喊，随后是歌声传来。

"嘿，妹妹你大胆地往前走啊，往前走，莫回呀头。"一个野人吼着情歌，从树林里走了出来。

齐景公吓得一哆嗦。

鸟，飞了。

平生最好的一次射鸟的机会就这么失去了，齐景公气得脸色发白。

"把这野人给我抓起来。"齐景公大声叫着，手下扑了过去，将刚才还在唱情歌的野人捉拿归案。

齐景公也没心思继续打猎了，命令班师回朝。回来之后，第一道命令就是把这个惊动了鸟的野人给砍了。

晏婴听说了这件事情，急忙来见齐景公。

"我听说赏无功叫作乱，杀无知叫作虐。人家野人不过唱唱情歌，不知道主公在打鸟啊。再者说了，鸟又不是您家养的，人家把鸟吓走了，那跟您有什么关系？您凭什么杀人家啊？"晏婴真是不给面子，不过说的都是真话。

齐景公想了想，本来他也知道随意杀人是不对的，如今晏婴来阻止，那肯定是不能杀了。

"算了，别杀了，放了他吧。"没办法，齐景公把人给放了。

虽然说放了野人，齐景公的心情还是不好。

第二天，晏婴有事来找齐景公，正说着，手下来报。

"主公，噩耗噩耗。"来人慌慌张张，晏婴一看，什么噩耗？晋国人打过来了？

"什么噩耗？"齐景公问。

"龙哥死了。"

"啊，怎么死的？"

"也不知道怎么死的，吃着吃着饭，眼一闭腿一蹬嘴一歪扑通一声倒在地上就薨了。"来人说得挺形象，晏婴心想这龙哥是谁啊，怎么还薨了？

"哎哟，气死我了，派人去把养马的马官给我抓起来，我，我要肢解了他。"齐景公的眼泪都快流出来了，够伤心的。

到这个时候晏婴才算明白，原来这龙哥就是一匹马，齐景公的爱马。如今是爱马暴毙，齐景公一怒之下要把养马的马官杀人碎尸。

晏婴并没有急，也没有生气，他笑了笑，然后问齐景公："主公，我想问问，当初尧、舜肢解人的时候，是从哪里开始的？左边第三根肋骨？"

齐景公一愣，这倒真没有想过；一想，知道晏婴又是在讽刺自己了，尧、舜什么时候肢解过人啊？

"从哪儿开始的？从我这儿开始的。"齐景公竟然玩了一把自嘲，但是他还是不解气，不能肢解养马的，也要想别的办法收拾他，"那，把他投进大牢里。"

晏婴一听，又笑了。

"把他关进大牢，总要让他知道自己犯了什么罪吧？来人，把这人给我抓来，我当面宣布他的罪名。"晏婴这一次竟然帮助齐景公，让齐景公也感到有些意外。

不一会儿，马官被抓了过来，战战兢兢地跪在地上，不敢说话。

"你听着，你有三条大罪，我现在把你的罪名告诉你，让你死也甘心。主公让你养马，结果你把马给养死了，这是第一条罪。"晏婴开始宣布罪状。

齐景公一听，这一条有道理。

"养死的马还是主公最喜欢的马，这是第二条罪。"晏婴继续。

齐景公再一听，这跟第一条不是一样吗？

"你养死了主公的马，结果让主公因为马而杀人，必然导致老百姓对主公抱怨，诸侯对主公轻视。就因为你养死了马，让主公失去民心，失去诸侯。这一条罪状更大。因为这三条罪状，你该被杀死，现在先把你关进大牢，你服气吗？"晏婴列了三条罪状，然后问马官。

马官还没敢出声，齐景公说话了："哎，算了算了，算我倒霉，你走吧，没你的事了。"

虽说放了马官，齐景公的心中还是很不爽。

俗话说：福无双至，祸不单行。

齐景公最喜欢的马死了没几天，最喜欢的狗又死了。

"这个狗官，哼。"齐景公对狗官很不满，不过想想前几天刚刚放过了马官，现在也不好拿狗官怎么样。

既然不能杀狗官泄愤，没办法，齐景公决定缅怀一下狗，同时也羞辱一下狗官。

齐景公命令狗官给狗买来了一具棺材，要郑重为狗下葬，级别为大夫级。

下葬之前要先祭祀一番，这任务又交给了狗官。

狗官很难受，太没面子了。

晏婴听说这事，又来了。

"那什么，小事一桩，给身边的弟兄开开心而已。"齐景公急忙说，怕晏婴说他。

"君过矣。"晏婴既然来了，当然是要说的，"夫厚籍敛不以反民，弃货财而笑左右，傲细民之忧，而崇左右之笑，则国亦无望已。且夫孤老冻馁，而死狗有祭；鳏寡不恤，而死狗有棺。行辟若此，百姓闻之，必怨吾君；诸侯闻之，必轻吾国。怨聚于百姓，而权轻于诸侯，而乃以为细物，君其图之。"（《晏子春秋》）

什么意思？简略翻译：齐国的税赋负担天下第一，但是收的税不用在老百姓身上，反而铺张浪费来取悦你身边的人。这是只顾自己吃喝玩乐，不管老百姓死活啊，国家还有什么希望？老百姓有的冻死街头，可是你的狗竟然受到祭祀；老百姓死了无力埋葬，可是你的狗竟然有棺材，你这不是变态吗？老百姓怎么能拥护你？诸侯怎么能瞧得起你？你说这是小事，这难道是小事吗？

晏婴是真的很愤怒了，说话的声音越来越高，语调也越来越严厉。

"我，我改还不行吗？"齐景公认错了。

后来的历史证明，大凡税赋负担第一的国家，都不会把钱用在老百姓身上。

第二二一章

丧 家 犬 难 斗 地 头 蛇

　　诸侯国内卿大夫实力强大，诸侯本身被架空，国家被卿大夫瓜分。诸侯国的权力斗争已经如火如荼，那么，周朝王室呢？地方乌烟瘴气，中央能够独善其身吗？尽管这个中央早已只是个空架子。

　　事实上，王室名义上还是最高领导，但已经沦落为一般小诸侯的实力。鉴于历史原因，他们既无力扩张也不必担心受到别国侵略。

　　管子说："没有外患，必有内忧。"

　　所以，王室也面临诸侯国同样的问题。

　　正是，世道循环，生生不息。

454

　　当初周平王东迁，周、召、毕、毛等各大宗族随行，辛辛苦苦积攒几百年的家业就这么一朝泡了汤。到了洛邑之后，各大家族虽然分田分地分房，可是家业和从前已经不可同日而语了。而且，不管怎么说也是外来户，根基不牢。

洛邑周围，原先封了七家甸内侯，什么是甸内？就是伟大首都之内的地盘，类似如今北京市的昌平。这些甸内侯都是周朝宗族，不过都是些小宗族，他们就算这里的土著地头蛇。周平王初来乍到，原先的大宗族是没办法依靠的，只能依靠这些小宗族。好在小宗族们都表现得不错，出房子出地出祭品，总之，出了许多力。

"寡人好生感动，我在这里答应你们，今后你们世世代代继承爵位，而且在朝廷有职位。"周平王很感动，立马给了回报，其中，出力最大的单、刘两家擢升为公爵，与周公召公毕公毛公等同级。

所以，领导有困难，一定要挺身而出。

从那之后，这七个小宗族在东周的实力越来越强，反而周公召公等传统大宗族一蹶不振。

斗争，在大宗族和小宗族之间展开了。

这是一场丧家犬和地头蛇之间的斗争。

向后看历史，东晋有过同样的问题，南逃的北方贵族和江南的南方土著贵族之间同样存在这个问题。不过，双方后来通过联姻的方式实现融合，比较好地化解了矛盾。并且那时候北方威胁巨大，双方也只能同舟共济。

可是，大宗族和小宗族之间恰恰缺少这两个调和剂。首先，大宗小宗都是王室宗族，都姓姬，同姓不婚，所以永远没有交合点。其次，四周的诸侯都不来侵扰王室，没有共同的敌人，大宗族和小宗族之间也就失去了同舟共济的外部压力。

后来同姓的人套近乎，常常说"五百年前是一家"，其实很可笑，这说明五百年来两人都没什么关系，而且今后也不会有什么关系。倒不像异姓的，不管从前是不是一家，今后是有可能成为一家的。

小宗族中实力最强的是单家和刘家，顺便就说说这两个姓的来历。

周文王的时候就有单姓大臣，为当时的林业官员。后来周成王的小儿子姬臻被封在单邑（今河南孟津），为甸内侯。后来，单姓以姬臻为始祖。

刘姓最早出于祁姓，也就是士会的儿子这一支（见第三部第九十四章），这一支是陕西刘氏。不过，还有一支刘姓出于姬姓。周成王封文王弟弟的后人在刘邑（今河南偃师），同样是甸内侯，这一支刘姓是河南刘氏。

周平王东迁，单家和刘家出力最大，在周平王那里红得发紫，再加上这里原本就是他们的地盘，因此在王室的影响力越来越大，两大家族的势力也越来越大。

此外，甘、原、成、伯、巩等五家也都是这样，原本都是周朝宗族，被封在洛邑一带为甸内侯。

到周桓王时期，虽然立了庄王为太子，却很喜欢小儿子王子克，于是将王子克托付给周公黑肩辅佐。到周桓王驾崩了以后，周庄王继位，怎么看怎么觉得王子克别扭，平时冷嘲热讽，没什么好脸。

周公黑肩看在眼里，思忖对策。对策一，疏远王子克，这样可以保住自己；对策二，联合各个大宗族，共同废掉周庄王，立王子克为王，之后趁机铲除那些小宗族。

算来算去，周公黑肩觉得对策二是上策。于是，周公黑肩暗中联络几大宗族，准备动手。

这边周公黑肩和王子克在准备，那一边小宗族早听到了风声，几家一商量，觉得这是一场危机——危险的机会，虽然危险，却是个机会，彻底打垮大宗族的机会。

于是，辛伯悄悄地去周庄王那里告密，并且表示各家小宗族都紧密团结在周王的周围，为了周王的利益而共同奋斗。周庄王本来就看王子克和周公不顺眼，这下有人来告密，有人来帮忙，为什么不早早下手呢？

既然下了决心，后面的事情都是老套路。

周庄王三年（前694年），周庄王和小宗族们安排了一场宴会邀请周公黑肩，结果宴会上就动手了，把周公黑肩给砍了。王子克听说之后，立马出逃到了南燕国。

周公黑肩被杀，大宗族损失惨重。虽然周公的爵位继续世袭，但封地小了很多，权力也小了很多。而召公、毕公、毛公等大宗族同时受到打击，其中毕家取消世袭，毕万后来不得不流落晋国，做了晋献公的大夫，后来封在魏，才有了魏家。

在这之后，王室又经历了王子颓之乱和王子带之乱，背后都能看到大宗族和小宗族之间的斗争。

周公家族虽然得以存在下来，可是生存环境变得十分糟糕，只能在夹缝中屈辱求存。到周简王六年（前580年），周公楚实在是难以忍受，于是携带家族，逃亡到了晋国。

至此，周朝大宗族周召毕毛四大家族结束了他们的历史使命。

大宗族纷纷被取消世袭或者苟延残喘，小宗族完胜，是不是斗争就不复存在？

当然不是。

小宗族强势，世袭爵位和职位，还有地盘。可是，王室的地盘就那么大，小宗族们都占了，王子王孙们就惨了，王子们好歹能分几块地，王孙们就基本上成了士，没有一点儿安全感，更别说优越感了。

斗争，永远不会结束。

周简王崩了之后，儿子周灵王继位。周灵王在历史上有一点很著名，就是生下来就长着胡子。

此时，王族与小宗族之间的斗争日渐公开。

王族的首领是王叔陈生，周灵王的叔叔。而小宗族这边，是单襄公、刘定公以及伯舆为首，与王族进行斗争。

王叔陈生仗着自己是周灵王的叔叔，公然与小宗族争权。恰好单襄公去世，卿士的位置腾出来一个。

"大王，咱们就两个卿士，一直都是那几家轮流来做，怎么说我们王族也该轮到一次了吧？我也要当这个卿士。"陈生借着机会，也算是据理力争，要当卿士。

单襄公的儿子单顷公这时父亲刚去世，也不好来争，没办法，只好把卿士的位置腾给了王叔陈生。原先的两名卿士是单襄公和伯舆，单襄公排位靠前。现在则是伯舆排位在前，王叔陈生排在第二。

尽管没有能够排位第一，陈生能够成为卿士，已经是王族的一大胜利了。

455

周灵王四年（前 568 年），晋国境内的戎人部落来骚扰周朝王室，于是周灵王决定派人去晋国投诉。

"那什么，老单走一趟吧。"周灵王的意思是派单顷公去。为什么派他去？因为这时候的晋国国君是晋悼公，跟单家的关系很亲近。

单顷公准备答应了，谁知道这个时候有人主动请缨了。

"大王，这不行啊，跟晋国打交道，怎么也要去个卿士啊，让我去吧。"王叔陈生主动要求去，他的算盘打得很清楚：借着出差的机会，跟晋国搞好关系，今后还可以寻求晋国的支持。

"王叔说得有理，那就王叔去吧。"单顷公并没有跟他争。

既然一个想去，另一个没意见，周灵王当然也没意见。

王叔陈生心里暗自高兴，心想你姓单的真是没头脑，竟然没有看出我的妙计来。

单顷公心头也是暗自高兴，他要让王叔陈生看看到底谁才应该是王室的卿士。

王叔陈生高高兴兴地来到了晋国的首都新绛。

"为我通报，我是王室的卿士王叔陈生，特来贵国见你们国君。"王叔陈生小小地端了王室的架子，按理，各国来人都是先通报晋国八卿，然后八卿安排与国君会见，王叔不管这一套，直接去见晋悼公。

"不好意思，请先去国宾馆报到，会有人安排。"

王叔陈生迎头碰了一颗钉子，倒也无所谓，住进了晋国的国宾馆。

当天晚上，有人登门拜访了，谁啊？新军元帅士鲂。说起来，士鲂当年曾经去洛邑迎请过晋悼公，因此王叔陈生倒认识他。

"看人家晋国，做事效率就是高。"王叔陈生一阵感慨。

效率虽然不低，可是态度不是太好。

"那什么，你就是王叔陈生？"士鲂兜头就问，既不行礼也不问候。

王叔陈生一看，这位也太没礼貌了，理论上说，我比你们国君还高半级呢。

理论归理论，可是这世界认的是实力。

"啊，对，我就是。"王叔陈生堆着笑说，没办法，人在屋檐下，不得不低头。

"那好了，我宣布，你被拘留了。"士鲂黑着脸说，随后喊了一声，"来人，把这人抓起来。"

王叔陈生的第一反应是士鲂在开玩笑，可是看他的表情不像是开玩笑啊，更何况自己这身份怎么能开这样的玩笑？

没等王叔陈生想明白，进来一队晋国士兵，推推搡搡将王叔陈生一行人抓了出去，就在国宾馆附近正好有拘留所，就这么住了进去。

"怎么回事？怎么回事？"王叔陈生现在惊慌失措，大声高喊，可惜没人理他。

王叔陈生走了一个多月，也不知道任务完成得怎样，也没个消息回来，周灵王就觉得事情好像有些不妙。

这一天，晋国特使士鲂来了。士鲂是老熟人了，周灵王急忙接见。

"元帅，那什么，知不知道王叔陈生怎么还没回来？"周灵王问，尽管名义上是周灵王级别更高，可是跟晋国人说话也要分外客气。

"大王，我今天来伟大首都就是为了王叔陈生的事情。根据我们情报部门的侦察，我国境内的戎人之所以要骚扰大王的地盘，都是因为王叔陈生暗中跟他们勾结。所以，我们替大王把他给抓起来了。虽然抓起来了，可是我们没有权力处置啊，特地来请示大王怎么处置这个内奸。"士鲂说完，周灵王吃了一惊，这晋国人也有点儿过分了，周王朝派出的官员竟然都敢抓，还好意思来请示怎么处理。

周灵王不用猜也知道，这事情就是单顷公在后面捣的鬼，单家跟晋悼公关系非同一般，晋国八卿也都把单家奉若上宾，这事情只需要单顷公稍稍打点一下，晋国人就能帮他办了。

"这个，嗯……"周灵王的第一反应是要骂士鲂，可是想了想，还是忍住了。王叔陈生是他最信任的人，也是他用来制约小宗族权力的人，所以一定要把他救回来。"多谢贵国这样帮忙了，这个，至于怎样处置王叔陈生，就不劳贵国费心了，把他送回来，我们处置就行了。"

"既然大王下令，我们照办就是。"士鲂满口答应，又说了些无关紧要的事情，走了。

士鲂走了一个多月，眼看着王叔陈生还没有回来。于是周灵王派人前往新绛打探消息，才知道王叔陈生还被关着，丝毫没有要放的意思。

"岂有此理。"周灵王愤怒了，这简直是在耍我们啊，太不像话了。可是，愤怒归愤怒，办法还得另想。

周灵王立即派出特使前往晋国，要求晋国立即放人。

"不好意思，八卿还没讨论这个问题。"士鲂答复。

"那什么时候讨论？"

"这个，我们晋国的事情太多了，每件都比这事情重要，根据排期，要是没有别的事情发生，看明年8月份能不能讨论吧。"士鲂一竿子把事情支到了明年秋天，摆明了就是不放。

特使回报，周灵王气得肝痛。

怎么办？难道就看着王叔在晋国人的大牢里被关到死？

到了这个时候，周灵王明白了，解铃还须系铃人，要让王叔陈生回来，只有单顷公才能做到。

周灵王派人去请单顷公出面帮忙，单顷公拒绝了。

三次派人去，三次被拒绝。

没办法，周灵王只得把单顷公请来，亲自请他出马。这一次，单顷公没办法拒绝了，总算勉强答应下来。

到年底，总算晋国人把王叔陈生放了回来，年夜饭算是赶上了。

年初去的晋国，整整关了一年才放回来。

现在周灵王知道了，单家是得罪不起的。

经过这一番劫难，王叔陈生算是对单家和伯舆恨之入骨，也下定了决心一定要和他们斗争到底。

转眼过了五年，到周灵王九年（前563年），王叔陈生觉得机会到了，于是以伯舆老年痴呆为由，要求取代伯舆担任首席卿士。伯舆当然不肯让权，反说王叔陈生老年痴呆。结果两人闹到了周灵王那里。

"你们到底谁是老年痴呆？"周灵王两边都不想得罪，只能这么问。

"他。"两人同时说，根据他们的反应速度来看，都不算老年痴呆。

怎么办呢？周灵王很头疼。

恰好这个时候史狡在旁边，周灵王灵机一动。

"史狡，咱们这里你最聪明了，你说说，王叔和伯舆谁是老年痴呆？"周灵王干脆把这个难题推给史狡。

"那，出个脑筋急转弯呗？"史狡最近在研究这个，有很多题目。

周灵王同意了，于是，比赛开始。

"说有一个字啊，每个人都会念错，这个字是什么字？"史狡出题。

王叔陈生和伯舆大眼瞪小眼，每个人都会念错的字，这什么字啊？两人想了半天，都快想成老年痴呆了，还没想出来。周灵王也在一旁想，也想不出来。

想了一顿饭的时间，谁也没想出答案来。

"到底是什么字啊？既然都不会，你就告诉他们吧。"周灵王下令，他也想知道，可是他不说告诉我们，说告诉他们。

"好。"史狡找了一块砖头，在地上写了一个字，"就是这个字。"

"噢。"大家一看，还是没想明白。

"伯舆大爷，这个字你怎么念？"史狡问。

"念'错'啊。"

"王叔，你怎么念？"史狡又问王叔陈生。

"这个字我怎么可能念错？"王叔陈生有点儿恼火，地上这字是"错"，自己三岁就认识的字，怎么会念错呢？

"大王，看来，王叔老年痴呆的症状比较明显。你看这个'错'字，大家都念错，可是王叔说他不念错。看来，脑子确实不大好使了。"史狡得出了结论。

"胡说，这个字我怎么不认识？我当然知道这个字念'错'。"王叔陈生勃然大怒。

"可是你刚才说你怎么可能念错啊。"

"对啊，这个字我从小就会，怎么能念错？"

"你看，你还在说怎么能念错。"

"对啊，这个字是念错，我没有念错啊。"

这两位争执起来，一会儿念错一会儿没念错，已经扯不清楚了。

"大王，看见没有，史狡都说王叔老年痴呆了。"伯舆被他们吵得头疼，便不管他们，直接跟周灵王说。

周灵王现在没法选择了，刚才说了让史狡来判断谁是老年痴呆，现在史狡判断王叔是老年痴呆，不管是不是，自己也只能认账了。

"别吵了。"周灵王下令，于是吵声停止，"刚才说了由史狡来判断，现在史狡的结论已经出来了。叔啊，您岁数大了，就退居二线吧。"

"我……我……"王叔陈生气得满脸通红，说不出话来，一甩袖子，转身走了。

周灵王一看把王叔陈生气得半死，不知道他要干什么，急忙派人跟了出去。过了一阵，跟出去的人回来了。

"报告大王，王叔气愤之下，要流亡出国，现在往北走了。"派去的人回来报告。

"啊，卿士出走，这不丢人了？快，快去给我追回来。"周灵王又派了人，驾车去追。

一直追到黄河边上，才追上王叔陈生，正准备渡河呢。

"让我回去？可以，不过必须把史狡给杀了，这小子欺人太甚。"王叔陈生提出条件。

王叔陈生的条件到了周灵王这里，周灵王正急呢，一拍桌子一瞪眼，真就把史狡给剁了。

所以，自古以来，脑筋急转弯这类东西都是很危险的。

可是，周灵王杀了史狡，王叔陈生还是不回来，说不让自己当首席卿士，那就不回来。这一次，周灵王没法答应他了。不过，王叔陈生也没有出去流亡，就在黄河边上住下来了。

王室两个卿士闹矛盾，而周王还没有办法调停。很快，晋悼公就知道了，于是派了范匄前来调停。

范匄来到，一头扎进了单靖公家里。此时单顷公已经去世，儿子单靖公接班。这个春秋最著名的腐败分子自然知道应该怎样做。

按范匄的说法，就是把王叔陈生和伯舆都请过来，然后在朝廷进行辩论，由范匄担任裁判。不过这个建议被周灵王否决了，表面的理由很简单，那就是晋国的上卿比王室的卿士低了一级，不可能下级审上级。实际上呢，周灵王是担心王叔陈生脾气火暴，口才又不如伯舆，还不会脑筋急转弯，当面辩论肯定要输。

于是，辩论不在王叔陈生和伯舆之间进行了，而是各自派来家宰，由家宰代表主人进行辩论。

临时法庭这样组成了，法官：范匄；当事人代表：王叔陈生的家宰和伯舆的家宰；旁听：周灵王和单靖公。

"你代表王叔是不是？那你说说，王叔凭什么要在伯舆之上？"范匄首先向王叔陈生的家宰提问。

"我们王叔是周王的叔叔，出身高贵学识渊博，而伯舆不过出身于荜门闺窦之家，怎么能在王叔之上？"王叔的家宰提出理由，荜门闺窦的意思就是蓬门小户，也就是说伯舆出身微贱。

"那你说说你的理由。"范匄对伯舆的家宰说。

"嘿嘿，还不知道谁家是荜门闺窦呢。想当初，周王刚刚动迁到这里，所有天子用的祭祀品都是我们七家给制备的，更别说装修房屋提供冬粮什么的了。当时周平王对我们七家非常感谢，杀了一头红牛盟誓说'让你们世世代代担任卿的职位'。我劝你再仔细想想吧，要是我们家是蓬门小户，能做到这些吗？倒是王叔担任卿士以来，拼命揽权，然后贪污纳贿，扶植亲信，他的手下都富得流油，国家的财产都进了你们的腰包，这样下去，只怕我们家倒真的要成蓬门小户了。如今大国上卿范元帅来了，请您为我们主持公道。"伯舆的家宰明显比王叔的家宰能说，说得周灵王都觉得有道理。

"嗯，看来是公说公有理，婆说婆有理。"范匄说着，微微一笑，"那这样吧，现在进入第二个环节，举证环节。你说伯舆家是蓬门小户，请拿出证据。你说当初你们对周朝东迁做出了贡献，也请拿出证据。"

王叔的家宰傻眼了，这到哪里去找证据？

伯舆的家宰则早有准备，拿出了当年的盟书。当初的盟书共有八份，王室和七家各收藏一份。

"我做证，这盟书我们家也有一份。好像，大王这里也应该有一份。"单靖公举手，做个人证。

"大王，是这样吗？"范匄问周灵王，周灵王没办法，也只能点点头。

举证阶段就这么结束了，进入判决阶段。

"周王帮助谁，我们就帮助谁；周王不帮助谁，我们也不帮助谁。现在，大王自然是帮助有证据的人，所以，我们也帮助有证据的人。我宣布，伯舆胜出。"范匄做出了判决。

单靖公笑了，周灵王则面无表情。

当天，王叔陈生逃到了晋国。

第二天，单靖公顶替王叔陈生的职位，担任卿士，与伯舆共同管理国家。

至此，在这场权力斗争中，王族惨败。

第二二二章

太子晋

王叔陈生偷鸡不成蚀把米，首席卿士没当上，自己还要流亡。

周灵王有些郁闷，尽管他也并不想王叔陈生独掌大权，但是有王叔陈生在，至少对小宗族是个制约。如今两个卿士都由小宗族把持，周灵王有彻底被架空的感觉。

经过反思，周灵王得出一个结论：小宗族之所以在这次斗争中获胜，固然有多年经营的原因，更重要的是他们有晋国做后盾。

老子也找个后盾。周灵王想，问题是，去哪里找后盾？怎么找后盾？

最简单易行的找后盾的办法是通过裙带关系，周、晋同姓，要跟晋国扯上裙带关系是没有可能的，只能永远五百年前是一家了。楚国呢？楚国这时候正是中原国家的敌人，根本不能考虑。

算来算去，好像只有齐国靠点谱。

还好天遂人愿，周灵王十二年（前560年），周灵王的王后去世了。于是，周灵王向齐国求婚，算是拴上了齐国这根裙带。

王后去世了，不过王后给周灵王留下来一个太子。太子名叫姬晋，又叫子乔，因此称为王子乔，也叫太子晋。

王后去世的时候，太子晋不过五岁。不过，五岁的太子晋已经表现出超人的资质和过人的聪明来，喜好读书而且过目不忘。

太子晋平时最喜欢去的地方就是王室的守藏室，这里有从夏朝到周朝的全部典籍的收藏本。守藏室的史官姓老，名叫老聃。老聃的学问深不可测，令太子晋惊讶。而太子晋的聪颖好学同样让老聃惊讶。于是，两人成了忘年交，有事没事在守藏室交流学问。

老聃是什么人？就是大名鼎鼎的老子。

周灵王二十二年（前550年）夏天，谷水上游降水，而谷水在洛邑一带流入洛水。因此，洛水水位暴涨，有漫出河道、流入洛邑的可能。尽管洛邑城危险不大，但是王宫的地势较低，一旦洛邑进水，王宫就会被淹没。

周灵王紧急召见单靖公和刘定公两位卿士商量对策，这个时候伯舆已经去世，刘定公接任卿士。周灵王建议在谷水上游堵塞河道，让谷水强行改道，这样固然将淹没大量民田民居，但是能够保住王宫。单靖公和刘定公也没有更好的办法，好在对他们两家的影响不大，因此表示同意。

消息传出来，宫内一片欢腾。

太子晋这个时候只有十五岁，听说这件事情之后，急忙去见父亲。

"父王，听说要堵塞谷水，是吗？"太子晋问周灵王。

"不错，明日就要开工，否则来不及了。"

"不可。"太子晋表示反对，随后，讲了自己的理由。

《国语》中有"太子晋谏壅谷水"，太子晋运用了大量老子的思想来劝阻父亲，太子晋的这一段话非常著名，也非常长，原文不录，译文保留。

之所以保留译文，一来要看看太子晋的才华和思想；二来，太子晋与十二分之一的中国人有不解的渊源，因此应该多一点儿笔墨。什么渊源？很快就知道了。

下面，是太子晋劝谏父亲的全文译录：

"我听说古代的执政者，不毁坏山丘，不填平沼泽，不堵塞江河，不决开湖泊。山丘是土壤的聚合，沼泽是生物的家园，江河是地气的宣导，湖泊是水流的汇集。天地演化，高处成为山丘，低处形成沼泽，开通出江河、谷地来宣导地气，蓄聚为湖泊、洼地来滋润生长。所以土壤聚合不离散而生物有所归宿，地气不沉滞郁积而水流也不散乱，因此百姓活着有万物可资取用而死了有地方可以安葬。既没有夭折、疾病之忧，也没有饥寒、匮乏之虑，所以君民能互相团结，以备不测，古代的圣明君王唯有对此是很谨慎小心的。

"过去共工背弃了这种做法，沉湎于享乐，在肆意妄为中葬送了自身，还准备堵塞百川，坠毁山陵，填塞池泽，为害天下。皇天不赐福给他，百姓不帮助他，祸乱一起发作，共工因此而灭亡。在有虞氏时，崇地的诸侯鲧肆意妄为，重蹈共工的覆辙，尧在羽山惩治了他。鲧的儿子禹知道过去的做法不对，改弦易辙，效法天地，类比万物，取则于民众，顺应于群生。共工的后裔四岳帮助他，顺应地形的高低，疏通河道，去除淤塞，蓄积流水繁殖生物，保全了九州的高山，畅通了九州的河流，围住了九州的湖泊，丰满了九州的沼泽，平整了九州的原野，安居了九州的民众，沟通了四海之内的交往。因此，天无反常之候，地无失时之物，水无郁积之气，火无烈焰之灾，鬼神不作乱，百姓不放纵，四季不混乱，万物不受害。按照大禹的做法，顺应自然的法则，才能建功立业，使天帝满意。上天嘉奖他，让他统治天下，赐姓为姒，称有夏氏，表彰他能作福保民、生育万物。同时分封给四岳土地，让他们督率诸侯，赐姓为姜，称有吕氏，表彰他们能像手足心腹一样帮助大禹，使百物生长、人民丰足。

"大禹和四岳的成功，难道是由于上天的眷宠吗？他们都是亡国之君的后裔，只是因他们能行大义，所以能遗泽于后代，使家族的香火不被革除而世代延续。夏的统治虽然衰微了，但杞、鄫二国仍然存在；申、吕的四岳虽然衰落了，但齐、许二国仍然存在。只有立下大功，才能受封土传祭祀，以至于领有天下。至于后来又失去天下，必定是过度享乐之心取代了建功立业，所以失掉了姓氏，一蹶不振，祖先无人祭奠，子孙沦为奴仆。这些家族的衰亡难道是由于上天不眷宠他们吗？他们都是黄帝、炎帝的后裔，只是因为他们不遵循天地的法度，不顺应四季的时序，不度量民神的需求，不取法生物的规则，所以绝灭无后，至今连主持祀祖的人都没有了。至于后来又得到天下，必定是以忠信之心取代了邪乱之行，效法天地而顺应时序，契合民神需求而取则于生物，因而能显贵有后，光耀祖宗，赐姓受氏，并随以好的名声。只要遵循先王的遗训，考察典礼刑法，并了解兴盛、衰亡者的业绩，完全能明白其中的道理。兴盛者必有夏禹、四岳那样的功绩，衰亡者必有共工、伯鲧那样的过失。现在我们的施政恐怕有违背天理之处，从而扰动了谷、洛二水的神灵，使它们争流相斗，以致为害王宫，陛下要堵塞掩饰，恐怕是不行的。

　　"俗话说：不要经过昏乱者的家门。又说：帮厨者得食，助斗者受伤。还说：不生贪心不惹祸。《诗》上说：四马战车不停跑，五彩军旗空中飘，战乱发生不太平，没有哪国不纷扰。又说：民不堪命起祸乱，怎能束手遭荼毒？看见祸乱而不知戒惧，所受伤害必定多，掩饰终究会暴露。民众的怨恨与乱行尚且无法遏制，更何况神灵呢？陛下为了应付河流激斗而修葺加固王宫，犹如掩饰祸乱而帮人争斗，这不是扩大祸乱并伤害自身吗？

　　"自从我们的先祖厉王、宣王、幽王、平王四代不知自惕惹怒了上天，天降之灾至今不断。如今我们又要去扩大这些祸害，恐怕将连累子孙，王室会更加衰落，这如何是好呢？

　　"自从先公后稷消除祸乱以来，到了文王、武王、成王、康王时才基本安定了百姓。从后稷开始安民，经过十五王到了文王时才平定天下，到了第十八代康王时终于安抚了百姓，可见它有多么艰难。从厉王开始变更先王的法度，已经历了十四王。修德平天下要十五王才能成功，招祸乱天下有十五王还不够吗？我日夜戒惧担忧，总是说'不知如何修德，才能光耀王室，以此迎纳上天的福祉'。陛下还要助长祸乱，那怎么得了？陛下也应对照一下九黎、三苗的君王，乃至夏、商的末世，他们上不效法于天，下不取则于地，中不安和百姓，不顺应时节，不尊奉神灵，完全抛弃了这五个准则，因而被他人毁掉了宗庙，焚烧了祭器，子孙沦为奴仆，连带下边的百姓也遭祸害。陛下再看看先贤行事的法度，他们都做到了这五个方面而得到了天赐的大福，受到民众的拥戴，子孙延续繁衍，美名传之久远，这些都是做天子的应该知道的。

"祖先门第显赫的子孙有的沦为农夫，是祸害了百姓的缘故；而农夫、平民有的担当了治国的重任，则是安抚了百姓的缘故，这没有例外。《诗》上说：殷商的教训并不遥远，就在夏代的末年。何必去修葺加固王宫呢！那样做会招致祸乱的。对于天神来说是不祥，对于地物来说是不义，对于民情来说是不仁，对于时令来说是不顺，对于古训来说是不正，比照一下《诗》《书》和百姓的舆论则都是亡国之君的行为。上上下下衡量下来，没有理由这样做，陛下请好好考虑一下！任何事情，若大的方面不遵从天象，小的方面不遵从典籍，上不合天道，下不合地利，中不合民众的愿望，不顺应四季的时序行事，必然没有法度。既要办事而又没有法度，这是致害之道啊。"

太子晋这一番话说出来，洋洋洒洒，引经据典，听得周灵王有些发愣，也有些烦。发愣是因为儿子这么有学问，烦是因为自己急着要部署拦水工程，没工夫在这里听儿子讲大道理。

"打住打住，你说的这些，都是老聃那一套，在我这里不管用。"周灵王直接拒绝了，心想按照你的说法，水来了就等淹死，地震了就等砸死，那我这个王还当个什么劲？

最终，周灵王还是堵住了谷水。至于后果如何，史书没有记载，不加妄断。

457

尽管没有能够劝阻父亲，太子晋还是因为那一番谏言而声名大噪。

因为洛邑一带水灾，到了当年秋天，晋平公决定派人前往王室慰问以及询问需要什么支援。由于六卿生病的生病，请假的请假，总之没人愿意去，只得派上大夫叔向前往。

"主公，我去没问题。不过，我想请师旷同去。"叔向没有推辞，不过提出一个要求。

"为什么？"晋平公问。

"我听说太子晋非常有才华，他的老师老聃更是学问极深，我想会会他们，可是又担心自己的学识不够，因此请师旷给我助阵。"叔向原来是想会太子晋，担心自己对付不了。

"那好吧。"晋平公同意了。

师旷是什么人？竟然叔向都要请他助阵。

师旷，晋国的大夫，同时也是晋国首席乐师。此人的学问深不可测，在中国历史上赫赫有名。不过有一点，师旷是个瞎子。至于师旷，后面再说，此处放下。

叔向和师旷来到了伟大首都，首先拜见了周王，表达了晋国对于伟大首都发生水灾的问候，王室有什么需要帮忙的，尽管开口，晋国一定全力帮助首都人民渡过难关，重建幸福家园。

周灵王挺感动，不过也没客气，让人开了清单，请晋国支援。无非是粮食若干、布匹若干。

见过了周灵王，叔向去见单靖公。晋国人都知道，到了伟大首都，见不见周王没关系，单家是必须去的。

叔向带着礼品到了单家，单靖公连忙迎了进去。收了礼品，单靖公设宴招待叔向。尽管和晋国公室关系非同一般，但单靖公并没有傲慢地对待叔向，他非常恭敬，并且按照周礼来接待他。

席间，单靖公并没有跟叔向套近乎，整个宴席，两人谈论的就是《昊天有成命》这首诗。临走，送行也没有出城。

一切都是按着规矩来的，都是那么正规，令人无可挑剔。单靖公真的是这么一个严肃的人？单靖公的想法其实很简单：晋国权力斗争激烈，自己一定不能跟他们走得太近，保持距离是保护自己的最佳手段。

单靖公不是与晋国公室关系密切吗？怎么还怕卷入晋国的权力斗争？单靖公很清楚，单家与晋国公室的关系不可能永远那么近，晋悼公之后已经明显疏远了许多。

单家和叔向刻意保持距离，可是叔向却想和单家套近乎。整个宴席期间没有机会，这让叔向有些失望。

走的时候，单靖公的管家送叔向出城回国宾馆。

这个时候，叔向找到了机会。或者说，这时候再不套近乎，就来不及了。

"哇，邪了门了。"叔向开口，一惊一乍，把单家管家听得一愣。

"那什么，什么东西忘在我家了？"管家问。

"不是，我听说'一姓不再兴'，姬姓就应该衰落了。可是如今周朝好像又要兴盛了，为什么呢？因为有单公这样的人啊。"叔向开始拍马屁了，这个马屁一定要拍好，"过去史官尹佚曾说过'举动以恭敬为最，治家以俭朴为最，品德以谦让为最，处事以多问为最'。单公待我以礼，这些都做到了。他的房屋不高大，器物不华丽，是俭朴；行为谨慎小心，内外整洁齐备，是恭敬；宴饮和馈赠都不超过上官的规格，是谦让；宴请的礼仪都仿照上官所为而施行，是多问。像这样，再加上不拉私人交情，不附和众人送出城郊，就能避免招致怨恨。治家俭朴而举动恭敬，品德谦让而处事多问，并能避免招致怨恨，用这样的大夫来辅佐朝政，周朝还能不兴盛吗？"

"嘿，嘿嘿。"管家听了很高兴。

"单公所谈论的《昊天有成命》，是弘扬德行的《颂》诗。这首诗阐述成就王业的德行。所谓成就王业，就是能发扬文德、奠定武功。阐述成命而尊称上天为昊天，是尊敬它至高无上。单公俭朴恭敬、谦让多问，与先王的美德相当。单公这一代若不兴盛，其子孙必定繁衍，后世不会忘记。"继续拍马屁。

"大夫过奖了，过奖了。"管家听得心花怒放。

"《诗经》上说：'其类维何？室家之壸。君子万年，永锡祚胤。'所谓类，是说不辱前贤。所谓壸，是比喻德行广被民众。所谓万年，是说美名永远传扬。所谓胤，是指子孙生息繁衍。单公朝夕不忘成就王业的美德，可算是不辱前贤了；保有正大的德行，用以辅佐王室，可算是广被民众了。像这样能学习前人的嘉言懿行，使民众敦厚淳朴，必定有声名显赫、子孙昌盛的福祉，单公一定会得到的。即使单公得不到，那他的子孙后代也必定会得到，而不会是他人。"接着拍马屁。

"多谢大夫啊，这些话我一定转达给主人。"管家承诺，他知道单靖公爱听这些，自己转达过去，也算是功劳一件啊。

叔向笑了，他要的就是这句话。

该办的事情都办完了，现在可以心情轻松地去见太子晋了。去见太子晋，倒不是为了拍马屁或者套近乎，而仅仅是为了见识一下这个小孩子的学问。当然，同时也想见一见传说中的老聃。

去之前，叔向特地派人传了话，说希望见一见老聃，看是否能够安排。

太子晋回话："没问题。"

第二天，叔向和师旷前往拜会太子晋和老聃。

第二二三章

老 子 是 谁 ?

关于老子的身世，历来说法不一。

按《史记》："老子者，楚苦县厉乡曲仁里人也，姓李氏，名耳，字聃，周守藏室之史也。"

这个说法，有很多不合理之处。

首先，如果老子姓李，为什么叫老子而不叫李子？其次，此前没有出现过李姓，老子的李姓从何而来？再次，周王室有大量王族处于失业状态，守藏室之史这样的职位怎么会给一个外人？最后，守藏室之史是一个重要职位，特别是对于王室来说，其重要性不言而喻。这样重要的一个职位，是绝对不可能给一个楚国人来担任的。

根据传统，守藏室之史，这个职位一定出于世家，不是王族，也是周朝太史家族。

所以，《史记》的记载不足为据。

事实上，就连司马迁也怀疑自己的写法，所以，《史记》中继续记载："或曰老莱子亦楚人也，著书十五篇，言道家之用，与孔子同时云。"

自孔子死之后一百二十九年,据《史记》记载,周太史儋见秦献公曰:"始秦与周合,合五百岁而离,离七十岁而霸王者出焉。"或曰儋即老子,或曰非也,世莫知其然否。

这样,《史记》中,司马迁实际上给出了老子的三个候选答案:李耳、老莱子、太史儋。哪一个是对的,司马迁也不能确定。

既然司马迁都不能确定老子究竟是谁,为什么却要连老子的故里都写出来呢?有趣的是,老子的故里是有道理的。当然,所谓故里,应该是他的第二故乡。

为什么要说老子是太子晋的老师呢?因为太子晋的思想明显受到老子的影响。而老子之所以能够名扬天下,就是因为他是太子晋的老师,尽管不是正式的老师。

也正因为有了这样的师承关系,当老子成为道家的祖师爷之后,太子晋也就成了道家的人物。

有人说老子名扬天下靠的是《道德经》,其实不然,在《道德经》面世之前,老子就已经因学问而名噪天下了。

当然,名传后世,老子靠的还是《道德经》。

458

太子晋和老聃在太子府恭候叔向和师旷来到,他们对这两个晋国人也是闻名已久,十分仰慕。

四人相见,寒暄之后,分宾主坐定。

作为主宾和主人,叔向和太子晋客套了几句。之后,各自介绍了老聃和师旷,又是一番互道景仰之情。

基本上,这就是当时世上最博学的四个人在一起了。

四个人的谈话很有趣，因为四个人的地位很有趣。

地位最高的自然是太子晋，理论上说，他是排名第二的人物，而且，他是今天的主人。可是，老聃是太子晋的老师，因此从学术的角度来说，他的地位更高。但是，叔向是晋国的特使，当今最强大国家的特使以及最强大国家的国君的老师，而且是客人，从实力而言，叔向更强。但是，师旷是叔向专门请来的，学问更加高深，也让大家敬佩。

好在，四个人都很谦恭，都看重别人的地位而看轻自己的地位。因此，他们在一起是很轻松愉快的。

几人先谈了一阵《诗经》，边谈边喝，谈得高兴。

谈过了《诗经》，话题渐渐转到时事上面，大家又说了说各国当前的形势。不过，对于晋国的权力斗争以及王室的权力斗争，大家讳莫如深，点到即止。

"老子先生，我有一件事情想向您请教。"叔向对老聃很恭敬。

"太傅客气了，请讲。"老聃也很谦虚。

"刚强和柔弱，哪一个坚固？"叔向问了一个听上去很哲学的问题，实际上，他是想问问，怎样做才能在晋国这样复杂的环境中保住自己，保住家族。

老聃笑了笑，他知道叔向的意思，因为不仅叔向面临这样的问题，包括自己在内的每个人都面临这样的问题。不仅晋国权力斗争激烈，周王室也不例外。

"你看，一个人八十岁的时候，身体里最强硬的牙齿就已经脱落了，而弱软的舌头还在。'天下之至柔，驰骋乎天下之至坚'（《道德经》）。天下最柔弱的，能够进入天下最坚固的地步。'人之生也柔弱，其死也刚强'（《道德经》）。人活着的时候是柔弱的，死了就硬邦邦了。万物活着的时候是柔弱的，死了就枯槁了。从这些方面看，柔弱是活着的一类，刚强是死亡的一类。活着的，哪里损坏了一定可以复原；死了的，哪里损坏了一定会更糟糕。所以我知道，柔弱比刚强更坚固。"老聃的一番话，让叔向有茅塞顿开的感觉。

"老子，您说得太对了，您是怎么明白这个道理的？"叔向问。

"这是我老师常枞告诉我的。"老聃说，原来他也有老师。

"那，我能不能有幸拜会常老师？"

"他已经去世了。"

"哦。"叔向有些失落，也有些尴尬。

老聃倒没有什么，依然神态自若。

师旷听着他们的对话，觉得老聃的话很有道理，听到叔向没有再问问题，于是他有问题要问了。

"老子太有学问了，我想替我们主公问您一个问题。"

"大师过奖了。"老聃对师旷一向也是很敬仰的。

"请问，国君应该怎样治理国家？"师旷提出问题，他希望回去讲给晋平公听。

"清净无为，务在博爱。要爱自己的百姓，任用贤人，开阔自己的视野，考察各方面的情况，不要被一般的习俗所局限，不要被左右的人所控制。要有远见卓识，超凡脱俗，经常反省自己，考察政绩，治理百官。"

"嗯，好一个清净无为，好，好。可是，怎样算是清净无为？"师旷赞同，不过还有点儿疑惑。

"我打个比方，治国就像蒸鱼，不要经常翻动它。所以古人说'治大国若烹小鲜'（《道德经》）。如果治理国家就像烹小鱼一样小心翼翼，瞻前顾后，那就是清净无为了吧。"老子的话很形象，师旷想象着烹鱼的场景，禁不住点点头。

老子接连回答了晋国人两个问题，禁不住有些得意。而两个晋国人对老子的回答都很满意，叔向以崇敬的眼光看着老子，而师旷竖起自己的耳朵，等待着老子继续说下去。

"老师，当今世界物欲横流，征伐不断，大国欺凌小国，强势兼并弱势。不说百姓生活在水深火热之中，就是公卿大夫也都朝不保夕，惶惶不可终日。总之，这个世界就要完了，老师有没有想过，怎样才能拯救这个世界？怎样才能让这个世界太平和谐？"这个时候，太子晋提问题了，他知道，老子最擅长也最爱说的就是这个，但是如果自己主动来说，就不如有人提问。如今晋国人都提问了，自己正好把这个问题抛出来，给老师一个发挥的借口。

　　老聃看看太子晋，会意地笑了，心说这孩子真聪明，怪不得人见人爱。

　　"这是我经常彻夜思索的问题啊，这个世界已经很危险了，我们必须想到拯救世界的办法啊。既然太子说起，那我就说说。"老聃喝了一口水，清了清嗓子，对于这个话题，他有很多话要说。

　　叔向瞪大了眼睛，师旷的耳朵也竖得更直。

　　"我担任守藏室之史多年，饱览各朝的群书。要拯救这个世界，我觉得只有一种办法。"老子说着，用忧国忧民的目光扫视了众人一遍。

　　太子晋笑了笑，叔向点点头，师旷的耳朵也动了一动。

　　"什么是万恶之首？欲望。"老子进入正题了，首先从人性谈起，"有了欲望，人们就会去争夺。欲望越强烈，争夺的手段就越是激烈。当今世界如此混乱残暴，就是因为人们的欲望越来越没有限制。"

　　老子说到这里，大家都点点头，觉得有道理。

　　"可是，欲望是与生俱来，不能消灭的。那么怎么办？那就要抑制人们的欲望，而不是激发他们的欲望。"老子继续说。

　　"怎样抑制呢？"师旷插了一句，这个话题他比较感兴趣。

　　"不要刺激人们的感官，譬如说人都是有性欲的，这一点无法改变。但是，如果每天有美女在你面前走动，你的欲望就会增强；反过来，如果你看不到美女，你的欲望就会减弱。人们知道的事情越多，各方面的欲望就会越强。看见你穿皮衣了，他就会想好衣服；看见你吃鱼肉了，他就会流口水。所以，抑制欲望最好的办法就是什么都不要让他看见。按照我的总结，就是'常使民无知无欲'（《道德经》）。"

"噢，那不就是愚民？"师旷又问，对老聃的话，他有些吃惊。

"事是那么回事，可是不要说得这么难听啊。"老子笑了。

"那，怎么才能让老百姓无知无欲呢？"叔向问，在这一点上，他同意老聃的说法。

"小国寡民，使有什伯之器而不用，使民重死而不远徙（《道德经》）。"老聃迅速给出了答案，国家不要大，老百姓也不要多，凡是省力的先进的器具都不许使用，老百姓干死干活的，收成都只够活命，整天拴在土地上，哪里也不去，什么也不想。

"人要是这样，跟牛马还有什么区别？"师旷忍不住又问了一句。

"不错啊。'天地不仁，以万物为刍狗'（《道德经》），人和牛马本来就没有区别啊。"老聃又是笑着回答。

对于老子所说的"常使民无知无欲"，叔向是支持的。不过这小国寡民的方式，叔向感觉难以实现。

"这个方法，有点儿难。"叔向摇摇头，说道，"就算一个国家这样做了，但是如果周边的国家不这样，岂不是也不行？岂不是也会有诱惑？"

"所以还有其他方法。'邻国相望，鸡犬之声相闻，民至老死，不相往来'（《道德经》）。"老聃想得还挺周到，他的意思，邻国之间，老死不相往来。这样，外部的诱惑就又没有了。

师旷没有再反问，叔向也没有再提问。师旷常年在国君身边，对于国家大事知道得很多；而叔向更是常年和国内外的权臣们打交道，他对这个世界的认识更加真实。

图书馆里的理想主义者。叔向和师旷在内心里都这样评价老聃，叔向不是不赞成老聃的主张，但是老聃的方法实在太过天真，基本上就是异想天开，绝没有操作性可言。而师旷根本就不同意老聃的说法，对于老聃的小国寡民以及老死不相往来这些话，都当作痴人说梦。

这，就是学院派和实操派之间的区别。在图书馆里想象的世界与真实的世界是截然不同的，在图书馆里描绘的理想世界往往是缺乏人性和现实基础的。

老聃突然发现叔向的眼睛已经不再瞪着，而师旷的耳朵早已耷拉了下来，他难免有些扫兴。看来，自己的精彩想法并没有得到共鸣。

老聃有些尴尬，于是夹了一块肉来吃，以掩饰自己的失落。

"老子，按照你的说法，其实没有国家是最好的。"师旷突然说话了，他一向就这么直率，没有等到老聃回答，师旷接着自己回答了："可是，如果没有国家，谁来养活我们？所以还要有国家。"

老子有点儿发愣，这个问题他确实没有想过。该怎么回答？没有等他回答，师旷又说话了。

"你说的抑制人们欲望的方法恐怕不行，人有很多欲望，最基本的欲望就是求生。你的方法，实际上是增强了人们求生的欲望，从而压抑了人们其他的欲望。如果人们仅仅能够生存，那么一旦天灾来到，人们就无法生存，于是求生的欲望会更大，这个时候，没错，人们不会去追求好吃好喝，可是人们要活命，就会去抢劫杀人，这难道更好吗？既然欲望是与生俱来的，就是上天所给的，你为什么要去抑制它呢？"师旷大声问道，看上去他有些激动了。

"您误解了，我的意思，是大家自觉自愿，不是强迫。"老聃辩解。

"你怎么能让大家自愿抑制欲望呢？"

"只要国君垂范就行了，所以君子说：'我无为而民自化，我好静而民自正，我无事而民自富，我无欲而民自朴'（《道德经》）。只要国君无欲无为，老百姓就会跟随啊。"

"国君无欲无为？要是国君无欲，谁还当国君？当国君不就是为了满足自己的欲望吗？不为了女人、不为了财宝，谁当国君？"

"大师，话不能这么说。五色令人目盲，五音令人耳聋，五味令人口爽。'是以圣人为腹不为目，故去彼取此'（《道德经》）。那些身外的诱惑太多，会使人迷乱，所以好的国君只要吃饱肚子就行了，不玩女人啊。就像大师您，您弄瞎了眼睛，不就是为了避免受到太多的诱惑吗？"老聃继续辩解。

"那我可不是你说的君子了，没错，眼睛瞎了可以避免眼睛看得见的诱惑，可是我是为了让耳朵承受更多的诱惑，好专心于音乐啊。吃饱了睡，睡够了吃，那样的君子跟猪有什么区别？"师旷大声说。

老聃的脸色一阵青一阵白，不知道再说什么。

叔向看见两个人说僵了，急忙来缓和气氛。

"哈，两位的高见都令人佩服啊。不过今天高兴，就不说这些沉闷的话题了。"叔向开口，转移话题。

"就是就是，太傅有什么好想法？"太子晋急忙附和。

"师旷大师是当今音乐造诣最高的人，而太子据说笙吹得一流。既然今天聚在这里，机会难得，何不合奏一曲，让我们开开眼界？"叔向的主意不错。

太子晋当场赞同，师旷也不好拒绝。乐器是现成的，于是师旷鼓瑟，太子晋吹笙。后来曹操在《短歌行》中写道："我有嘉宾，鼓瑟吹笙。"

两大高手合奏，自然奏出一首名曲，叔向听得如痴如醉，就连老聃都听得心情大悦，忘记了自己所说的"五音令人耳聋"。

当天，尽欢而散。

太子晋尤其敬佩师旷，特地赠送他乘车一辆。

459

俗话说：天妒英才，天才不寿。

第二年，太子晋竟然病逝，年方十六岁。

噩耗传出，天下为之惋惜。也正因为天下为之惋惜，所以就有了下面的传说。

据汉刘向的《列仙传·王子乔》，太子晋擅长吹笙，能从笙中吹出像凤凰鸣叫一样的声音来。他常常一个人到伊水、洛水的岸边去漫游。有个叫浮丘公的道士，看见王子晋有仙风道骨，就把他引到嵩山上去修炼。有一次，王子晋在山上遇见了一个名叫柏良的老朋友，他就对柏良说："请你回去告诉我家里人，七月七日这天，叫他们在缑氏山下等我，我要和他们告别了。"

到了那天，周灵王一家等候在山脚下，只见王子晋乘着一只白鹤，徐徐降落在缑氏山的顶峰，拱起手来向山下的家里人告别。家里的人看着他的音容笑貌，却无法登上那险峻的山峰。王子晋在山巅停了几日，然后骑上白鹤，飘飘然消失在白云蓝天之中了。只从云彩里落下两只绣花拖鞋，算是他临别时留给父亲的纪念，这个地方因而被后人称为"抚父堆"，堆上还修了一座庙，叫"子晋祠"。传说每当风和日丽的日子，人们常常会听到箫管的声音从祠中传出来，给人以美好的遐想。

历朝历代，都有许多诗人咏太子晋。

屈原在《远游》诗中写道："轩辕不可攀援兮，吾将从王乔而娱戏。"南朝所编《古诗十九首》也存有"仙人王子乔，难可与等期"的诗篇，李白则写下诗句："吾爱王子晋，得道伊洛滨。"杜甫也写道："范蠡舟偏小，王乔鹤不群。此生随万物，何处出尘氛。"白居易也有"子晋庙前山月明，人闻往往夜吹笙。鸾吟凤唱听无拍，多似霓裳散序声"。

武则天在去嵩山封禅之时，专门来到了缑山之巅拜谒子晋庙，并在此立下了著名的"太子升仙碑"，随后修建了升仙太子庙。

如今，升仙太子庙杳然不存，只有孤零零的太子升仙碑矗立在缑山之巅。

升仙太子碑之侧，有几座后人追念太子晋的石碑。其中一座是乾隆所立，碑上写道："缑岭葱茏嵩岳连，传闻子晋此升仙。割来太室三分秀，望去清伊一带绵。"

史上多有说太子晋因进谏而被废为庶人，此说不见于正史，且不合常理。

太子晋早夭，留下一个遗腹子王孙宗敬。而太子晋的弟弟王子贵被立为太子，就是后来的周景王。

王孙宗敬长大之后，出任周朝司徒。后来王孙宗敬辞官远走，来到晋国的太原，太原人称他们为"王家"，从那以后，太子晋的后人以王为姓。

王孙宗敬之后的王家开始在太原繁衍，他的后代中产生了数不尽的英雄豪杰。

到秦始皇统一中国，大将王翦和儿子王贲功劳最大，王翦就是太子晋的后代。

后来王贲的儿子王离为秦朝大将军，被项羽击败而自杀。王离的长子王元徙居山东琅琊，就是琅琊王氏始祖。王离次子王威则回到太原，但是不久前往扬州。后来，王威的九世孙王霸重返故里，定居太原，成为太原王氏。

中国历史上，太原王和琅琊王都是名门望族，人才辈出。东汉的王允，晋朝的王导、王羲之，唐朝的王维、王昌龄、王之涣，宋朝的王旦、王安石，明朝的王阳明、王夫之，等等，都是这两处王家的后人。

南北朝时，只有王家在南北两朝都是名门望族。

王姓后来分为二十一郡望，即二十一处，这二十一郡望并不都是太子晋的后代，但是以太原和琅琊为王氏之首。

基本上，中国历史上的王姓名人，十之八九出于或自称出于太原王或琅琊王。如今，南方各地王姓多半出于太原王或琅琊王。

据日本栗田宽《氏族考》，日本"山田、山田御井志、广野、三宅等六氏皆为王氏传人"。

第 二 二 四 章

史上最牛音乐发烧友

太子晋的死讯传到晋国，恰好师旷和晋平公在一起。

"唉，可惜了可惜了，绝顶聪明的人，又很懂礼貌，就这样早夭了。看来，上天真是不眷顾周朝啊。"师旷感慨，很遗憾的样子。

"大师，我知道你和太子晋关系很好，不过你似乎并不悲伤啊。"晋平公问，他很尊重师旷。

"是啊，因为去年见他的时候，就听到他声音清亮中带点儿痰喘，肺火极大，我就知道他恐怕只有一年的寿命了。因此，我并不意外，所以也就没有悲伤，只是有些遗憾。"师旷说，说完，师旷告辞回家。

"来人，送大师回家。"晋平公下令。

师旷，不过是一个乐师，顶多是一个大夫级的首席乐师，晋平公为什么对他如此恭敬？

师旷出身于乐师世家，从小博览群书，尤其酷爱音乐，可是在音乐上的造诣总没有多大的进境。

"怎么回事呢？我该怎么办呢？"师旷很困惑，他真的很热爱音乐，所以他更困惑。

于是师旷开始反思，他发现一个现象，那就是各国出色的乐师多半是瞎子，为什么呢？父亲告诉他说："那是因为瞎子看不见，所以耳朵分外好使。"

可是，仅仅是这样吗？师旷索性蒙起自己的眼睛来，很快他发现，当眼睛看不见的时候，不仅仅是耳朵更好使那么简单，更重要的是看不到光怪陆离的世界之后，注意力会更集中，受外界的诱惑会更少。

"技之不精，由于多心；心之不易，由于多视。"这就是师旷的结论。

于是，师旷做了一个令人震惊的决定：弄瞎自己。

就这样，师旷用熏香熏瞎了自己的双眼。

世界上多了一个瞎子，也多了一个顶尖的音乐家。

师旷，史上最牛的音乐发烧友。

在成为一个瞎子之后，师旷果然能够集中精力于音乐。很快，他就成为顶尖的音乐家。于是，晋悼公将他召入宫中担任首席乐师。令晋悼公惊讶的是，师旷不仅音乐造诣深厚，还通今博古，对国家及国家间大事都有自己独特的看法。因此，晋悼公没有把师旷简单当成一个乐师，还把他当成老师和朋友，时常向他请教。

有记载说师旷天生是个盲人，如果真是如此，师旷就应当仅仅懂得音乐而已，他的学识从哪里而来？因此，师旷在成为盲人之前一定阅览过大量的书籍，他怎么可能生来就是盲人？

师旷是春秋乃至中国历史上最伟大的音乐家,传说名曲《阳春》《白雪》就是出自师旷之手。

师旷音乐知识非常丰富,不仅熟悉琴曲,还善用琴声表现自然界的音响,描绘飞鸟飞行的优美姿态和鸣叫。传说,当师旷弹琴时,马儿会停止吃草,仰起头侧耳倾听;觅食的鸟儿会停止飞翔,翘首迷醉,丢失口中的食物。

师旷听力超群,有很强的辨音能力。汉代以前的文献常以他代表音感特别敏锐的人。《淮南子·氾论训》说:"譬犹师旷之施瑟柱也,所推移上下者,无尺寸之度,而靡不中音。"《周书》记载他不仅善琴,也会鼓瑟。师旷也通晓南北方的民歌和乐器调律,《左传》记载:"晋人闻有楚师,师旷曰:'不害!吾骤歌北风,又歌南风。南风不竞,多死声,楚必无功!'"

《庄子·齐物论》说师旷"甚知音律",《洪洞县志》云:"师旷之聪,天下之至聪也。"

《荀子·大略篇》也记载:"言味者予易牙,言音者予师旷。"

到晚年时,师旷已精通星算音律,撰述了《宝符》一百卷,可惜均失佚。

乐圣,这是师旷应得的地位。

由于耳朵太好使,师旷后来被神仙化。

在道教的天后宫、城隍庙等宫观建筑的门殿东、西两次间,通常设有站像千里眼和顺风耳,他们是道教寺庙的护卫神。顾名思义,千里眼的本领是眼睛能看到千里以外之物,顺风耳能听到千里之声。

中国民间有个"十兄弟"的故事。十兄弟依次叫顺风耳、千里眼、大力士、钢头、铁骨、长腿、大头、大足、大嘴、大眼,各有独特本领。到了元朝时期,历史小说称千里眼和顺风耳为"聪明二大王"。他们指的是离娄和师旷两位古人,其中,离娄是黄帝时人,传说目力极好,百步之外能见秋毫之末,就是不仅看得远,而且分辨率极高。

千里眼、顺风耳是道教中的两位守护神,地位虽然不高,流传却很广泛。

这两位小神分别拥有特异功能，千里眼能够看到千里之外的物体，顺风耳则能听到千里之外的声音。中国古代的小说里很早就有他们的形象，而关于他们的来源却无法考证，到元朝时，一些小说开始以古代的两位人物作为他们的来源，他们就是师旷和离娄。

后来他们被道教纳入神仙体系，成为该教的护卫神，他们的塑像一般安置在宫观的大门口，同时又在他们的旁边加了两位武士，合称"四大海神"，实际上是模仿佛教的四大金刚。《西游记》中描写孙悟空闹东海、搅地府后，事达天庭，玉帝询问"妖猴"来历，班中闪出千里眼、顺风耳，将"妖猴"的来历奏明。

既然说到师旷，那么顺便介绍一下中国古代音乐。

中国古代对于音乐非常重视，因此《史记》专门用了一卷来介绍音乐。

且来看看太史公怎样说"乐"。

"凡音者，生于人心者也；乐者，通于伦理者也。是故知声而不知音者，禽兽是也；知音而不知乐者，众庶是也。唯君子为能知乐。是故审声以知音，审音以知乐，审乐以知政，而治道备矣。是故不知声者不可与言音，不知音者不可与言乐。知乐则几于礼矣。礼乐皆得，谓之有德。"什么意思？大致就是说，人和禽兽的区别在于人能说话唱歌，禽兽不能；君子和普通人的区别在于君子懂得乐，而一般人不懂。

所以，上古时候，乐盲跟流氓没什么区别。要混进上流社会，非要懂得乐不可。

《诗经》中的《风》《雅》《颂》都是乐，不过，《雅》《颂》才是正规的乐，《风》多来自民间，因此常常有歌无乐。

"礼节民心，乐和民声，政以行之，刑以防之。礼乐刑政四达而不悖，则王道备矣。"这一段什么意思？一个国家要治理好，就要做好四个方面：礼、乐、刑、政，乐的地位高居第二，超过了刑法和行政。

乐和民声，就是说乐可用来实现社会和谐。

"大乐必易，大礼必简。乐至则无怨，礼至则不争。揖让而治天下者，礼乐之谓也。""大乐与天地同和，大礼与天地同节。"这两段，都在讲述乐与和谐社会的关系。

"昔者舜作五弦之琴，以歌南风；夔始作乐，以赏诸侯。"这一段，讲述了上古音乐的起源，舜制作了五弦琴，这就是中国最早的乐器。而舜的大臣夔开始作乐，则是中国历史上最早的音乐。

不过，按照《山海经》的说法，"伏羲造琴瑟"。

按照《礼记》，神农做琴。神农做的琴长三尺六寸六分，上有五弦，分别称为宫商角徵羽。后来，周文王又增加了两根弦，新增加的两根弦称为少宫和少商。

其余的一些乐器，女娲发明了笙和簧，随发明了竽，巫咸发明了鼓，舜发明了萧。

太史公在这一卷的最后这样总结："夫上古明王举乐者，非以娱心自乐，快意恣欲，将欲为治也。正教者皆始于音，音正而行正。故音乐者，所以动荡血脉，通流精神而和正心也。

"故宫动脾而和正圣，商动肺而和正义，角动肝而和正仁，徵动心而和正礼，羽动肾而和正智。故乐所以内辅正心而外异贵贱也；上以事宗庙，下以变化黎庶也。

"琴长八尺一寸，正度也。弦大者为宫，而居中央，君也。商张右傍，其余大小相次，不失其次序，则君臣之位正矣。故闻宫音，使人温舒而广大；闻商音，使人方正而好义；闻角音，使人恻隐而爱人；闻徵音，使人乐善而好施；闻羽音，使人整齐而好礼。夫礼由外入，乐自内出。故君子不可须臾离礼，须臾离礼则暴慢之行穷外；不可须臾离乐，须臾离乐则奸邪之行穷内。故乐音者，君子之所养义也。夫古者，天子诸侯听钟磬未尝离于庭，卿大夫听琴瑟之音未尝离于前，所以养行义而防淫佚也。夫淫佚生于无礼，故圣王使人耳闻雅颂之音，目视威仪之礼，足行恭敬之容，口言仁义之道。故君子终日言而邪辟无由入也。"

这一段，把乐的作用提高到了一个极高的水平。其中，多次提到宫商角徵羽，那么，宫商角徵羽是什么呢？

宫商角（音 jué）徵（音 zhǐ）羽是上古五声音阶中五个不同音的名称，合称五音，基本相当于现在简谱中的 1、2、3、5、6。在《管子·地员篇》中，有采用数学运算方法获得"宫、商、角、徵、羽"五个音的科学办法，这就是中国音乐史上著名的"三分损益法"。

来看看管子怎样形容这五音，颇为有趣。原文不录，直接翻译：徵的声音，就好像小猪被抱走，而老母猪发觉之后惊叫的声音；羽的声音，好像荒郊的野马叫；宫的声音，就像地窖里的牛叫；商的声音，就像失群的羊的叫声；角的声音，就像山鸡在树上鸣叫。

管子有具体的如何校正五音的办法，此处不录。

那么，"宫商角徵羽"这五个名称又是从哪里来的呢？这就有多种说法了，有"天文说""畜禽说""图腾说"。譬如天文说认为，五音从二十八个星宿的名称而来，如"宫"来自二十八星宿环绕的中心——中宫，其他四音来自不同的星宿名称。所以，后来也用五音来形容君臣关系。《史记》中写道："宫为君，商为臣，角为民，徵为事，羽为物。"

俗语常说"五音不全"，而不是"七音不全"，就是来自这里。

《孟子》写道："师旷之聪，不以六律，不能正五音。"意思是：就算师旷这样的大师，没有六律，他也分不清五音。看来，六律也很重要。什么是六律？

古时用竹管做成的定音器定音，共有十二个，各有固定的音高和名称，合称十二律。十二律分为阳律和阴吕各六个，其中奇数为阳，偶数为阴。

所谓六律，实际上就是指六律和六吕。

从低音开始，六律分别是黄钟、太簇、姑洗、蕤宾、夷则、无射，六吕分别是大吕、夹钟、仲吕、林钟、南吕、应钟。

由于律吕的发音，阴阳相生，左右旋转，能发出许多声音，周而复始，循环无端，所以六律后来有许多衍生的解说。譬如十二月、十二辰、十二节、十二经水、十二时、十二经脉等。

《史记》专有"律书第三"一卷说律，也列了六律的计算公式。

《国语·周语下》中记载了周王的首席乐师伶州鸠向周景王解说六律六吕。

461

师旷对音乐的理解出神入化，通今博古，令人叹为观止。

据《史记》，有这样一则故事。

那一年卫灵公前往晋国访问，路过濮水，恰好到了傍晚，于是就在濮水边上投宿。当晚，皓月当空，微风徐来。卫灵公夜不成眠，猛然间听到从江中飘来弹琴的声音，悠然动听。于是，卫灵公叫来左右，问他们听到琴声没有。可是奇怪的是，没有人说自己听到了。

"请师涓。"卫灵公下令。师涓是谁？卫国首席乐师，此次随行。

很快，师涓来了。

"刚才我听到琴声，可是左右都说没听到，你听到没有？"卫灵公问师涓，如果师涓也没有听到，那就是自己的耳朵有问题了。

"我也听到了。"

"那，是不是听起来悠悠然，好像从江上飘过来？"卫灵公精神一振，进一步核实。

"不错，似乎是鬼神之音。"

"哎，对对。"卫灵公更兴奋了。

正在高兴，突然师涓皱一皱眉头，随后用手按住嘴唇。

"嘘，琴声又来了。"师涓说。

卫灵公侧耳细听，果然也听到那悠然的琴声。

"快，备琴，大师替我把这段曲子记下来。"卫灵公下令。

左右急忙备琴，师涓坐定，一边听，一边在琴上模拟记谱。

第二天一早，卫灵公醒来，还想着昨天的事情，立即召见师涓。

"怎样？谱子记下来了吗？"看见师涓，卫灵公急切地问。

"主公，记下来了。"师涓说，略带着一丝疲倦，因为昨晚一夜未眠。

"弹来给我听听。"

"不过，还不是很熟练，请给我一天时间练习吧。"

于是，卫灵公又在濮水边上住了一天，师涓略事休息，开始练习。到了晚上，琴声又传，师涓一边再把谱子反复核对，一边随着琴声演奏，直到自己的弹奏与原曲如出一辙，天衣无缝。

第三天一早，卫灵公醒来的第一件事还是把师涓召来。

"怎样了？"

"妥了。"师涓面带喜色，架好了琴，开始演奏。

琴声悠扬，十分悦耳，隐隐然还有些神鬼之音，与晚上所听到的琴声完全一样。

"太好了。"卫灵公大喜，这下可以为晋平公献上一曲新声了。

卫灵公一行来到了新绛，晋平公在施惠之台设宴招待。双方都很高兴，一边喝酒一边神侃一边看歌舞。眼看着喝得差不多了，卫灵公说话了。

"晋公，我们在来的路上啊，听到了一首新曲子，那叫一个好听。这么好听的东西，我不忍心一个人听啊，就想献给您。"卫灵公早就想好了，在大家正高兴的时候提出来。

"那好啊，快啊。"晋平公果然更高兴。

于是，卫灵公让师涓去师旷的旁边坐下，这边也准备了琴。歌舞暂停，就等着师涓奏这首新曲。

师涓开始演奏，新曲一出，满座寂然，太动听了。

随着新曲的步步展开，大家听得如痴如醉。

只有师旷一个人皱起了眉头，没等一曲奏完，师旷拍了拍身边的师涓的肩膀。

"兄弟，打住，打住。"师旷竟然阻止了师涓。

师涓一愣，停了下来。琴声戛然而止，众人都很吃惊。

"为什么？"师涓问师旷，莫非师旷奏不出这么好听的曲子，嫉妒自己？

"因为这是亡国之音，不能奏完。"师旷厉声说。

师涓愣了，不知道该说什么。

"大师，这个曲子什么来历？"晋平公开口问了。

"这首曲子，作曲的叫作师延，是商纣王的乐师，专为纣王创作靡靡之音。后来武王伐纣，师延出逃，投濮水自尽。如果我没有猜错的话，这首曲子叫作《清商》，必然是在濮水之畔听到的。我知道，听到这首曲子的国君，他的国家一定会被削弱的。"师旷不仅把这首曲子的来龙去脉说得清清楚楚，还把危害也说了出来。

卫灵公和师涓都听得瞠目结舌，因为这确实是在濮水边上听来的。

"大师，你看我别的爱好也没有，就爱听听曲子，既然听了这么多，还是让我听完吧。那什么，师涓，麻烦你奏完它。"晋平公不管那么多，执意要听完。

既然晋平公下令了，师涓就不得不服从了。何况，就算听了这曲子真的有师旷说的那些坏处，又干自己什么事？

师涓沉了沉气，然后接着刚才弹到的地方继续，直到把整首曲子弹完。

"师旷，照你说，《清商》就是最厉害的一首了？"晋平公听完，有些不以为然，这样问师旷的意思是说最厉害的也不过如此啊。

"当然不是，还有更厉害的，叫作《清徵》。"师旷有些不高兴，一来想要镇一镇晋平公，二来也要在卫国人面前显示自己的博闻。

"还有更厉害的？那大师弹来听听。"晋平公的意思，不是太相信。

"不行，主公的德行不够，不能听。"师旷拒绝了，而且不给面子，他一向就是如此。

"哎，有什么灾祸我扛着，又不赖你，来来来，奏来听听。"晋平公就这脾气，你不让他干什么，他就偏要干什么。

师旷想了想，要是不演奏吧，这么多人，都会说自己只会夸夸其谈，那就太没面子了。演奏吧，确实对晋国不好。想来想去，师旷最后想明白了：这个国家又不是我的，他都不在乎，我怕什么？

想到这里，师旷点了点头。

师旷点了头，早有人把师旷的琴送了上来，就摆在师旷的面前。

师旷沉吟片刻，开始弹奏《清徵》。

琴声一出，四座寂然。高手一出手，就知有没有。刚才师涓的琴声已经让大家如痴如醉，惊为天籁。如今师旷出手，比师涓又高了一筹。

这个时候，令人惊讶的一幕出现了，不知从哪里飞来了十六只白鹤，就落在了廊门上。之后，随着琴声，发出欢快的鸣叫，展开翅膀，翩翩起舞。

一曲终了，久久回味。

"哇，太美了。大师，祝您身体健康，万寿无疆。"晋平公很激动，起身为师旷祝福。坐下来之后，晋平公意犹未尽，问："除了《清徵》，还有没有更厉害的？"

"有，有一首曲子叫作《清角》，是当年黄帝大合鬼神时演奏的。以主公您的德行，如果听了，国家将有大灾难。"师旷脱口而出，说完之后，才有点儿后悔。

"嘿，我都这么老了，我死后，哪管他洪水滔天？来吧。"晋平公又来了劲。

师旷没有再拒绝，他知道他今天无法拒绝，况且，他也想验证一下。

大家聚精会神，要听这首最厉害的曲子。

琴声响起，悠扬婉转，令人肝肠寸断。只见白云从西北飘来，随后，随着乐曲渐入佳境，狂风大作，暴雨倾盆，瓦飞砖裂。现场一片惊骇，纷纷奔逃，晋平公在左右的扶持之下，赶紧躲到廊屋之间的安全处。

风雨之中，只有师旷岿然不动，依旧拨动琴弦，沉浸于琴曲之中。一曲终了，师旷长吁一口气，他累坏了。

此后，晋国连旱三年。

为此，《史记》写道："听者或吉或凶，夫乐不可妄兴也。"

第二二五章

知 音

如果仅仅是一个音乐家，师旷的历史价值就要打折扣了。实际上，师旷对于国家大事有自己独特的见解，并且是非常好的见解。

晋平公曾经向师旷讨教治国的方法，结果师旷就把向老子请教来的那套"清净无为"的主张原封不动说给了晋平公。

师旷性格直率而爽快，敢说敢骂甚至敢打，反正闭眼的不怕睁眼的。

462

那一年还是晋悼公十四年（前559年），卫国的孙林父赶走了卫献公。（详见第四部第一四六章）

"卫国人把自己的国君赶走了，是不是有点儿过分了？"晋悼公问师旷，他有些犹豫是不是要干预一下卫国的内政。

"不一定啊，也许是卫国国君太过分了。"师旷立马反对，他一向就认为一个国家出了问题，基本上都是国君的责任，"我听说贤明的国君扬善惩恶，爱民如子，保护他们，宽容他们。这样，臣民就像爱戴父母一样爱戴他，就像仰望日月一样仰望他，就像敬重神明一样敬重他，就像畏惧鬼神一样畏惧他。这样的君主，老百姓怎么可能赶走他呢？反过来，如果君主让老百姓吃了上顿没下顿，国家贪污腐败，百姓民不聊生，这样的君主还有什么用？为什么不赶走他？夏朝每到了初春，都会有宣令官来到大街上，专门听取百姓的意见，以便君主改正自己的错误。上天非常热爱自己的百姓，怎么能容忍有人骑在百姓头上作威作福呢？所以，昏庸的君主被赶走正是上天的意思。"

师旷的意思很清晰，民意就是天意，如果一个君主被百姓赶走，那就是罪有应得。反过来说，如果一个君主对百姓不好，就应该被赶走。

晋悼公点了点头，终于还是没有干预卫国的内政。

晋悼公逝世之后，晋平公对师旷也很尊重，时常向他讨教。

"大师，我最近学习晋国历史，看到文公称霸那一段，狐偃和赵衰两个人，你说谁比较贤能一些？"晋平公问。

"那肯定是赵衰啊。"师旷回答。

"为什么？狐偃可是比赵衰的能力强啊。"

"我给你举个例子，阳处父是个有学问的人，找狐偃推荐他，结果三年都没推荐上去。可是找赵衰，三天就推荐上去了。不能了解别人的才能，是不聪明；了解了不能向上级推荐，那是不忠诚；想推荐又不敢推荐，那是不勇敢；推荐了不被采纳，那就是不贤能。不管怎么说，狐偃不如赵衰贤能。"

师旷的这个观点，后来被孔子用来比较管仲和鲍叔牙。

"大师，你看你弄瞎了自己的眼睛，有没有后悔过？"一天，晋平公问。

"没有，有所失必有所得，我得到了我想要的，没什么好后悔的。"师旷笑道。

"可是，你什么也看不见，岂不是饱受昏暗之苦？"

"主公，眼睛看不见东西算不上真正的昏暗，真正的昏暗有五种：其一是君主不知臣子行贿博名，百姓受冤无处申；其二是君主用人不当；其三是君主不辨贤愚；其四是君主穷兵黩武；其五是君主不知民计安生。主公，要是你不小心治国，那就比我昏暗多了。"借着这个由头，师旷来规谏晋平公。

师旷的点蜡烛理论也很著名。

晋平公二十四年（前 634 年），晋平公突然想起什么来，于是请师旷来请教。

"大师，我现在其实挺想学习的，可是这不都五十多了，读书太晚了吧？"晋平公说得很真诚的样子，似乎真的很想学习。

"晚了？那为什么不点上蜡烛？"师旷回答。

"大师，拿我找乐啊，我不是说天晚了，是说我晚了。"晋平公差点笑出来。

"我怎么敢拿主公找乐呢？我的意思是，少年好学，好比早上的太阳；壮年好学，好比中午的太阳；老年好学，好比点着蜡烛的明亮。那你说说，点着蜡烛行走，总比黑灯瞎火在黑暗中摸索要强吧？"师旷也差点笑了。

"嗯，有道理。"晋平公说。

有道理虽然有道理，可是你不按照道理去做，那也没用。

跟师旷对话之后没几天，晋平公决定征调民工，修建一座宫殿，叫作虒（音 sī）祁之宫。

一时间，民怨沸腾。

不久，在魏榆（今山西榆次）发现了一块会说话的石头。为什么石头会说话呢？晋平公又来请教师旷。

"大师，你从音乐的角度，来分析一下石头怎么会说话。"晋平公觉得石头说话可能又是音乐现象，说不定能把石头请过来演奏一曲什么靡靡之音。

"嘿，别听他们瞎说，石头怎么能说话呢？我估计，是老百姓的误传。"

"啊，这么说来石头不会说话？"晋平公略有点儿失望，不过他倒很相信师旷的话。

听了晋平公的话，师旷突然想起什么来。

"不过，石头不会说话，但是有鬼神附着在石头上说话也不一定啊。"师旷又把话说回来了，石头又能说话了。

"那，这为什么啊？"晋平公就觉得奇怪了，什么鬼啊神的，师旷平时不信这个啊。

"我听说啊，一旦君主做事违背了农时，老百姓怨声载道，就有不会说话的东西要说话了。主公，您现在修建高大宫室，百姓筋疲力尽，民不聊生。这个时候，石头会说话有什么奇怪的呢？"师旷把话又说到了这里，而且一点儿也不客气。

"这个，啊……"晋平公一脸的尴尬。

那么晋平公停止修建宫殿了吗？当然没有，别说石头说话，就算石头杀人，他也不会。

我死后哪管洪水滔天，这就是晋平公的境界。

当年，宫殿落成。

鲁国的叔弓和郑国的游吉都来祝贺。

"嘿，阿游，你们是不是自欺欺人太过分了，这样的事情该来吊唁才对，怎么还来祝贺呢？"晋国的史赵跟游吉关系很好，来了个冷幽默。

"为什么要吊唁？这是晋国人民的大事啊，标志性建筑啊。不仅我们要庆贺，各国都要来庆贺啊。"游吉说，面带笑容，一种坏坏的笑。

各国都很讨厌晋国，所以晋国做这些劳民伤财的事情，大家都觉得应该庆贺。

转眼到了第二年，晋平公在新宫殿里住得很开心。

这一天，晋平公出外打猎，结果看见一只小老虎趴在地上一动不动，一直到晋平公打完猎，那只小老虎还是没动窝。

回到宫殿，晋平公把师旷请来了。

"大师，我听说啊，霸主外出，猛兽看见了就趴在地上不敢起来，因为霸主的霸气太猛了。今天我出去，一只小老虎趴在地上不敢动，是不是说我要当霸主了？"晋平公说得绘声绘色，非常得意。

师旷想了想，并没有一丝替晋平公高兴的意思。

"自然界是瞎猫吃老鼠，一物降一物。我知道有一种叫作驳的动物专吃老虎，而驳马的外形跟驳很接近。我想，主公拉车的马里一定有驳马，所以小老虎看见了就不敢动。"师旷真是博学，立即找到了原因。

"啊，是，是啊，原来是这么回事。"晋平公颇有些沮丧。

"分明老虎是怕你的马，可是你就以为是怕你。你这样自我吹嘘，第一次一定是受窘，第二次就是受辱，第三次就要呜呼哀哉。所以啊，以后自我吹嘘要小心点儿。"师旷说完，起身走了。

"嘿。"晋平公很恼火，原本高高兴兴，现在则十分恼火。

过了几天，晋平公上朝，结果有鸟儿在他头顶来回飞。

下朝之后，晋平公又把师旷给请来了。

"大师啊，我听说啊，霸主出现，凤凰就降临。我今天上朝，鸟儿围着我飞，一直不肯离开，这鸟儿是不是就是凤凰的化身呢？"晋平公很得意，心说前几天你说是我的马吓住了老虎，现在看你还说什么。

"嘿，什么霸主。鸟在你头上飞，顶多说明你是个鸟人。"师旷还是没眨眼睛，直接把晋平公给噎回去了。

"这怎么说话呢？告诉你，那鸟很漂亮的。"

"那我知道了，东方有一种鸟叫作谏珂，这种鸟儿，满身文采，红色的脚，它讨厌同类，但是喜欢狐狸。我问你，你今天是不是穿了一件狐裘上朝？"别看师旷眼瞎，见识比谁都广。

"啊，是啊。"晋平公吃了一惊，又有点儿沮丧。

"我不是说过了吗，第一次自我吹嘘受窘，第二次就要受辱。不好意思，你这是第二次了，我要羞辱你一下，你可真是个鸟人。"师旷骂了晋平公。

"嘿。"晋平公非常恼火，可是人家是个瞎子，你能把他怎么样？

晋平公连着几天不高兴，总觉得应该教训老瞎子一下。

终于，他想到了办法。

晋平公在虒祁之宫设宴，专门宴请师旷。宴席摆好，派人去请师旷。

师旷挺高兴，看这架势晋平公是不是有所悔悟了？高高兴兴地来到宫里，师旷拄着杖上台阶。

"哎，大师大师，怎么穿着鞋就上来了，把鞋脱了吧。"晋平公在上面叫了起来，不错，按着规矩，是该脱鞋。

师旷脱了鞋，小心翼翼地拾级而上。

"哎哟。"师旷叫了出来，脚底下踩到一个很尖利的东西，刺得脚板极痛。师旷站立不稳，不敢向后倒，只得向前跪下去，结果又是一声更凄惨的叫声，膝盖也被刺了。

师旷顾不得这些，急忙转身坐在地上，好在，屁股没有被刺中。

晋平公偷偷地笑，不敢出声，所有人都在掩着嘴偷偷地笑。

师旷看不见，可是什么都听得见，他知道这是晋平公在捉弄自己。他把脚上和膝盖上的刺拿了下来，摸一摸，知道是蒺藜。好在，蒺藜的尖被削掉了，看来晋平公只是要捉弄自己而已，倒没有伤害自己的意思。

"唉。"师旷仰天长叹。

"大师，我只是跟您开个玩笑，别生气啊。"晋平公觉得自己捉弄一个盲人，而且是众人都很尊重的盲人，有点儿过分了，于是亲自来搀扶师旷。

"我很担忧啊。肉如果生了虫，煮熟之后还是要自己吃；木头如果有了蛀虫，刻成东西也是自己用；人如果兴起了妖孽，产生了灾难，不是也要自己承担吗？我听说诸侯的祭器里不蒸煮粗劣的饭菜，国君的殿堂上，不应该有蒺藜生长啊。自作孽，不可活啊。"

"啊，那我已经作了孽怎么办？"晋平公大吃一惊，难道捉弄个人也会引来祸患？

"没办法了，下个月初八册立太子，整治百官吧，主公就要死了。"师旷说，一点儿不像开玩笑。

当天那顿饭，吃得十分沉闷。

到了下个月初八，晋平公醒过来，觉得一切安好，没什么问题啊。于是，派人把师旷给请来了。

"大师啊，你错了吧？你看我好好的，怎么会死？"晋平公对师旷说。

"等明天你再叫我吧。"师旷就说了这一句话，走了。

第二天，晋平公叫师旷了吗？他没有第二天了。当天晚上，晋平公猝死于宫中。

没有多久，师旷也离开了人世。

师旷，一个伟大的艺术家、政治家和思想家，一个一身正气的敢于直言的人。师旷的去世，是中国音乐事业的巨大损失。

师旷，一个真正德艺双馨的人。

463

除了师旷，春秋时期还有很多著名的音乐家，譬如郑国的师文，师文弹奏二十五弦琴时，整天弹得如痴如醉，甚至拜倒在琴的面前喃喃自语："我效于子效于不穷也。"

师文学习音乐的态度非常严肃，据说他学琴三年不成，老师误认为他笨拙，让他回家。师文却讲了一段富有哲理的话，他说曲所存者不在弦，所志者不在声，内不得于心，外不应于器，故不敢发手而动弦。

成语"得心应手"，就是这里来的。（见《吕氏春秋》）

不过，还有一段故事比师文的故事又要传奇得多。

楚昭王元年（前515年），楚国左尹伯郤宛被费无极所害。（详见第五部第一八二章）

伯家被灭门，只有个别人逃脱，除了伯嚭逃往吴国之外，伯家还有一个人逃去了晋国，此人名叫伯牙。

后世有人说他"姓俞名瑞，字伯牙"，这是明末小说家冯梦龙在《警世通言》中的杜撰，而在此之前的史书与《荀子》《琴操》《列子》等书中均为"伯牙"。

伯牙自幼喜好音乐，拜楚国著名琴师成连为师。学琴三年，伯牙琴艺大长。可是，他依然感到苦恼，因为对音乐的领悟还没有进入境界。老师成连也没有进入境界，因此也无法帮助他。

"孩子，我已经倾囊相授了。以你的资质，我已经没有办法教你了。还好，我的老师方子春是一代宗师，琴艺出神入化。他现住在东海的一个岛上，我带你去拜见他，你跟他继续深造，你看好吗？"这一天，成连总算想到了一个办法。

"好啊好啊。"伯牙非常高兴，尽管他从没听老师说过这个师爷。

师徒二人于是从楚国来到了齐国，一路向东到了蓬莱。

"孩子，你在这里等着，我去接老师过来。"成连雇了一条小渔船，出海而去了。

成连一去，再也没有回来。伯牙的情绪从焦急、伤心、失望到冷静。

面朝大海，突然有一种豁然开朗的感觉。伯牙不禁触景生情，有感而发，以琴声来追思老师。于是心手合一，声由心出，顿然感悟到音乐的真谛。在这里，伯牙创作了《水仙操》这首琴曲。

那么，成连究竟去了哪里？或者喂了东海鲨鱼？

原来，方子春只是成连编出来的一个人物，根本不存在。之所以成连要这样编造人物，是要让伯牙独自去感受大海波涛雄壮之声，高山群鸟悲鸣之音，去激发自己的灵感。所以，他登船而去，绕了一个圈子上岸，然后回到楚国等待伯牙回来。

成连成功了，意思就是，伯牙成功了。

从楚国逃到了晋国，伯牙成为晋国的大夫。想想看，当年祖上因为逃难从晋国去了楚国，如今自己竟然又出于同样的原因从楚国逃到了晋国。

"世事难料啊。"伯牙慨叹，对世事有了更多的体会，对音乐也有了更多的体会。

可是，在晋国，自从师旷夫世之后，再也没有好的乐师了。

伯牙的琴法带着明显的楚国风格，深邃悠远，寓意山水。可惜的是，晋国人完全不能理解，或者不能完全理解。因此，尽管在晋国也过得富足，伯牙却很郁闷，因为没有人能懂得他的琴声。

到晋国的第二年，伯牙得到楚昭王为伯家平反的消息，于是决定回一趟楚国，祭扫遇难的家人。

就这样，逃离楚国一年之后，伯牙又回到了楚国。

伯牙由汉江乘船东下，来到汉阳江口遇上风浪，于是停泊在一座小山下。

到了晚上，渐渐风平浪静，云开月出，景色十分迷人。望着空中的一轮明月，伯牙琴兴大发，拿出随身带来的琴，专心致志地弹了起来。

一曲弹罢，长出一口气，猛一抬头，看见面前多了一个人。

"哎哟。"伯牙吃了一惊，只见这个人身材高大，手持一把锄头，正对着自己笑。

难道是强盗？伯牙心说我怎么这么倒霉，弹个琴还把强盗给招来了。

"哇，兄弟弹得真好啊。"这人开口了，竟然赞扬伯牙的琴技。

这个时候，伯牙再仔细看这个人，只见这人头戴着斗笠，卷着裤腿，腿上都是泥，就是一个农民啊。再加上这人说话的口气，绝对不是强盗。

尽管这人不是强盗，伯牙还是很不高兴，自己的琴声如此高雅，竟然招来一个老农民，这跟唱歌把狼招来有什么区别？

"你是谁啊？你能听得懂吗？"伯牙没好气地问。

"善哉，巍巍乎若泰山。"老农民并没有生气，而是说了这样一句话，"当然听得懂，我从你的琴声中听到巍峨之声，就如泰山一般。"

"噢？"伯牙愣了一下，这首曲子的曲名就叫《高山》，是伯牙在泰山所作的。

"那什么，你再听听这首。"伯牙就不信老农民真的听懂了自己的琴声。

伯牙开始弹琴，这是他新作的曲目，名叫《流水》，就是这一路坐船下来，观赏沿途风景，有感而作。

一曲终了。

"善哉，洋洋乎若流水。"曲声还没有散尽，老农民就说话了，"好曲子，意在流水啊。"

伯牙傻眼了，老农民竟然与自己心意相通。

伯牙心中一阵悲凉，在晋国一年多，晋国没有人能够听懂自己的琴声，这令自己非常惆怅。没想到回到楚国，这样一个老农民就能懂得自己。

"大哥，知音哪。"伯牙已经顾不上去管眼前这个老农民的身份了，他只知道这人就是自己的知音，这人真的懂得音乐。

知音，这个词就来自这里。

两人找了块石头，对面坐下，聊了起来。

原来，此人确实是个老农民，姓钟名子期。

"这么说来，你是钟家的人？"伯牙又吃了一惊。

"是，不过到我这辈，就已经是农民了。"钟子期笑笑说。

钟家是楚国的乐师世家，第三部中有钟仪，第五部中有钟建，都是楚国乐师。钟子期是这个家族的人，能够懂得音乐也就不足为奇了。尽管他已经是不会弹琴的农民，可是毕竟对音乐还是有一种天生的感觉。

两人聊得投机，非常高兴。临别，两人约定，一年以后的今天，还在这里相会。

一年之后，伯牙如期来到了两人相遇的地方。可是，江水依然，故人不见。

伯牙左等不到，右等不到，难道是钟子期忘了？于是干脆开始弹琴，希望琴声能把钟子期引来。可是，琴声没有能够再次招来钟子期。

伯牙等了一天，不见钟子期来，不禁有些失望，难道钟子期是这样不守承诺的人？不像。于是，伯牙第二天在附近寻找钟子期。终于，他找了一户人家，这户人家恰好认识钟子期。

"老钟啊？老钟死了。对了，临死前他告诉自己的家人他跟一个晋国人有个约会，一定要把他埋在江边，等那个晋国人来。"这家的长者对伯牙说。

"啊，大哥死了？我就是那个晋国人啊，告诉我，他埋在哪里？"伯牙深深地感到一阵悲伤。

长者带着伯牙来到了江边，果然，就在当初两人相遇的地方不远处有一座新墓。

"这就是了。"长者告诉了伯牙，匆匆走了。

来到墓前，伯牙放声痛哭。

哭过之后，伯牙取出琴，就在钟子期的墓前演奏那两首曲子《高山》《流水》，两曲奏罢，泪水双流。

"啪。"伯牙挑断了一根琴弦，之后把整个琴高高举起，重重摔下。

这是伯牙心爱的琴，这琴陪伴他半生，陪伴他走遍天南海北，他珍爱这把琴胜过珍爱自己的生命。为什么，为什么伯牙摔碎了这把琴？

"知音已死，今后奏给谁听？"伯牙喃喃自语，钟子期已经不在了，谁还能听懂我呢？要这把琴还有什么意义呢？

从那之后，伯牙再也没有弹过琴。

这就是流传千古的"伯牙摔琴"的故事，后来，人们在他们相遇的地方（今武汉龟山），筑起了一座古琴台。

后人有许多咏颂伯牙和钟子期这段知音友情的文章及诗词，譬如王勃的《滕王阁序》中就有"钟期既遇，奏流水以何惭？"而欧阳修曾写下这样的一段诗："钟子忽已死，伯牙其已乎。绝弦谢世人，知音从此无。"

第二二六章
中央要乱了

太子晋去世之后，弟弟王子贵被立为太子。四年之后，也就是周灵王二十七年（前545年），周灵王崩了，王子贵继位为周景王。

每当权力更替的时候，也就是权力斗争重新开始的时候。

小宗族想要全力控制年轻的周景王，而王族又要开始争权夺利了。

464

周灵王有两个弟弟，一个叫佞夫，一个叫詹季，两人一向就对小宗族不满，总想着夺回王族的特权。

周灵王去世前的两年，詹季死了。詹季的儿子詹括来见周灵王，想起父亲的愿望没有实现，想想自己这个王孙的待遇还比不上小宗族的儿子，心里就很纠结很窝火。

"可恶的小宗族，什么时候才能干掉你们呢？唉。"詹括自言自语，发出叹息。

所谓隔墙有耳，就在詹括的身边站着一个卫士。这个卫士是谁？单靖公的儿子单愆期。春秋时期，君主的卫士都由公卿子弟或者王族子弟担任。

单愆期把詹括的话听在耳中，记在心底。

等到詹括走之后，单愆期来见周灵王反映情况。

"大王，我刚才听见詹括在门外抱怨大王，还东张西望。他父亲死了，一点儿悲伤也没有，这样的人，肯定要图谋不轨。大王，我看，咱们先下手为强，干了他。"单愆期比较年轻，说话不知道转弯。

"嘿嘿，你小孩子知道什么？"周灵王笑笑，他不喜欢单愆期，他也知道这小子就是单家放在自己身边的卧底。但是单家的实力太强，自己不敢轻易得罪。

想想看，一个卫士，就敢来建议周王杀掉自己的亲侄子，这个卫士是不是也太牛了？

周灵王当然不会听他的。

不过，不管周灵王听不听，小宗族们已经认定了必须铲除詹括。

等到周灵王崩掉之后，小宗族们控制着周景王。

詹括加紧了准备，他要铲除小宗族。而小宗族们也同样加紧了准备，他们要消灭一切敢于对抗的力量。

周景王二年（前543年），摊牌的时间到了。

佞夫和詹括率先发难，他们率领家族力量攻占了芮邑，以此为据点准备称王。不过，他们的实力实在太弱了，六天之后，刘家、单家、尹家、甘家和巩家联合出兵，结果佞夫被杀，詹括仓皇逃往晋国避难。

又一次较量就这样结束了，王族不堪一击。

尽管几次较量都以小宗族的完胜而告终，可是，王族源源不断，只要他们对当下的权力利益分配不满，他们就会一辈接一辈地来争夺，就像愚公移山一样永不停息。

从王叔陈生到詹括，小宗族其实也已经看到斗争将没有尽头。

未来会怎样？谁也不知道。既然周召毛毕这样的家族也有衰落的一天，谁能说单刘甘巩这些家族就能永远昌盛呢？

周景王四年（前541年），晋国和楚国召集诸侯国在郑国举行第二次和平大会，大会结束后，周景王派刘定公前往郑国，会见正在那里的晋国中军帅赵武。

照例，这是刘定公拉近与晋国个人关系的机会。刘定公和赵武相处得很融洽，两人所住的地方恰好在洛水入黄河的地方，于是两人同往河边观赏两河汇流。

"哇，壮哉。"刘定公大发感慨，似乎很激动，"大禹好伟大啊，要不是他老人家治水，我们现在都成鱼了，哪里能像现在这样衣冠楚楚，吃香的喝辣的？元帅，你可要继承大禹的伟大遗志，为天下百姓谋福利啊，我们可都指望着元帅了。"

马屁拍上，拍得很舒服。

"唉，我现在不求有功，但求无过啊。说句实话，像我们这样的人，也就是苟且偷生，朝不保夕啊。早上醒过来，不知道晚上还是不是活着，说什么为老百姓谋福利啊？"赵武叹了一口气，说了这么一番话出来，让刘定公大为吃惊和失望。

赵武的原话是："吾侪偷食，朝不保夕，何其长也？"（《左传》）

朝不保夕，这个成语来自这里。

"元帅说笑了，天下之强，莫过晋国，元帅是晋国的首相，还朝不保夕的话，我们还怎么活啊？"马屁拍在马腿上了，刘定公连忙给自己找台阶。

"哼。"赵武闷哼了一声，满脸的惆怅，"晋国的中军元帅有几个有后的？白天看似风光，晚上睡不着啊。"

刘定公没有再说话了。

晋国的权力斗争刘定公是知道的，所以他也知道赵武的话并不是故意说给他听，而是赵武真正的感受。赵武的话让刘定公的心情也一下子阴沉了下来，想想王室这边，尽管刘家和单家现在权倾朝野，但是谁知道什么时候就完了呢？

眼前，江水滔滔，洛水汇入黄河，滚滚而去。

谁也没有再说话，只看着河水发呆。

看似风光的人，有多少是晚上睡不着的？

王室的斗争告一段落，小宗族暂时感受不到来自王族的威胁。

管子说过：没有外患，必有内忧。

暂时摆脱了王族的威胁，小宗族的内部矛盾开始凸显出来了。

单靖公死后，儿子单献公继位。单献公很不喜欢自己的族人，认为这些人除了狂妄自大和好吃懒做之外，没有什么优点。所以，单献公重用外来的士人，而疏远自己的亲族。

这样，单家实际上面临王室同样的问题：权力到了外人的手中，王族或者公族的子弟反而得不到保障。

既然是同样的问题，自然会有同样的解决办法。

周景王十年（前535年），单家的公族动手了，相比较，单家的公族比王室的王族更有实力，他们一举解决了问题，干掉了单献公，清理了外来势力，然后立单献公的弟弟为单成公。

单成公虽然被立为单家的家长，可是是被立的，心里免不得忐忑不安。结果，在畏惧中苦苦煎熬，四年之后就去世了。

单家的内乱仅仅是一个开始，小宗族纷纷开始了内乱。

周景王十五年（前530年），原家、甘家和刘家也都出了问题。

原伯绞犯了单献公同样的错误，结果几乎遭到同样的下场，他命大一些，逃到了晋国。他的弟弟继位，为原伯路。

甘家的事情复杂一些，甘简公身为卿士，但是没有儿子。于是，他就立弟弟过为继承人。这一年甘简公鞠躬尽瘁，过就成了甘悼公。结果，甘悼公又犯了单献公同样的错误，他很讨厌公族，准备铲除他们。甘家的公族急忙请刘家帮忙，刘定公这时候已经鞠躬尽瘁了，儿子刘献公在位。于是，刘献公出兵，把甘悼公给杀了，另立了家长。

刘献公摆平了甘家的事情，自己家里却又出事了。

原来，刘献公的太子献也在秘密筹划铲除公族，结果行事不慎，被刘献公知道了。于是，刘献公先动了手，废了太子，杀了太子的老师以及党羽瑕辛，此外，王孙没、刘州鸠、阴忌、老阳子等大夫也受到牵连，遭到免职等处分。

小宗族各大家族都已经乱得可以了。

465

周景王十八年（前527年），太子寿去世了。

周景王很伤心，暂时没有册立新的太子。之所以没有册立新太子，有两个原因，一是其他的儿子都太小，二是他很喜欢自己的弟弟王子朝。

周景王从小就生活在小宗族的严密监视下，从内心，他很讨厌小宗族，希望能够有机会铲除他们。因此，他更希望能有一个强势的太子来接替他，而不是一个年幼无知的太子。所以内心里，他更倾向于让弟弟王子朝做太子。

问题是，小宗族绝对不会答应让王子朝做太子。于是，周景王决定拖一阵再说，借口就是太子寿去世让他太过伤心，不忍心这么快就确立新太子。

王子朝，周景王的同母弟弟，聪明而且果断，一向以来，周景王就非常喜欢他。

小宗族内乱，让王子朝看到了机会。王子朝知道，只要一日不铲除小宗族，王族就永远衰败下去，自己这个王子也只能隐忍偷生，子子孙孙都不会有好日子过。所以，要想让王族翻身，必须铲除小宗族。

看清楚了这些，王子朝开始筹备了。

首先，人在哪里？哪些是自己的人，哪些可以成为自己的人？

如果说小宗族是现在的主流，那么，王子朝能够团结的就是非主流了。

王族是王子朝的势力范围，倒不是亲情或血缘的问题，而是大家的利益是一致的。王子朝所痛恨的，就是整个王族所痛恨的。所以，王子王孙们都是团结的力量。

大宗族是可以团结的力量，尽管他们很没落，但是他们也是一股力量，并且，他们是坚定的力量。

除了他们，还有一批人可以团结，哪一批？周朝王室有一批工匠，称为百工，平时专门为王室服务，拿王室的工资，享有不错的福利待遇。基本上，就相当于国营单位的员工。周王室的国力衰落得厉害，养这帮人越来越吃力。不久前，刘定公和单穆公主导，搞了一次国营单位的人员精简，结果一下子精简掉了一大批人。这些被精简掉的一个个怨气冲天，暗地里都在骂娘，恨死了刘家和单家。这批人，属于对小宗族不满的人群，可以团结。

王子朝一边收拢力量，一边在物色人才。大夫宾起精明干练，跟王子朝的关系一向不错，因此成为王子朝的手下干将，平时混在一起，十分信任。

老聃，王子朝想起这个人物来，这个人有学问，而且还是大宗族的后代，为什么不把他拉进自己的阵营呢？

王子朝设宴招待了老聃。

自从太子晋去世以来，老聃与王室的交往一向就很少，他很享受守在图书馆看书的感觉。如今突然王子朝请他赴宴，尽管兴趣不大，可是无法推却，只得前来。不过老聃知道，王子朝和小宗族之间明争暗斗，自己千万不要站队。

"先生，久闻大名，如雷贯耳啊。"王子朝很客气。

老聃照例也客气了一番，之后入席，也就是喝酒吃肉侃大山。除了王子朝和老聃，还有宾起作陪。

酒过三巡，王子朝就开始往正路上引了。

"敢问先生，祖上是谁？"王子朝明知故问，他早就打听明白了。

"啊，祖上是冉季载，因为是文王的老儿子，所以有一支以老为姓。"老子简单地介绍了自己的情况，因为冉季载当初官居司空，所以老子家族属于大宗，都是从西周迁过来的。

"啊，原来是季载的后代，怪不得这么有学问。"王子朝拍了个马屁，然后叹了一口气，"唉，可惜啊，大宗衰落得厉害，老先生这样的人才也只能在图书馆这样的小地方混日子啊。"

开始煽情。

"哈哈，话不能这么说。'祸莫大于不知足，咎莫大于欲得。故知足之足，常足矣'（《道德经》）。"老聃回答得很轻松：知足常乐。

不上道。

"嘿嘿，话也不能这样说。再怎么说，大宗族对周朝的贡献远远大于小宗族。可是，小宗族仗着自己是地头蛇，总是欺负大宗族，太不公平了。"王子朝提起小宗族就来气，这倒不是装出来的。

继续煽情。

"嘿，算了。'和大怨，必有余怨；安可以为善？是以圣人执左契而不责于人'（《道德经》）。"老聃依旧很坦然，意思是总会有人占便宜有人吃亏，吃点儿亏就算了，不必去争了。

就不上道。

王子朝按捺不住了，他不想跟老聃再这么绕圈子下去。

"先生，您能忍，我不能忍。小宗族吃香的喝辣的，占着最好的土地，拿着最高的薪水，手中掌握着权力，反而王族和大宗族只能跟着喝汤，像孙子一样夹着尾巴求生，这是什么世道？不行，我要改变这一切，要把小宗族打倒在地，再踏上一万只脚，让他们永世不得翻身。"借着酒劲，王子朝恨恨地说，一只手重重地拍在桌子上，菜汤飞溅出来。

老聃摇了摇头，轻轻地擦掉溅到脸上的菜汤。

"我看，算了吧，别争这些了。当初王室东迁的时候，人家小宗族出了很大的力。俗话说，'曲则全，枉则直，洼则盈，弊则新，少则得，多则惑'（《道德经》）。只要自己过得去，就不要争那么多了。"老聃发表自己的看法，他不支持王子朝。

王子朝瞪了他一眼，这话他不爱听。

"先生，您别说这些废话了吧，咱们直来直去。我们准备跟小宗族决战，一举歼灭他们，怎么样，您是不是加入我们？一旦成功，您就是司空，怎么样？"宾起插话了，他是个性急的人，索性把话说明白了，还带着利诱。

老聃愣了一下，自己已经年老，还弄出这种事情来。再年轻二十岁，或许还考虑下。

"那，先预祝你们成功吧。不过，我老了，不中用了。再说了，能吃饱饭我就满足了，没什么志向，你们还是去找有志向的人吧。再者说了，'夫唯兵者不祥之器，物或恶之，故有道者不处'（《道德经》）。打打杀杀这种事情，我不赞成，还是和谐的好。"老聃拒绝了，因为这跟他的理论差得太远。

"您决定了？"宾起恶狠狠地问。

"我什么也没有决定。"老聃说。

老聃的话很明白，依然不愿意加入王子朝的阵营。

"王子，杀了他灭口。"宾起不再理睬老聃，转而向王子朝建议。

老聃心中咯噔一下，心说自己怎么这么倒霉，没招谁没惹谁，知足常乐，结果还是这么个下场。

"算了，先生是个老实人，既然有胆量拒绝我们，又有什么理由出卖我们呢？"王子朝拒绝了宾起的建议，把老聃送走了。

回到家中，老聃长出一口气，总算放下心来。不过随后，他又为国家担心了。

"唉，'天下有道，却走马以粪；天下无道，戎马生于郊'（《道德经》）。"老聃哀叹，看来，和平就快过去，兵荒马乱的日子就快到了。

王子朝知道，单单靠自己的力量是对付不了小宗族的，就算王族和大宗族团结起来，也没有胜算。要对付小族宗，必须寻求外援。

寻求哪里的外援？

王子朝做过一番分析，逐一进行了排除。

晋国是不可能依靠的，因为晋国和单家的关系这些年来一直很好，而刘家和晋国范家已经结成世代姻亲。

楚国也不可能依靠，现在的楚国是楚平王时期，根本无心也无力争霸，王室的事情动不动会惊动全世界，楚平王没有胆量介入，这是其一。更重要的一点是，如果请楚国帮忙，那就等于立即宣布背弃了中原诸侯，得不偿失。

齐国呢？齐国倒是一个不错的选择，齐国人有办法肯出力而且跟晋国人明争暗斗，同时也很讨厌小宗族。可问题是，齐国人太远，远水不解近渴。

宋国人不行，太弱；卫国人也不行，他们就是晋国的跟班。吴国人呢？更不行，一来他们是蛮夷，二来也是太远。

算来算去，只有郑国最合适。

所有诸侯国中，就数郑国跟王室的血缘关系最近，当然，这并不重要。郑国的优势在于紧挨着王室的地盘，随时可以出兵。而且，现在郑国是子产执政，敢想敢干，还有办法，就算是晋国人也对他敬畏三分，说不准他们能帮上忙。

于是王子朝派人前往郑国，暗中找到子产寻求帮助。

"这事情我们愿意帮忙，不过必须从长计议，争取晋国六卿中至少一半的支持，这样才能避免晋国介入。所以，不要急，我们先制订一个计划。"子产的答复非常令人鼓舞，既然子产答应的事情，他一定会全力去做。

王子朝非常高兴，信心大增。

可是，美梦容易醒，就如美人容易跑一样，世间的好景总是不长。

周景王二十三年（前522年），从郑国传来一个噩耗，子产去世了。

"啊。"王子朝大失所望，他知道，现在，他只能靠自己了。

第二二七章

世间本无鬼

　　郑简公三十一年（前535年），也就是子产铸刑鼎的第二年，子产前往晋国访问。

　　到了晋国，才知道晋平公正病着呢。中军元帅韩起亲自接见了子产，两人见过礼，子产就问起晋平公的病来。

　　"不瞒你说，我们主公已经病了三个月了，药没少吃，该祭祀的也都祭祀了，按理说鬼神也不该来打扰了，可是病情一点儿不见好。昨天晚上，主公又梦见一只黄熊到了卧室的门口，你知不知道这是个什么恶鬼啊？"韩起知道子产有学问，因此请教起来。

　　"嘿，凭着贵国国君的英明领导，还有元帅您的无私奉献，什么恶鬼会来？放心，没事的。"子产根本就不相信有鬼，说完这话，再看韩起，好像是满脸的疑惑，似乎这只是子产在安慰他，子产一看，看来说实话反而让人怀疑，既然这样，那就忽悠忽悠你吧，"不过呢，我听说上古的时候尧在羽山杀了鲧，鲧的灵魂就变成了黄熊，后来夏商周三代都祭祀他。如今晋国是盟主，大概应该祭祀他，估计就是没有祭祀他所以导致了贵国国君的病吧。"

"哎，有道理。"这下，韩起眼前一亮，似乎找到了答案，"那什么，你先坐坐，我失陪一下。"

韩起匆匆走了，他去见晋平公了。

第二天，晋国祭祀了鲧。

随后的几天，晋平公的病情持续好转。

所以，很多时候，病都是被自己吓出来的；很多时候，心理暗示是能治好自己的病的。

到子产离开的时候，晋平公为了表达自己的感谢，把莒国进献的两个方鼎赠送给了子产。韩起等一帮六卿也都不甘落后，纷纷送礼给子产。

"哎，说实话没人信，装神弄鬼反而有礼收。"子产哭笑不得，带着一大堆礼物回郑国了。

466

子产和良霄的关系一直不错，而且他知道如果不是良霄的爷爷子良当年的力争，整个穆族早就不存在了，看到良家破败，总觉得心中有点儿不是滋味，总想着要想个什么办法帮一帮良霄的家族。

从晋国回来，子产突然想到了一个办法。什么办法？鬼办法。

因为生前比较专横，良霄死后，郑国人经常用良霄的鬼魂来互相吓唬。有的时候天晚之后大家在一起说笑，有人说一声"良霄来了"，大家就赶紧各自回家了。

其实，谁也没有见过良霄的鬼魂。

去年，驷带死了；今年年初，子石又死了。这两位都是良霄的仇人，因此民间流传这两位都是被良霄的鬼魂所杀的。

从晋国回来，子产把良霄的儿子良止立为大夫，顺便把子孔的儿子公孙泄立为大夫。这样，穆族所有兄弟的后代都算有了着落。

"我们已经立了良霄的儿子良止为大夫，良霄有人祭祀了，再也不会出来兴妖作怪了，大家安心吧。"子产通告了全国，从那之后，真的再也没有听说过良霄闹鬼的事情。

世间本无鬼，心中才有鬼。有的时候，驱鬼的办法恰恰是装神弄鬼。

说起来，子产是个很重亲情的人，他希望所有的叔伯兄弟都有饭吃。现在，他做到了。

对于子产的做法，很多人有疑问，可是，他们不问。只有一个人，有疑问一定会问。

"叔啊，为什么立了良止为大夫，良霄的鬼魂就不闹事了？"游吉来问子产，他跟子产的关系最好，但是从来不会拍子产的马屁，有什么看法都当面提出来。

"历来呢，到处游荡闹事的都是孤魂野鬼，如果他有了归宿，就不会闹事了。良止做了大夫，可以祭祀良霄了，也就是他的鬼魂有了归宿了，当然就不闹事了。"子产一本正经地说，忽悠人也要有理论才行。

"那，为什么还要立公孙泄为大夫呢？"游吉又问，说起来，子孔可是所有家族的仇人。

"嘿，再怎么说，子孔也是我叔叔你叔爷啊。良霄闹事，他儿子就做了大夫；子孔不闹事，儿子就当老农民，这不公平啊。如果这样的话，子孔的鬼魂又该出来了。所以啊，干脆两人一块儿当大夫吧。"子产说，其实他只是不忍心让子孔的后人混得太惨。

拆迁问题，自古就有。

来看看子产怎样对待拆迁问题。

郑简公三十六年（前 530 年），郑简公去世了。

葬礼确定了，葬地在郑国的祖坟。于是，有一个问题出来了，从宫室到墓地怎么走法。确定了走哪条路之后，就要把这条路上的所有建筑拆除。

首先确定了最近捷的走法，可是，游吉家的宗庙就在这条路上。

拆，还是不拆？

这一天，子产沿路考察，看看要拆哪些房子。游吉命令家里的人拿着工具在自己的宗庙周围，但是不要真的去拆。

"这是谁家的？怎么不拆？"子产到了这里，问道。

"这是游吉家的宗庙，我们实在不忍心拆毁。不过我家主人说了，如果您一定要我们拆，我们就拆。"游吉的家人这么回答，都是游吉教好了的。

"那别拆了，另外选一条道。"子产说，他不愿意拆别人的房子。

于是，另外选了一条道。

这条道上又碰上了新问题。

一个掌管公墓的大夫的家就在这条路上，拆了他家，那么上午就能把棺木运到墓地；不拆绕道的话，要到中午才能到。

"拆吧，否则那么多外国宾客要在墓地等到中午。"游吉建议拆，拆自己家的不愿意，拆别人家的不犹豫。

"不拆，绕道走。"子产瞪了游吉一眼，毫不犹豫地回答他，"外国使者们不远千里来到郑国，一两个月才走，还在乎等到中午？不拆这房子对外国宾客没什么影响，又能不骚扰百姓，为什么要拆？"

于是，子产没有拆一家的房子，葬礼当天，所有人在墓地等到了中午，也没有人有怨言。外国宾客不仅没有表示不满，而且对子产不损害本国百姓利益的做法大为赞赏。

对此，《左传》中君子说道：子产于是乎知礼。礼，无毁人以自成也。

子产是个懂得礼的人，礼，是不允许损人利己的。

后世有许多当国者为了取悦外国人而损害本国百姓的利益，不仅本国百姓愤慨，就是老外也瞧不起他们。在这个问题上，真的需要向子产学习。

子产懂得一个简单的道理，国家靠的是百姓，而不是外国人，所以取悦百姓比取悦外国人更重要。

郑简公去世的第二年，子皮也去世了。

听到子皮去世的消息，子产哭了。没有子皮的支持，他就当不上郑国的执政；没有子皮的力挺，他的执政方针就无法实行下去。所以尽管子皮是自己的侄子辈，但子产对子皮非常尊重。

"完了完了，只有子皮最了解我啊，你走了，谁来帮我呢？"子产哭着说，他是真的悲痛。

没有子皮的信任和无条件的支持，子产就不会成为一代名相。子皮能够为了国家的利益任用贤能，放弃权力，的确难能可贵。

467

子产不信鬼神，不信卜筮，也不信星象，他是一个彻底的无神论者。

郑简公去世之后，郑定公继位，郑定公五年（前525年），这一年发生了两个天文现象。夏天的时候，发生了日食；到了冬天，彗星扫过大火星，尾巴一直到了银河。

天象异常，于是，当时著名的几位天文学家，也就是星象学者纷纷发出警报。

鲁国的申须和梓慎都是著名的天文学家，两人在一起讨论了一番。

"慧，所以除旧布新也。"申须首先发言，为大家贡献了一个成语：除旧布新。申须得出结论：明年要发生火灾了。

梓慎做了进一步的推演，得出更加精准的结论："宋国、卫国、郑国和陈国将要发生火灾。"

郑国人裨灶也是著名天文学家，一测算，也得出了结论。

"相国，我夜观天象，发现明年陈卫郑宋四国会同日发生火灾，不过如果我们用瓘斝玉瓒来祭祀神灵，郑国就能躲过去。"裨灶把自己预测的结果向子产做了汇报，满怀希望能够得到表扬。

"嘿嘿，天上的事情跟地上的事情有什么关系？别扯了。"出乎裨灶的意料，子产拒绝了。

"分明指与平川路，却把好人当恶人，哼。"裨灶心头不满，没敢说出来，走了。

第二年五月七日，中原一带刮起了大风，梓慎再次给出预测："这个风就是火神祝融刮起来的，预示着七天之后要发生火灾。"

五月九日，风越刮越大。

五月十四日这一天，预言应验了。宋国、卫国、陈国和郑国四个国家同时发生大火。

这一天，郑国首都大火。

"看见没有，不听我的，不听我的，火神来了吧，唉。"裨灶叹着气，到处说。

子产才不相信什么火神，这个时候他的第一反应是：如果这是敌对国家的破坏怎么办？谁是敌对国家？表面看上去是宋国，实际上是晋国。

基于这样的担心，我们来看看子产怎样应对这场大火。

"传我的命令，所有晋国人严禁进入首都。"子产的第一道命令就是这样，要严防晋国人。与此同时，所有前来郑国访问的外国客人全部送到城外，名义上是保护他们，实际上是提防他们；所有旅居郑国的外国人，不许走出住所。

"发放武器，全国进入紧急状态。"子产不仅安排了首都的城防，还同时派人前往边境通知边防部队进入一级战备，随时准备迎击外国侵略者。

"叔啊，这样做，会不会让晋国人不满啊？会不会反而激怒他们，来进攻我们呢？"游吉又来质疑了。

"小国一旦忘记了防守就会灭亡，更何况我们正处于灾难时期。小国要想不让人轻视，就必须常备不懈。不跟你说了，下面的事情该你去做了。"子产解释了几句，又给游吉布置任务。

国家安全事务安排完毕，紧接着，子产命令游吉率人巡视祭祀场所和宗庙，严令仓库管理人员坚持岗位，做防火准备。

再之后，派人前往国君的宫室，把国君的妃子宫女们安排到安全的地方。

"司马司寇，你们率领军队救火。"最后，安排救火。

大火在当天被扑灭，子产令人在城外修建祭坛，祭祀水神火神。子产虽然不信这一套，可是他知道，这是安抚民心的手段，一定要做。

烧毁的房屋都做了登记，受灾的人家全部免除税赋，按户发放木材重新建设。

郑国停市三天，全力帮助受灾群众。

一切安排妥当，子产派人前往各诸侯国通报火灾情况，告诉各国郑国已经一切恢复正常，让友邦放心，当然，也提醒不怀好意的国家不要轻举妄动。

最后，开始调查起火原因。原因很快查明，最早起火是一群小孩玩火造成的。

受灾的四国中，卫国、宋国和郑国采取了同样的措施，只有陈国没有采取救火措施，陈国君臣各自保护自己的家，至于人民的死活，完全没有人去管。其他诸侯国中，只有许国没有派人往受灾四国慰问。所以，《左传》中君子说道："陈不救火，许不吊灾，君子是以知陈许之先亡也。"

火灾刚刚过去，又来事了。

裨灶第一个来了。

"相国啊，看见没有，看见没有？上天的旨意不能违背吧？我告诉你吧，赶紧按我的建议去做，否则还要发生大火。"裨灶很得意，因为他的预测是准的。

"该干什么干什么去，你的建议我是不会采纳的。"子产直接给顶回去了。

"嘿，我本将心向明月，奈何明月照沟渠啊，唉。"裨灶很恼火，叹着气走了。

等裨灶走了，游吉又质疑起来。

"叔啊，这国家的宝物本来就是用来保护百姓的。如果再发生火灾，国家就濒临灭亡的边缘了，既然有人提出了办法，怎么舍不得那点儿宝物呢？"游吉有些不满。

"哎，你说宝物是用来保护百姓的，这话我喜欢听。但是，天道远，人道迩，非所及也，何以知之？（《左传》）自然界的规律远不可测，人世间的道理则近在眼前，二者之间互不相干，他怎么看着星星就知道有小孩子玩火？别听他瞎忽悠。"子产笑了，他很喜欢游吉的为人，憨直而善良，不过，太憨了。

"那，人家上一次不是都说中了？"

"说中什么啊？说得多了，当然有中的时候。你想想，他预测过多少回？中的多还是不中的多？偶尔中了一回，他就到处去说，弄得大家以为他很灵。"

游吉仔细想想，好像还真是这么回事，裨灶的预测还真是时灵时不灵。

"可是，就按照他的去做，不是也能安定人心吗？"游吉还不甘心。

"安定人心是要看时候的，当初火灾的时候，人心惶惶，需要安定，所以那时候就要祭祀。而现在人心已经安定下来，但是天气依然干燥，需要的是小心谨慎防火。这个时候如果按照他的说法去做，反而让大家松懈，更容易引起火灾。"子产分析。

同样的事情，不同的情况下，有时要做，有时不要做。

结果，郑国在子产的领导下，防火措施到位，再也没有发生火灾。

"还是叔比较牛。"游吉打心眼儿里佩服子产。

第二个来的是晋国人，游吉的担心成了现实，晋国人前来责问。

"你们遭受了火灾，我们也很关心啊，我们的国君亲自祭祀，为你们祈祷。可是你们呢？把我们当敌人，让我们边境的百姓非常惶恐，你们到底什么意思？"晋国使者的语气很强硬，看上去很愤怒。

"多谢多谢，贵使者您说对了，我们的灾难就是贵国国君的忧患啊。我们做得不好，所以上天给我们降祸下来，我们要救灾，还要防范犯罪分子趁火打劫，然后越境潜逃，成为贵国的祸患。再者说了，我们侥幸没有灭亡，今天还有机会辩解；要是我们灭亡了，即便贵国国君再为我们担忧，也是无济于事了。郑国的周边还有很多国家，我们没有时间分辨谁更危险谁更应该提防，但是我们知道一点，郑国一旦受到攻击，我们能够投奔的就只有晋国了。既然我们已经奉晋国为盟主了，怎么可能背叛晋国呢？"子产一番话，说得使者没话说，只好说些今后注意之类的话，然后就走了。

对大国，很多事情摊开了说，反而能够得到他们的尊重和谅解。

第二年，驷带的儿子驷偃死了。驷偃的老婆是晋国范家的人，给他生了个儿子叫作驷丝。驷偃死的时候，驷丝还很小，驷家的人一商量，说这么个小孩当了家长的话，家族肯定要完。所以，驷家一致决定，让驷偃的弟弟驷乞接班。

按着规矩，确定了接班人后，要向相国汇报，请求批准。驷家于是向子产提交了报告，子产一向很讨厌驷乞这个人，可是，人家驷家都这样决定了，自己似乎也不好干预。所以，子产干脆装聋作哑，压下报告，也不说批准，也不说不批准。

驷家一看，你不批就算了，反正我们就这样了。

子产不批，驷家倒不是太害怕，毕竟子产也没说不批。

可是，驷丝的老娘不干了，派人去了娘家，请娘家的人为自己出头。于是，范家的人从晋国来了。来人叫范统，是驷丝的舅舅。

"怎么回事？怎么把我外甥给废了？啊？你们胆肥了？不想过日子了？也不撒泡尿照照自己。"范统很蛮横，到了驷家，把驷乞大骂一顿。

驷乞被骂得狗血喷头，可是惹不起晋国人啊，怎么办？流亡去吧。

驷乞派人给子产传了话，说自己要流亡了，这家长还是给驷丝吧。

"流亡？流什么亡？把他给我叫来。"子产当时就火了，派人把驷乞给找来了。

驷乞战战兢兢惶惶恐恐地来了，他不知道子产要怎样对待他。自己当初没有经过组织程序就继承了哥哥的产业，组织上是不是要追究自己？

"相国，那什么，您找我？"驷乞弱弱地问。

"听说你要流亡，是吗？"

"是，是，那，晋国人……"

"打住，说起来，你现在也是郑国的卿，你流不流亡也该郑国人决定啊。"子产很生气地对他说。

"那，晋国人来了，咱……咱惹不起啊。"

"惹不起，你怎么不来找我？"子产呵斥他，然后叫手下，"去，把范统给我找来。"

不一会儿，范统来了。

"相国，您找我？"范统看见子产，老实了很多，因为晋国人提起子产都很敬佩。

"客人请坐。"子产对他也很客气，等他坐下，子产接着说了，"我们郑国这些年来比较不顺，六卿接连去世，这不，驷偃也走了。因为他的儿子还小，所以几个叔叔一商量，怕他肩负不起家族的重担，导致家族中落，所以就让他的叔叔驷乞继承了驷偃的位置。这件事情，我们国君和我们几个老臣商量过，觉得这是老天要破坏继承的规矩，既然是天意，那就不要靠人力去阻止了。俗话说：无过乱门。哪家要是乱了，大家都尽量躲远点儿。有打架斗殴的，大家都避之犹恐不及。如今你来问驷家是怎么回事，我们国君都不敢说谁对谁错，我们怎么能说？所以这事情，我一直都没管，因为不该管。平丘盟会的时候，贵国国君也说了'不要放弃自己的职责，也不要干涉别人的事务'。如果我国的大夫去世了，都要由晋国人来干涉继承人的问题，那我们还算是个独立国家吗？"子产一番话，滴水不漏，范统张口结舌，说不出话来。

想想看，就连赵武、韩起和叔向都被子产说得无言以对，何况这个范统？

"行了，驷乞，说起来，你们也是亲戚。回去好好款待款待，带着亲戚去转转，今后也常常走动走动，到晋国出使的时候也有个亲戚能串串。"子产打发驷乞和范统走了。

范统没办法，在郑国待了几天，又劝了劝姐姐，回晋国了。

这件事情很快传遍了各国，各国齐声赞叹：子产，牛。

以晋国人的专横跋扈，各国都感到头痛，只有子产几次三番地不给他们面子，而且让他们口服心服，确实不是一般的牛。

第二二八章

正直是正直者的耗子药

郑定公七年（前523年），郑国发了大水，人们在荥阳南门外的大水坑里发现两条龙在打架。

郑国人民马上产生了联想：发大水，是不是因为这两条龙打架？于是，人们纷纷提出要求，希望政府祭祀这两条龙以便消灾。

"救灾还来不及呢，还祭祀什么！"子产断然拒绝，还说了一段很有名的话："我斗，龙不我觌（dí，看的意思）也；龙斗，我独何觌焉？禳，则彼其室也。吾无求于龙，龙亦无求于我。"（《左传》）

简单翻译：我们人打架，龙从来也没来劝过。龙打架，凭什么我们要热脸去贴人家的冷屁股？再者说，水坑就是人家的家，咱们祭祀就能让它们离开？我们没什么求到龙的地方，龙也没什么求到我们的地方，管它们干什么？

子产，是真的牛。

郑定公八年（前 522 年），子产终于走到了生命的尽头。

在去世之前，子产认真考虑了接班人的问题。综合考虑之后，他认为游吉是最合适的人选，尽管游吉常常质疑自己的做法，可是他正直无私。

于是，子产确定了游吉接班，经过郑定公同意之后，子产派人把游吉请到了家里。这时候，子产已经卧床不起了。

"游吉，看这样子我是活不久了，郑国今后就交给你了。"子产尽量说得直截了当。

"叔，那您有什么吩咐？"游吉是个实在人，并没有假装推托做高风亮节状。

"我知道你个性宽和，对我的严厉管理方法始终有意见。不过我要告诉你，只有具备高尚德行的人才能够用宽松的管理让老百姓顺从，我们这样的才能必须用严厉的政策才行。就像火，就因为炽热而让人畏惧远离，因此很少有人被烧死；而水很柔顺，人们就喜欢玩水，所以就经常有人淹死。所以，宽松的管理是很难的。"子产最担心的就是这一点。

游吉点点头，不过很迟疑的样子，子产知道，游吉并不认同自己的看法。

"你有什么疑问？"子产问游吉。

"我想问问，该怎样对待邓析？"

"邓析？你按照你的方式就好了。"子产回答。

邓析是谁？为什么游吉专门要提出这个人来？后文再表。

几个月之后，子产去世了。

子产家里很穷，去世的时候家无余财，无法按照卿的规格下葬。郑国人于是纷纷捐赠财物，子产的儿子很有骨气，按照父亲的遗嘱，一概不收。不过郑国人不管这些，都放在子产家的院子里，金银珠宝熠熠生辉。子产的儿子将这些金银财宝都扔进了河里，河水因此金光闪闪，这就是郑州市金水河的来历。

最终，子产的儿子用牛车将子产的遗体送至陉山，挖坑垒石埋葬，除了生前衣物，没有任何陪葬品。

一个官员是贪是廉，看看他的葬礼就知道了。

如今，在新郑市与长葛市交界处的陉山山顶有一座子产庙，庙前，有一个不高的土堆，这就是子产的墓。几千年来，无人盗墓，不知道是太佩服子产还是因为知道盗墓也盗不到财宝。

"文革"时期，墓碑被毁。

2010年3月，墓上出现大洞，有人盗墓未遂。

游吉担任了执政，没有人反对。

果然，游吉采取了宽松的管理。可是，他意料之外的事情发生了，宽松的管理使得犯罪率迅速上升，强盗开始兴起，短短几个月过去，强盗竟然在崔苻这个地方啸聚，为害一方。

到了这个时候，游吉才不得不承认子产的高明。

"叔啊，我要是早听你的，怎么会这样呢？"游吉彻底服了子产，于是出兵讨伐崔苻的强盗，这一次没有心慈手软，把强盗全部杀死。随后，恢复子产的严厉管理方式。

对于这件事，孔子有一段著名的论述。

"善哉！政宽则民慢，慢则纠之以猛；猛则民残，残则施之以宽。宽以济猛，猛以济宽，政是以和。《诗》曰：'民亦劳止，汔可小康；惠此中国，以绥四方。'施之以宽也。'毋从诡随，以谨无良；式遏寇虐，惨不畏明。'纠之以猛也。'柔远能迩，以定我王。'平之以和也。又曰：'不竞不绿，不刚不柔，布政优优，百禄是遒。'和之至也。"（《左传》）

这段话翻译过来是这样的：好啊！施政宽和，百姓就怠慢，百姓怠慢就用严厉措施来纠正；施政严厉，百姓就会受到伤害，百姓受到伤害就用宽和的方法来舒缓。宽和用来调节严厉，严厉用来调节宽和，政事因此而和谐。《诗·大雅·民劳》中说：民众辛苦又勤劳，企盼稍稍得安康；京城之中施仁政，四方诸侯能安抚。这是施政宽和。不能放纵欺诈者，管束心存不良者；制止抢夺残暴者，他们从不惧法度。这是用严厉的方法来纠正。安抚远方和近邻，用此来安定我王室。这是用和睦来安定国家。又说：既不急躁也不慢，既不刚猛也不柔，施政温和又宽厚，百种福禄全聚拢。这就是和谐社会啊。

成语"宽猛相济"，便是出于这里。

有了这个教训，游吉转而完全按照子产的思路来治理郑国，也按照子产的方式来处理国际事务。

在外交上，游吉像子产一样坚持国家原则。

郑献公二年（前512年），这一年晋顷公去世了。盟主去世了，小弟国家自然要来送葬。郑献公刚刚断奶，自然不能前去，于是游吉去了，先吊唁后送葬。

这个时候晋国的中军元帅已经是魏舒，早就想找机会教训郑国人，总算有了机会。为什么魏舒对郑国人这么大意见呢？因为在晋国，赵家和韩家是世代结盟，魏家与这两家关系都不好，而此前子产和赵武关系很好，游吉和韩起也是莫逆之交，魏舒就感觉到郑国人跟赵、韩两家是一伙的，因此对他们很不满意。

游吉来到晋国，魏舒拒绝接待他，反而派了士景伯去质问他。

"当年我们悼公去世的时候，你们是来了子西吊唁，子乔送葬，怎么这次只你一个人来了？瞧不起我们晋国人是吗？不给魏元帅面子是吗？"士景伯劈头盖脸呵斥游吉，按说，游吉是郑国上卿，士景伯不过是晋国的上大夫，怎么说，士景伯也没有资格这样说话。

这个时候，游吉的脑海里闪过子产的高大形象，子产与晋国人斗争的一幕幕在他眼前闪过。"可恶的晋国人，纸老虎，老子不怕你们。"游吉暗暗骂道，同时激励自己对晋国人不能低三下四。

"诸侯之所以归顺晋国，是因为晋国讲究礼法。礼法呢，就是小国侍奉大国，大国爱护小国。小国侍奉大国呢，就是要随时听从大国的命令；大国爱护小国呢，就是要多多体恤小国的难处。像这样的葬礼，我们郑国怎么会不知道怎样去做呢？先王的规矩是：诸侯的葬礼，士来吊唁，大夫来送葬。只有朝会、聘问、宴享和战争才会派出卿。从前晋国遇到丧事时，只要郑国国内安定，我们的国君都会来吊唁送葬；但是如果恰逢国内有事，那可能就连大夫和士都派不出来。大国对于小国的爱护就表现在，如果小国在礼法上偶尔不周，大国也能够体谅，只要大体具备礼仪，不苛求具体的数目和级别，就认为是合乎礼数了。周灵王去世的时候，我们的国君和上卿恰好在楚国，于是我们只能派出少卿印段，人家王室也没有责备我们，因为他们知道我们只能做到这一点。如今呢，你们非要说我们怎么不按从前的规矩办，那我问你，从前我们有高于常礼的时候，也有低于常礼的时候，我们该比照哪一种？现在我们的国君刚刚断奶，无法前来，那么我来了还不够吗？"游吉说话也不客气，一通话下来把士景伯说得哑口无言。

士景伯回去，把这番话学给魏舒听。魏舒一听，这游吉分明是得了子产的真传，算了，还是放过他算了。

就这样，魏舒再也没有为难游吉。

总的来说，游吉做得不错，在历史上的名声也很不错。他尽管没有子产那样的开拓力和远见，但是很勤奋而且很无私，因此基本上能够守住子产的改革成果。

《史记》中子产被列入"循吏列传",这样记载:"为相一年,竖子不戏狎,斑白不提挈,僮子不犁畔。二年,市不豫贾。三年,门不夜关,道不拾遗。四年,田器不归。五年,士无尺籍,丧期不令而治。治郑二十六年而死,丁壮号哭,老人儿啼,曰:'子产去我死乎!民将安归?'"

尽管对子产的评价不低,可是太史公对子产对中国法治的贡献还是低估了,严重低估了。

子产铸刑鼎是中国历史上最早的公开的成文法,在中国乃至世界法律史上都是一件大事,子产因此被奉为中国历史上最早的法家之一,在他之前的仅仅有管仲一人而已。

历史上,甚至有一些人将子产称为"春秋第一人"。

子产与管仲一脉相承,都属于法家的先驱。不过子产比管仲要不容易得多,毕竟郑国的国内国外形势都比当初齐国要恶劣得多。

我们不妨按照韩非子对一国首相的评价标准来看子产,按韩非子的理论,一个合格的首相,要懂得运用"法术势"三种手段。

子产是中国历史上最著名的法家之一,铸刑鼎就已经奠定了他的地位,在法的运用上无懈可击。

与管仲受到齐桓公无限信任一样,子产之所以能够施展自己的抱负,与郑国的体制分不开。当国者子皮确定了子产执政之后,宣布所有人必须无条件服从子产,子皮的支持可以说是子产执政的基础。而郑简公同样对子产表态:朝廷的祭祀礼仪由我管,国家内政外交给你管,各司其职,不得互相干预。

子产的权术玩得炉火纯青,在法治之外,运用权术扫除改革障碍,心黑手狠,并不亚于赵盾。不过,子产的权术都是为了改革铺路,为了国家,与赵盾的权力欲完全不同。

当法和术解决所有问题之后，子产已经不需要用势这个手段了。在韩非子的理论中，子产就是一个完美的政治家和执政者。

在国家间事务中，子产坚持一个"守礼"的原则，真正做到不卑不亢。所以，即便是晋楚两个大国的国君和权臣也都对他敬佩有加，其个人魅力无与伦比。

能够让郑国在恶劣的国内国际环境中活得有滋有味有尊严，子产堪称伟大。翻看中国历史，有几个人能和子产比肩？

孔子和叔向一样强烈反对子产铸刑鼎，但是，这不影响孔子对子产的崇拜之情。

《孔子家语·辩政篇》里孔子说道："夫子产于民为惠主，于学为博物，晏子于民为忠臣，于行为恭敬，故吾皆以兄事之。"孔子认为子产博学而爱民，自己把他看成兄长。

《论语·公冶长》中记载："子谓子产有君子之道四焉：'其行己也恭，其事上也敬，其养民也惠，其使民也义。'"

到子产去世的时候，孔子在鲁国听到消息，潸然泪下，说道："古之遗爱也。"

能让孔子落泪的人并不多，更何况孔子与子产的政见不同。大致，这就是孔子所说的"君子和而不同"了。

在《史记·循吏列传》中，除了孙叔敖和子产之外，还有三个人，都是春秋时人，顺便做一介绍。

公仪休是鲁国的博士，也就是儒学研究比较高明的人。由于才学优异做了鲁国相国，至于那时候谁是国君，太史公也没有说，我们也就不知道。

公仪休这人奉公守法，他命令当官的不许和百姓争夺利益，做大官的不许跟小官争利。

有一次，有人给公仪休送鱼来了，因为这人听说公仪休爱吃鱼，特地来巴结。

"不行不行，我不能收。"公仪休拒绝了。

"听说您爱吃鱼啊，您是嫌我这鱼死了？没有啊。"送鱼的当然不肯就这么拿回去。

"正因为我爱吃鱼，才不能接受啊。现在我做国相，自己还买得起鱼吃；如果因为今天收下你的鱼而被免官，今后谁还肯给我送鱼？所以我决不能收。"公仪休说了自己的道理。

说来也奇怪，春秋时期公仪休讲的道理，后来再也没有人讲过了。看来，《史记》这段记载很失败。

公仪休吃了家里种的蔬菜，感觉味道很好，于是就把自家园中的菜都拔下来扔掉了。他看见自家织的布好，就立刻把妻子赶出去旅游了，自己在家里把织机给砸了。

"爹，你这是干什么啊？"儿子觉得奇怪，于是来问。

"干什么？我都说了，当官的不要跟老百姓争利。你说当官的家里如果都种好菜、织好布，人家农民和织妇把他们的产品卖给谁啊？"公仪休的自我要求非常严格，而且很自觉。

石奢是楚昭王的相国，为人非常正直。

有一天在路上发生了一次斗殴杀人事件，恰好石奢路过，于是驾着车去追赶凶手。眼看就要追上了，石奢跳下车来，拦在凶手的面前。

"大胆凶手，还不束手就擒？"石奢大喝一声。

"嘿嘿嘿黑，你敢抓我？"凶手一点儿也不害怕，笑呵呵地说。

石奢抓他了吗？还真没抓他，让他走了。这是什么人？石奢他爹。

放走了凶手老爹，石奢心潮起伏，久久不能平静。那一刻，他想起了孙叔敖，想起了子产，又想起了公仪休，他感到惭愧。

于是，石奢让人把自己绑了起来，前去见楚昭王。

"相国，这是干什么？"楚昭王大吃一惊，这个国家，除了自己，谁这么大胆敢绑石奢啊？

"我爹杀了人，要是杀我爹吧，那是不孝；不杀我爹吧，那又是不忠。所以啊，我放了我爹，自己就是犯了死罪。"敢情石奢认罪来了。

"算了算了，这不能怪你啊，你还当你的相国。"楚昭王一听，这不是小事一桩吗？"来人，给相国松绑。"

松了绑，楚昭王又发了话，石奢可以心安理得地走了。可是，他没有。

"大王宽赦我，是大王的恩典；可是，我要服罪，那是我的职责。"石奢说完，拔出剑来，一咬牙一跺脚一闭眼一挥剑，一道血光。

石奢就这么自杀了。

正直的人往往死于正直，不是被杀就是自杀。所以，正直又被称为死亡性格。

李离是晋文公的大理，也就是法院院长。

有一次，因为偏信了一面之词，杀错了人。李离十分懊恼自责，于是判了自己死罪，让人把自己拘留起来，等待处死。

早有人向晋文公报告了，晋文公一听，这李离一向很正直，就算错了，也不至于就判自己死罪啊。就凭这一点，也不能处死他啊。

晋文公亲自前来看望他，宣布赦免他。

"算了，这事不怪你，都是你手下工作不细。就当交了一次学费吧。"晋文公安慰他。

"话不能这么说，我是长官，权力没有分给手下，薪水也没有分给手下，如今犯了错误，怎么能让手下承担呢？这不是太不要脸了吗？"李离拒绝赦免，坚持认为自己有罪。

"你这么说，那我不是也有罪了？"晋文公还要劝。

"按照我们的法律，法官判罚不当，必须承担责任，用错了刑，则自己要受这个刑；杀错了人，那就要偿命。这是法律，跟主公您有什么关系？您别劝我了。"李离不为所动。

"那我就命令谁也不能杀你。"晋文公很爱惜他，要来硬的。

"既然这样，我来吧。"李离抽出剑来，也是一咬牙一跺脚一闭眼一挥剑，一道血光。

李离就这么自杀了。

正直的人往往死于正直，不是被杀就是自杀，要不就是被自杀。所以，正直又被称为死亡性格。

所以，正直是正直者的耗子药。

第二二九章

流 氓 律 师

在子产去世之前，游吉专门和子产谈起过邓析。

邓析是什么人，值得游吉专门问起？

邓析，郑国的下大夫。邓析此人非常聪明，喜好"名说"，换成今天的话就是逻辑学。所以，邓析是春秋百家中"名家"的代表人物。

任何学说，要有用才会有人关注。邓析的名家学说原本就是自娱自乐，可是到了子产铸刑鼎之后，这伙计看到了机会。

子产把刑法铸在鼎上，固然是大家都能看到了，可是同时产生两个问题。第一，内容有限。子产尽量使刑法言简意赅，可是鼎的容量就那么大，所以子产的刑法就难免挂一漏万，并且因为语言简略而有的地方含义模糊。第二，无法增删。那年头铸个刑鼎是项大工程，要修改起来几乎是不可能的事情。

所以，老百姓虽然现在能够看到刑法了，可是还是很困惑。首先，很多地方看不懂；其次，很多条文大家的理解都不一样。当然，还有一个大问题，那就是很多内容没有涵盖，或者只有模糊的定义。

这个时候，就需要有人来对刑法做解释。

谁来干这个事？子产是不会来的，他忙着呢。大家族也没人来干这事，一来大家族不关心，二来大家族也没这水平，三来还犯忌讳。

这个时候，一个人挺身而出了。谁？邓析。

470

"哎，这一条是怎么回事啊？"刑鼎前面站着不少人，每天都有不少人。有原告，有被告，还有看热闹的。

说话的是一个老者，一脸茫然无助的样子，向周围的人询问。

"你问这个干什么？"有人问他。

"我儿子被人告了，我想看看他有没有罪。"老者说，原来他儿子是被告，怪不得这么急。

"那你儿子为什么被告？"又有人问。

老者急忙把儿子被告的原因说了一遍。

听完老者的话，周围的人急忙在刑鼎上找相关的条文。

"第八条适合你儿子。"有人提出来。

"不对，第十八条才是。"有人反对。

"完了，你儿子肯定有罪。"又有人说。

"不对啊，你儿子没事。"

不一会儿，刑鼎周围吵作一团，关于老者的儿子是不是有罪，大家各有各的见解，互不服气，争吵起来。

老者东瞅瞅，西看看，听谁说的都有道理，可是转眼之间就又觉得没有道理。听了半天，听得他越来越伤心，似乎儿子怎么说都是有罪了。

老者哭了。

而其他的人不管老者，依然在争论着。

"争什么呢？"就在这个时候，有人走了过来，高声问道。

只见这个人身材不高，穿一身大夫的衣服，看上去洗得很旧，似乎不是太有钱的人。

看见这个人过来，大家都安静下来了。

"老头，你可以向这个人请教，他老有学问了。"有人低声对老者说。

"他谁啊？哪个单位的？"老者问。

"邓析大夫啊，这刑法，没人比他精通了。"

"是吗？"

老者把自己儿子的事情又跟邓析说了一遍，邓析边听边点头。

"行了，你儿子没罪，放心吧。"邓析没等老者把事情讲完，摆摆手，下了结论。

"啊，你怎么这么肯定？凭的是哪一条？"老者有些将信将疑，脱口而出。

"想知道是吧？"

"是啊。"

"拿钱来。"邓析把手摊出来。

"还要钱？"老者有些吃惊。

"嘿，不要钱凭什么告诉你？我吃饱了撑的不在家歇着，跑这儿来干什么？俗话说：天下没有免费的午餐。我给你提供咨询，你就要给我报酬啊。"邓析理直气壮地说。

"那什么，你就不能发挥点儿仁爱精神？"老者说。

"狗屁仁爱，那你仁爱仁爱我。"邓析很不屑地说。

"那，你要多少钱？"老者想起儿子来，咬咬牙，决定先询个价。

"你儿子这个属于比较大的案子了，按着规矩，给我一件衣服。"邓析还是明码标价，要一件衣服。

那年头，一件衣服也算价值不菲了。

老者有些犹豫，毕竟这一件衣服也不是那么好挣的。想了想，觉得如果一件衣服能让儿子免于问罪，那也值了。可是，眼前这个邓析说话靠谱吗？

"那，要是俺给了你衣服，最后俺儿子又被判了有罪，俺不是亏大了？"老者还有些不情愿。

"嘿，挣你件衣服还真难。这样吧，审理你儿子那一天，我去帮你儿子辩护。如果你儿子被判无罪，你就给我衣服。否则，我就当去练练绕口令了。"邓析做出让步，心说就算开业让利吧，先把第一单做出去再说。

老者的儿子很快受审了，因为就是普通百姓，所以审理案件的不是六卿，而是士师，级别是下大夫，跟邓析一样。

邓析如期来到，申请为被告人辩护。

因为有了刑鼎，人人都可以依据刑鼎的内容为自己辩护，所以邓析为被告辩护也就获得了批准。

原告做了陈述，把事情的经过说了一遍。之后被告也做了陈述，顺便为自己辩解。基本上，事实已经很清楚地摆在面前。

"根据刑鼎第八条，被告罪名成立。"士师宣判。

"慢着，第八条不适合本案。"士师话音刚落，邓析站了起来，高声说道。

"你凭什么说第八条不适合本案？"士师有些诧异，自己的判决从来还没有人推翻过。

"你听我分析。"邓析不慌不忙。

邓析首先把第八条做了解释，之后把本案的要素与第八条的要素进行对位，结果发现二者完全不吻合。随后，邓析对第十四条做了解释，这个时候大家发现，本案原来最适用的竟然是第十四条。

"根据第十四条，被告无罪。"邓析最终得出结论。

士师目瞪口呆，邓析的话逻辑清晰，定义准确，无可辩驳。

"我宣布，被告无罪释放。"士师是个正直的人，并不因为自己被驳倒而拒绝承认错误。

被告喜出望外，老者老泪纵横。

"我……我……我……"老者什么也说不出来了，干脆什么也不说了，双手递过一个包裹来，打开包裹，里面是一件衣服。

邓析接过包裹，看了看衣服，满意地点点头，然后重新包好，拿着包裹，扬长而去。

471

邓析一战成名。

整个郑国都知道一个叫邓析的人对刑鼎的内容了如指掌并且能言善辩，能够帮人辩护替人脱罪。于是，原告、被告都来找邓析，打官司的来找，不打官司的准备打官司的也来找，邓析基本上是来者不拒，大一点儿的问题收一件上衣，小一点儿的问题收一条裤子。如果需要亲自出马帮着打官司的，再多收些银两。

一时间，邓析成了郑国最大的律师，家里有数不清的衣服。怎么邓析这么爱要衣服？原来，邓析小的时候家里很穷，穿不起衣服，到十岁还光着屁股。所以那时候邓析就暗自发誓今后要挣数不清的衣服，每天换着穿。终于，子产的刑鼎给了他机会。

邓析本来就能言善辩，又经过这样的实战演练，就已经没有人能够说得过他，一件事情，他三推理两演绎的，就能把对方说傻，然后乖乖地认他的理。

由于在逻辑学方面的巨大优势，后来邓析干脆谁给钱多给谁辩护，而不管被告、原告谁有理。

有的时候，邓析甚至两头拿钱，谁给钱多向着谁。

邓析靠着刑鼎发大财，可是同时他对刑鼎刑法的解释有些恣意胡来，严重扰乱了子产所想要设立的法律秩序，造成了一定程度的社会混乱。

这个时候，子产怎么办？

"杀了邓析吧。"子皮非常恼火，建议子产杀掉他。

"不，邓析之所以能够这样，说明刑鼎本身有很多漏洞，杀了他也不能弥补这些漏洞。相反，他利用哪些漏洞，我们就补充这些漏洞，让法律完善。如果杀了他，谁来帮我们找漏洞？"子产反对，他站得更高。

这个时候，邓析开始公开举办各种讲座，讲解刑鼎上的刑法以及如何利用这里面的漏洞。与此同时，子产也在给士师们补课，讲解现行的刑法，同时弥补已经发现的漏洞。

就这样，邓析利用了漏洞之后，子产立即补充新的法律，之后邓析又去发现新的漏洞，子产再弥补漏洞。一来一往，郑国的法律越来越清晰，邓析要赚钱越来越难。

不过，邓析终归是一个非常棘手的人物，游吉有些忌惮他，因此在子产去世之前游吉请教该怎样对待邓析，是杀，还是留。

游吉最终还是决定不要动邓析，他知道子产临终前的那句"按照你的方式"是什么意思，那就是如果你认为自己能对付得了邓析，最好就不要杀他。

游吉思虑再三，尽管他的信心不是太足，还是决定留下邓析。尽管邓析给他制造了不少麻烦，总体上游吉还能够应付，他不喜欢杀人，即便有的时候邓析让他很恼火，他也忍住了。

游吉在郑国执政的位置上坐了十五年，到郑献公七年（前507年）去世。游吉去世之后，驷乞的儿子驷歂（chuǎn）接任执政。

子产在的时候，邓析与子产的交手基本上势均力敌，有的时候还处于下风；后来到了游吉，邓析略占上风。不过游吉是个宽厚的人，邓析也不好意思做得太过分。现在到了驷歂，驷歂的能力比游吉差了很多，可是人又很跋扈，邓析对他可就不客气了。

驷歂执政一年之后，邓析索性出了一本关于刑法的书，因为那时候书是刻在竹简上的，所以历史上称为"竹刑"。这本书是自从有刑鼎之后，这些年来邓析、子产和游吉三人在斗争中对刑法的完善，可以说是集中了三人的智慧以及郑国的刑法诉讼中的经验，是当时最为完备也最有逻辑的一部刑法。

"竹刑"出来之后，很多人前来购买，邓析又赚了一笔。

"竹刑"的意义在于，老百姓的手头有刑法了。

驷歂有点儿受不了了，他既没有子产的才能，也没有游吉的胸襟，他只是觉得自己很没有面子。从前，有人打官司还来找他走个后门托个关系什么的，现在可好，要打官司的都去买邓析的"竹刑"，自己就能给自己辩护了。

驷歂起了杀心，可是没有借口，因为邓析的"竹刑"那是编得滴水不漏，确实是一部好刑法，驷歂私下里也承认。再者说了，自己刚刚上任一年就杀邓析，显得自己太没水平也太没度量了。

于是，驷歂忍了。不过，他在等待机会。

郑献公十三年（前501年），这一年郑献公去世了。

就在郑献公去世的当天，郑国有个富人被淹死了，结果尸体被另外一家人捞出来了。按照郑国法律，捞死人的人家拥有尸体的使用权，死者家属只有所有权。于是，使用权方向所有权方索要使用权的转让费。简单一点儿说，给钱，我就把尸体还给你们。

有钱人家只好掏钱买尸，可是一问，价码太高，属于敲竹杠了。富人家要求降价，捞人的人家坚决不降。就这样，两家僵持起来。

富人家一看这个情况，不知道该怎么办，于是前来讨教邓析。

当然，有偿咨询。

"放心吧，他们肯定降价。除了你们，他们还能卖给别人吗？你们现在是买家市场啊。"邓析这样说，听上去挺有道理。

富人家一听，是这么个理儿，于是高高兴兴，付了咨询费，回家等待对方降价。

捞尸那一家也有点儿沉不住气了，毕竟家里放具尸体不是那么回事，眼看着都臭了。于是，他们也来咨询邓析。

这时候，如果邓析劝劝他们降价，这事也就算结束了。可是邓析干惯了吃了原告吃被告的事情，因此这时候还想多赚钱。

"嘿，怕什么？除了从你这里买尸体，他们还能找别人买吗？现在是卖方市场啊，你跟他们熬，你是无本生意，他们怎么熬得过你呢？"邓析又说这样的话了，听上去也有道理。

捞尸的那家想想，还真是这么回事，于是也高高兴兴地付了咨询费，回家等着去了。想到大把银子就要到手，感觉尸体也没那么臭了。

过了一阵，富人家见捞尸那一家还不肯让步，又来找邓析咨询。邓析还是那一套，结果又挣了一笔咨询费。

那之后，两家轮流前来咨询，合计每家咨询了六次。结果是尸体越来越烂越来越臭，两家都很发愁，也都花了不少银子，只有邓析心情舒畅地赚了不少钱。

眼看两个月过去，郑献公都入土为安了，这边这具尸体还没有成交。

这个时候，有人暗中为两家撮合，结果两边一问，才知道这段时间都被邓析给忽悠了。

"岂有此理，合着我们两家都笨啊，被人卖了还给人数钱。"两家都很愤怒，于是一合计，捞尸的也不要钱了，直接把尸体给了富人家。然后两家联手，到驷歂那里把邓析给告了。

这下，证据确凿，邓析再能辩解也没用了。此前还有些被他吃了原告吃被告的，这时候也纷纷前来做证。

"邓析，你犯有诈骗罪、侮辱尸体罪、贪赃枉法罪，数罪并罚，砍。"驷歂趁热打铁，终于把邓析给杀了。

杀了邓析，"竹刑"怎么办？驷歂宣布，"竹刑"为国家正式法律，继续施行。

对于这一点，《左传》上的君子就这样评价了：这件事情上驷歂做得不地道，如果一个人对国家有贡献，那么就可以原谅他的一些过错。既然采用人家邓析的"竹刑"，那就不要杀掉人家。在这一点上，子产和游吉就做得很好啊。

邓析，在春秋百家中被列为名家，但事实上他还是法家。邓析属于正邪之间的人物，他对中国历史做出了突出的贡献，但是也树立了一些糟糕的榜样。

首先，邓析是个法律学家，刑法解释学和普法教育的先驱。他是中国律师行或者代讼行业的先驱，同时也是中国法律出版业甚至整个出版业的先驱。

不过同时，邓析也充当了钻法律空子疯狂敛财，操纵诉讼，吃了原告吃被告的不光彩角色。

但是话说回来，如果没有人钻法律的空子，法律也就不会完善。

邓析，一个了不起的人，尽管他有自己的缺点。邓析，一个死得不冤的人，尽管他也做出了突出贡献。法律的精神就是这样，一码是一码。

邓析的"竹刑"已经亡佚，殊为可惜。

邓析著有《邓析子》，收于《汉书·艺文志》，也已经亡佚。现有《邓析子》被认为是后人伪作，价值不大。不过，伪书的结论不宜妄下。不论真伪，《邓析子》并非没有价值，其中有很多对现实有益的说法。

譬如，《邓析子》写道："循名责实，君之事也；奉法宣令，臣之职也。"简单说，就是国君负责司法，大臣负责执法，二权分立。

再譬如，书中写道："治世之礼，简而易行；乱世之礼，烦而难遵。"这一点，早已被历史所验证。

此外，《邓析子》也有些内容与《道德经》相重合，譬如"窃钩者诛，窃国者为诸侯""圣人不死，大盗不止"。

《邓析子》虽然字数不多，可是字里行间还是能看出对现实社会的不满，颇有些愤青的味道。

有趣的是，《邓析子》还讲解了悲与哀、喜与乐、嗔与怒、忧与愁的区别，很精到。具体讲解是这样的：为自己是哀，为别人是悲；为自己是乐，为别人是喜；为自己是嗔，为别人是怒；为自己是愁，为别人是忧。

所以，我们说节哀，不会说节悲；我们说偷着乐，不会说偷着喜；我们只能向别人发怒，不能向自己发怒；我们说替人担忧，却不会替人发愁。

第二三〇章

急 流 勇 退

子产去世的消息传到了晋国，有一个人非常伤心。谁？叔向。

自从那一年叔向写信批评子产铸刑鼎之后，两人之间疏远了很多，一向也没有联络。其实，叔向还是很佩服子产的，除了在刑鼎的问题上两人之间有不同看法之外，叔向与子产疏远还有一个重要的原因：怕引起麻烦。

晋国六卿家族，叔向的想法是谁都不要得罪，因为风水轮流转，不定明天就是谁家当中军帅。不过，赵武和韩起都很尊重叔向，自然而然，叔向就跟这两家走得近了一些。叔向也意识到这一点，不过这两家轮流做中军帅，叔向也不可能故意去疏远他们。

除了赵、韩两家，叔向跟另外四家，也就是表面上客客气气而已。而子产恰好和叔向一样，跟赵、韩两家走得比较近，另外四家疏远很多。

叔向做事非常小心谨慎，可是，在晋昭公四年（前528年）发生了一件大事，这件大事让叔向心惊胆战，从那之后彻底心灰意冷，假装老年痴呆，提前退休了。

那么，这一年发生了什么事？

472

这一年冬天，大理士景伯去楚国出差，这一走就好几个月。于是，羊舌鲋疏通了中军帅韩起的关系，当上了代理大理。明眼人一看就知道，羊舌鲋这是要贪赃枉法了。其实韩起也知道，不过他们是一伙的。

"嗯，前段时间有很多积案，你辛苦辛苦，都给审理了吧。"韩起特地给羊舌鲋布置了任务，羊舌鲋正求之不得呢。不过他也明白，挣到了银子，都要给韩起留一份。

羊舌鲋整理积案，天天开庭，那也是吃了原告吃被告，谁给钱多就向着谁。一时间，制造了大量的冤假错案。

这一天，审到了邢侯和雍子的案子，这两位为了争夺一块地而互相告状，已经很长时间了，士景伯不愿意得罪人，一直拖着。

羊舌鲋可不怕得罪人，有韩起罩着，怕谁啊？

邢侯知道羊舌鲋的规矩，因此早早打点清楚了。

"那什么，这个案件非常清楚了，这块地本来就是人家邢侯的。啊，案子就这样了。"羊舌鲋假模假式问清了案情，然后就断了案。

一审之后，雍家一打听，说是羊舌鲋拿了人家邢家的钱了，所以帮着邢家。

"不就有点儿臭钱吗？老子送更实惠的。"雍子急了，听说羊舌鲋刚死了老婆，于是把自己美貌如花的女儿送给羊舌鲋做老婆了。

"哎哟，您看您这是太客气了，老丈人，那什么……"羊舌鲋高兴坏了，这回真是赚大了，反正吃了被告吃原告都习惯了，也不觉得难为情。

没过几天，雍子对一审提出不服，于是进行二审。二审的结果可想而知，把一审的结果给推翻了，那块地判给了雍子。

这下轮到邢侯火大了，合着是拿了我的钱还不给我办事？这不是黑吃黑吗？

这里不妨借用《水浒传》的写法，看看发生了什么。

邢侯怒从心头起，恶向胆边生。当时双眼圆睁，更不答话，一把拔出剑来，就在法庭上发作起来。当时一剑先刺死了雍子，又奔向羊舌鲋，羊舌鲋是个文官，哪里见过这般阵仗，当时暗叫一声坏事了，起身就跑。

说时迟，那时快，邢侯大喝一声："兀那贪官往哪里跑？"羊舌鲋便跑不动，被邢侯追将上来，一脚将羊舌鲋踹倒在地，俯身上来，左手一把揪住衣襟，右手剑便刺将过来。

"大爷，行个慈悲则个，可怜俺家中有九十八岁老娘。俺死了不打紧，可怜俺老娘无人奉养。"羊舌鲋吓得筛糠一般，只顾求饶。

"去你的，你老娘死的那年俺还给你随过礼，你这厮莫非就忘了？别说你老娘死了，就算没死，也轮不到你养啊。既然你如此孝顺，我就送你去见你老娘。"邢侯说罢，分心便刺。

只见白剑进去，红剑出来。

正是：机关算尽太聪明，反误了卿卿性命。

大法官被当场杀死，法庭命案轰动了整个晋国。

大法官被杀，晋国人民拍手称快，暗中都称邢侯为"刑大侠"。

当官员都成为贪官的时候，官员被杀就不能得到同情，反而会普天同庆。自古以来，都是如此。

法庭命案让韩起非常尴尬，因为羊舌鲋是他任命的。不过，最紧张的不是他，而是叔向。想当年小弟弟叔虎就差点儿连累整个家族（详见第六部第二〇六章），如今这个弟弟又出了事，弄不好也要连累自己。

果然，六卿中魏舒和范鞅都强烈要求惩治贪官，最好整个家族都要负责。好在，韩起给压住了。尽管如此，韩起还是感到压力很大。

"叔向，这个事情一定要处理好，如果处理不好，你就危险了，我也会有麻烦。"韩起找来叔向，把利害关系对他说了。

其实，不用韩起说，叔向比他想得还要多，还要清楚。

"元帅有什么想法？"叔向问。

"这样吧，明天召开六卿会议，你把你的处理办法说说，今天好好想想。"韩起也没有什么想法，索性推给叔向。

第二天六卿会议，从前总有人请假，今天破天荒全部来到。基本上，魏、智、范和中行四家都是幸灾乐祸，等着看韩起出洋相，只有赵成一个人算是想着要帮韩起。

"这个，事情已经发生了，大家也都知道是怎么回事了。现在，我们请叔向发言，看看怎么处理吧。"韩起没有给大家发挥的时间，直接让叔向发言了。他知道，如果让那几家开始发言，估计叔向就要倒大霉了。

叔向早已想好了，生死存亡之际不是没有经历过，他想得很清楚。

"各位元帅，雍子行贿，羊舌鲋受贿，邢侯不走正常程序而暴力杀人，这三个人同等罪行。自己没理，还要通过行贿去争抢，这叫作昏；贪赃枉法，这叫作墨；杀人而不顾后果，这叫作贼。《夏书》里写道：'昏、墨、贼、杀。'这是皋陶当年制定的刑法。所以，这个案子，被杀的是该杀，杀人的也要正法。"叔向的说法，是各打五十大板，并没有偏向弟弟。

众人无声，一来，叔向的说法有理有据，谁也没有叔向学问大，谁也没办法反驳；二来，叔向没有偏袒弟弟这一边，魏舒、范鞅等卿也无从发力。

就这样，新的判决产生。

不过，邢侯听到风声，跑到楚国去了。

没办法，只能把羊舌鲋和雍子的尸体都拖到大街上示众。

叔向也不是不想偏袒弟弟，可是没办法，都这个时候了，整个家族危如累卵，顾不上弟弟一家了。

对于这件事情，孔丘又看岔了眼。

《左传》中记载孔夫子如此一段话："叔向，古之遗直也。治国制刑，不隐于亲，三数叔鱼之恶，不为末减。曰义也夫，可谓直矣。平丘之会，数其贿也，以宽卫国，晋不为暴。归鲁季孙，称其诈也，以宽鲁国，晋不为虐。邢侯之狱，言其贪也，以正刑书，晋不为颇。三言而除三恶，加三利，杀亲益荣，犹义也夫！"

简单翻译，孔子说叔向是"古之遗直也"，就是说叔向具有传说中古人的正直。说他三次数落弟弟羊舌鲋的过错，一次是在卫国砍人家树那一次，一次是扣押季文子那一次，还有这一次。所以啊，叔向这人一贯主持正义，大义灭亲，名声非常好。

其实，孔子对叔向称赞真的过誉了，叔向也谈不上主持正义，不过是尽量对得起自己的良心。自己不做坏事，但是也未必就阻止别人做坏事。

经过这件事情，叔向基本上成了惊弓之鸟。

"看来，官场险恶啊，真不是人混的地方。"尽管渡过了难关，叔向还是下定了决心要退休。否则，稍有不慎，就被收拾了。

于是，叔向找到韩起，请求退休。

"别啊，整个晋国就你学问大，怎么能退休呢？"韩起挽留，真心挽留。

"我，我最近记忆力下降，睡眠不好，提笔忘字，这么说吧，基本上老年痴呆的症状都有了。我想，我还是歇了吧，把位置腾给年轻人。"叔向坚持。

在叔向的再三请求下，韩起终于同意了叔向退休的请求。

就这样，叔向急流勇退了。

473

退休之后，叔向深居简出，不再过问国家大事。不过，即便这样，还是有些人登门请教。

譬如叔向退休后的第二年，恰好籍谈在周朝王室被周景王骂数典忘祖，回到晋国，籍谈专门去看望叔向，说起这件事情并向他请教应该怎样应对。

"其实很简单，你可以告诉他宝器的获得应该是因为嘉庆的事情，而不是由于丧事。如果这还不够，你可以说说当年文公向周王献俘，说说晋国称霸以来如何尊奉王室，因此楚国才不敢欺凌，各国才会向王室进贡。如果没有晋国，恐怕就没有国家来参加王室的葬礼了。"叔向一讲解，籍谈恍然大悟。

"太傅，看不出您有老年痴呆啊。"籍谈半开玩笑地说了一句，叔向没有搭他的话茬儿，接着说："周王恐怕是不得善终了，俗话说：所乐必卒焉。喜欢什么事情，就必定死在什么事情上。周王以忧患为乐，肯定因忧患而死。你想想，王室今年遇到两次丧事，周王应该服丧三年。可是，他竟然在丧礼一结束就跟使臣们欢宴歌舞，并且索要礼物，这是违背礼法的。就算他口若悬河，就算他出口成章，就算他引经据典，有什么用呢？"

"太傅，要是你不退休，这次你去就好了。"

"那什么，吃过早饭没有？要不，留下来吃晚饭？"叔向问，时间恰好快到中午，问早饭晚了点儿，留人吃晚饭又早了点儿。

"哎，刚才好好的，怎么突然老年痴呆的症状出来了？"籍谈觉得有点儿奇怪，告辞走了。

董叔决定向范鞅的女儿求婚，因此也来咨询叔向。

"是不是因为范家比较富？"叔向问，有点儿漫不经心。

"范家势力大，找个靠山，大树底下好乘凉啊。"董叔说，想法很实际。

"嘿嘿。"叔向拒绝向他提供咨询，因为他知道这样的事情最容易引火烧身。

董叔最终还是向范鞅求亲了，结果还真的成了范家的女婿。

两人成亲没多久，为了一点儿小事情，董叔跟老婆吵架，结果老婆一生气回了娘家，第二天范鞅就派人来了，二话没说，把董叔给绑在自家门口的大槐树上了。

恰好叔向从那里路过，看见好多人在看热闹，叔向不是看热闹的人，只管走。可是董叔看见叔向了。

"太傅，太傅，去帮我求求情啊。"董叔喊了起来。

叔向一看，原来这哥们儿绑在树上呢，一问，说是老丈人派人来绑的。

"你不是想要靠山吗？这不靠着吗？你不是说大树底下好乘凉吗？这不正好在大树底下吗？你的愿望都已经实现了，我帮你求什么情？"说完，叔向走了。

叔向为什么不帮他求情？因为叔向本来和范家的关系就明和暗不和，别说去找他求情，平时到了范家门口都绕着走。

要说到叔向关系最好的呢，还是赵家。赵武之后，赵成和赵鞅（赵简子）父子也都很尊重叔向，经常走动。

尽管叔向退休，赵简子仍时不时前来问候，也顺便讨教。

这天，赵简子前来，叔向很高兴，两人聊得开心。从年龄上说，叔向比赵简子的父亲赵成略大，因此是赵简子的父辈。所以，尽管赵简子官阶高于叔向，到了叔向家中还是恭恭敬敬叙叔侄的礼。

两人聊到鲁国，赵简子突然叹了一口气。

"唉，看人家鲁国孟献子，人家手下有五个勇士能够为他出生入死，怎么我一个也没有呢？"赵简子叹息，原来是为了这个事情。

叔向笑了。

"元帅啊，那是因为你不想有啊，你要想有，我这把老骨头都愿意为你献出去。一个好的君主，应该能够预料到事态的发展，避凶趋吉，为什么一定要让自己的手下出生入死呢？"叔向说，他说话总是这样富于哲理。

赵简子连连点头，心情好了起来。

叔向很喜欢这个年轻人，现在晋国像赵简子这样谦恭又能干的人几乎再也找不到了。其实，叔向心中还有一个想法，就是自己的子孙今后恐怕就要靠赵简子来关照了。

转眼，子产死了，子产的死讯对叔向打击很大。

世界上，能够相知相交的人并不多，晏婴是其中一个，子产是其中一个。尽管很长时间处于绝交的状况，叔向的内心里对子产还是充满了敬意，期待着有一天两人能够再次把酒言欢。

可是，这样的机会再也没有了。

叔向非常悲伤，很快病倒，到第二年就已经病入膏肓了。这一年，是晋顷公五年（前521年）。

韩起和赵简子先后都来看望他，叔向把自己的儿子杨食我托付给他们，希望他们能够关照。自然，两人都答应了。

临终之前，叔向把杨食我叫到了床边。

"孩子，有一件事情我始终没有办，那就是咱们家的封邑。在晋国，除了六卿之外，就数祁家和咱们家的封邑最大了。我活着的时候，仗着和赵家、韩家的关系，还算能够维持。我死之后，估计你是守不住的。与其被抢，不如自己送出去。前阵子我就提出来把封邑都还给公家，留下杨地这一块就够了。可是韩元帅说什么也不同意，没办法，只好留着。不过，我死之后，你一定要把封邑还掉，切记切记。"说完这些，叔向眼一闭头一歪，离开了人世。

杨食我按照父亲的遗嘱，请求将羊舌家的封邑退回公家，只保留杨地。

"大侄子，算了，留着吧，还有我呢。"韩起劝杨食我留着，他不忍叔向刚去世就拿掉他的封邑。

"那，就多谢元帅了。"杨食我本来就不愿意退回去，韩起这么一劝，顺势就收回了请求。

就这样，杨食我保留了羊舌家的封邑。

杨食我奉公守法，不结交豪门，他觉得，自己身正不怕影子斜，谁也不会抓住自己的把柄。

俗话说：不听老人言，吃亏在眼前。

俗话还说：占小便宜吃大亏。

叔向，正直、博学、谦恭而且明智。

但是，叔向不是子产，他不可能是子产，因为他所处的环境比子产更糟糕。子产做好了，能够成为郑国的相国，叔向做好了，也不过就是上大夫。也许，做得越好，嫉恨他的人越多。

子产可以说自己为国而死，叔向不可以，他没有资格。所以，子产可以专心为国家，叔向只能一边为国家，一边保护自己和自己的家族。

叔向做得不错，家族在他的手里并没有衰落并且躲过了几次大劫难。

叔向倾向于恢复周礼，因为这符合他的利益，所以孔子对他评价很高。

时势造英雄，不要用子产的标准去衡量叔向，就如不要用管仲的标准去衡量子产。

如果说叔向还有什么不足，那就是他不够果断，不够坚决。而正是这一点不足，就可能葬送掉自己生前所有的努力。

不管是在晋国国内事务还是国家间事务中，叔向向来不是决策人物，他只是一个高级参谋，他出谋划策。能够不管的事情，他尽量不管。不得不管的事情，他会处理得很好。他不得罪人，但是他凭良心做事。

他和子产一样懂得怎样玩权术，但是他的地位决定了他不是怎样去玩别人，而是怎样防止被别人玩，他做得很好。至于他是不是有子产做得好，这一点无从比较。

其实，叔向的哥哥伯华也是个很贤能的人，孔子对他的评价同样很高。伯华名叫羊舌赤，因为封邑在铜鞮，所以又叫铜鞮伯华。

《孔子家语》中，孔子说道："向使铜鞮伯华无死，则天下其有定矣。"伯华不早死的话，天下就有望安定了。

子路傻乎乎地问："愿闻其为人也何若。"

孔子接着说："其幼也敏而好学，其壮也有勇而不屈，其老也有道而能以下人。"伯华小的时候敏而好学，大了很勇敢很有担当，老了很懂道理而且很谦恭。

孔子为什么对伯华的评价这么高呢？不知道，因为伯华的故事都没有流传下来。

今山西沁县太里村前白玉河南岸，羊舌职、伯华、叔向父子三人的墓都在那里。

第二三一章

无 射 是 个 钟

就在叔向死的那年，发生了一件大事。

什么大事？周景王铸无射。

前面（详见第六部第二二四章）介绍乐中的六律，六律的最后一个就是无射。周景王铸的无射是一个铜制大钟，用来定音，定六律中的无射。因此，这个大钟就叫无射。

为什么周王无缘无故想起来要铸无射？要知道，春秋时期的铜是很昂贵的，铸无射大钟需要耗费巨资。

原因很简单，简单到令人觉得有些可笑。

"天下诸侯都不给我们进贡宝物了，老子造一个宝物出来。"周景王半夜醒来，对自己说。

基本上，周景王是个爱财如命的人，他只是想造一个宝物给自己，也算是一个标志性工程，自己去世之后，这个钟可以以自己的名字命名，譬如就叫"周景王大钟"或者"周景王无射"。

花巨资造这么个没用的东西肯定是要受到国民反对的，事实上也是。

可是周景王有办法，最终他还是想办法把无射给造了出来。

大钟是怎么造起来的？

474

事情要追溯到三年前了。

"老单，我想进行货币改革。"周景王这一天突然对单穆公神神秘秘地说。单穆公是单成公的儿子，现在是周朝的卿士。

"货币改革？"单穆公没听明白，日子过得好好的，改什么革？"大王，人家老聃说过，治大国若烹小鲜，尽量不要翻来翻去，否则会烂的。"

"别听他的，他是书呆子，不改革怎么能进步？再说了，咱们现在这样子，算个大国吗？"周景王是有学问的人，随便举了几个例子，单穆公就没话说了。

"那什么，那大王您准备怎么改革？"单穆公问，他还是觉得这事情有点儿古怪。

"是这样的，我觉得现在的钱太小，我准备铸大钱，取代小钱。"周景王说着，从身边取出一个铜币来，铜光闪闪，明显比通用的钱要大，"看，模具都开好了，我都铸出一个样子来了，比从前的钱好看多了吧？"

"那，这怎么用啊？"

"旧币十个，换新币一个。新币使用的同时，旧币停用。"

单穆公把新币拿起来掂了掂，大致的重量就知道了，一个新币的重量基本上等于五个旧币。现在单穆公明白了，黄鼠狼给鸡拜年，什么时候也没有安过好心，这摆明了就是借着货币改革的名义从老百姓手里抢钱。

道理很简单，那就简单说说。铜在当时是贵重金属，本身是有价值的，就像现在的黄金一样。如果现在用黄金铸钱，然后用一个五两黄金铸成的钱换你十个一两黄金铸成的钱，就等于抢走你五两黄金。

第二三一章　无射是个钟

还可以从另一个角度来说，周景王用一个新币换老百姓十个旧币，然后再用十个旧币铸两个新币，再换二十个旧币；再用二十个旧币铸四个新币，再换四十个旧币。如此循环往复，到最后，实际上就是货币供应量增加了一倍，而增加的部分都是周景王的。换言之，老百姓的财产蒸发掉一半，蒸发掉的都进了周景王的腰包。

"太流氓了吧？这不成流氓国家了吗？"单穆公差一点儿喊出来。

流氓不可怕，就怕流氓权力大。

单穆公反对，强烈反对。

单穆公劝谏了周景王，原文见于《国语·周语下》，此处不录，直接上译文，请认真阅读。

"这样做太缺德了吧？古时候，天灾降临，于是才统计财货，权衡钱币的轻重，以便赈济百姓。若百姓嫌钱轻物重，就铸造大钱来行用，大钱辅佐小钱流通。若百姓嫌钱重物轻，就多铸小钱来行用，同时也不废止大钱，小钱辅佐大钱流通。这样，无论是小钱、大钱，百姓都不吃亏。

"可如今您废除小钱而铸造大钱，百姓财产立马缩水，中产变小产，小产变无产。百姓成了穷光蛋，你的财用恐怕也会因此而缺乏，财用缺乏了就会变着法子给老百姓加税罚款。这下搞得老百姓穷困潦倒，他们就会逃亡或者移民，这是在离散民众啊。现在我们已经很脆弱了，天灾不断，你还要搞人祸，这不是没病找病吗？这样还怎么治国？

"《夏书》中说：赋税均平，王室的库藏才会充盈。《诗经》上也说：看那旱山的脚下，长满了茂盛的林木。平和欢愉的君子，平和欢愉地收获。旱山脚下的林木茂盛，所以君子能平和欢愉地得到禄米。如果山林匮竭，林麓散亡，湖泊干涸，民力凋敝，农田荒芜，财用缺乏，君子连忧虑危亡都来不及，哪有什么安详欢乐可言呢？

"用搜刮民众的财产来充实王室，如同在河流上游建大坝来蓄水，很快就会导致下游干涸和气候异常。我们周室的官员对于预防灾害，所疏漏的地方已经很多了，现在又要侵夺民众的资财来助长灾祸，这是抛弃善政而置民于死地啊。"

洋洋洒洒，语气中还带着气愤，单穆公竭力劝阻，其实，他很想说周景王的做法很可能引发国人起义，不过想了想，没有说出来。

"老单，你太夸张了。"周景王笑笑说，他才不在乎百姓的财产会不会缩水。

周景王最终还是实施了他的"货币改革"。

说到货币政策，简单介绍一下中国的货币史。

贝是中国最早的货币，商朝以贝作为货币。在中国的汉字中，凡与价值有关的字，大都从"贝"字旁。随着商品交换的发展，货币需求量越来越大，海贝已无法满足人们的需求，商朝人开始用铜仿制海贝。

周朝基本沿袭商朝的铜币，不过，形式有些变化。

到春秋，各国各自铸币，周王室、晋国、郑国、卫国等宗亲国多采用"布币"。布本为麻布之意，麻布也是交易媒介之一。当铜币出现后，人们因受长期习惯的影响，仍称铜钱为布。齐国和燕国主要使用刀币，币形如刀。楚国铸币铜贝称蚁鼻钱，由贝币演化而来，因此楚国的货币与商朝一脉相承，这也证明楚国并非蛮夷之地。

秦国使用圆币，币中央有圆孔和方孔两种。后来秦始皇统一中国，中国也就统一使用圆币，这一用，就是几千年。

布币在当时流通最广，布币的形状主要有铲形和鼎形。

当时有一种农具叫作钱，形状如铲，主要用来耨草。所谓铲形布币，在当时是钱形布币。因为流通量很大，中原一带就把这种布币简称为"钱"。

现在人们称货币为钱，就是这样来的。

货币改革，导致民怨沸腾。不过还好，货币流通量没有明显增加。

为什么呢？新币换旧币多换来的铜去了哪里？

"哈哈哈哈，老子现在有这么多铜，老子要铸无射大钟了，有多大？大到要创造世界纪录，两千四百斤。"两年之后，周景王宣布。

原来，货币改革的目的在这里。

周景王要铸大钟？脑子进水了？所有人都这么想。

铸造大钟在那时候是一项重大工程，基本上全国的工匠都会被征召，并且将要耗费大量的木材，这又要耗费大量的人力。

单穆公来了，他又要劝劝周景王。

这一段，同样见于《国语·周语下》。

"大王，不行啊。货币改革就已经让中产阶级被消灭了，现在又要铸大钟，老百姓的负担又要加重。如果老百姓的存款都被抢走，现在又加重他们的负担，他们怎么活下去？"单穆公劝告。

"百姓能不能过下去，关我什么事？我就想搞一个标志性的东西来流芳千古，让世世代代的人看见这个大钟就想起我来。"周景王根本就不想百姓，自然不会听从单穆公的劝告。

"那，钟这个东西不过是用来奏乐的，何必造这么大呢？钟造得太大，耳朵就无法听到它的声音。钟声是让耳朵听的，耳朵听不见，那还算钟吗？就像眼睛看不清楚的东西，不能勉强让眼睛去看。眼睛所能观察的范围，不过几尺之间；其所能分辨的颜色，也不过一两丈的距离。耳朵所能听到的和声在清音与浊音之间；其所能分辨的清、浊之音，不超过个人的能力所及。所以先王铸造乐钟，大小不超过乐音的标准，重量不超过一百二十斤。音律、长度、容量、重量都因此确定，锱铢分寸、斤两丈尺的单位都由此产生。所以，圣人对此十分慎重。现在陛下所铸造的钟两千四百斤，耳朵无法听到声音，大小不符合规制，钟声中听不出和声，规格上不能成为标准，既无益于乐又浪费民众财产，那有什么用呢？"单穆公见大道理不行，只好从钟的本身构造上来说，想要让周景王知难而退。

"别说这些了，大钟能不能出声不是你说了算。我已经找了乐师和工匠推算过了，这么大的钟，同样能出声，而且更雄浑。"周景王得意地笑了，在这个问题上，他倒是提前做了功课的。

单穆公一看，大道理没用，小忽悠又忽悠不住，不禁叹了一口气。

"唉。音乐是用耳朵来欣赏的啊，就像美女是用眼睛来欣赏的一样。如果音乐听起来震耳欲聋，就像美女看上去有山那么高，那还有什么意思呢？耳朵和眼睛是心灵的枢纽，所以必须听和谐之音、看正当之物。所听和谐才能耳聪，所看正当才能目明。如果视听不和谐，出现耳鸣眼花，味入于口就不会精美，味不精美则精气涣散，精气涣散则无法和谐。于是就会有狂乱悖理的言论，有糊涂混乱的看法，有错乱不定的号令，有谬误邪恶的准则，发布的政令失掉信用，刑法政事混乱不堪，行动违背季节，百姓失去依据而不知该如何出力，各自都有离散之心。大王失去了民众，要做的完不成，要求的得不到，那还怎么能愉悦快乐呢？大王在三年之中就做了两件劳民伤财的事，和谐社会肯定是没戏了。"单穆公知道自己劝阻不了周景王，坚持把自己想说的话说完，然后走了。

单穆公走了，周景王心里有点儿忐忑，他对大钟的音律和音质还是没谱儿，万一真的铸出来一座哑巴无射，那不是被天下人耻笑了？

"不行，我要找人来问问。"周景王决定找高手来咨询一番。

周景王找来了首席乐官伶州鸠，这也是当时著名的音乐家，不过已经退休在家，只能说是前任首席乐官。

"刚才老单来了，跟我说些什么大钟不能和谐，还会影响社会和谐之类乱七八糟的话，听得我糊里糊涂的，你说说你的看法。"周景王说道。

"哎哟，这么高深的东西我就说不清了，我只能说说音乐。"伶州鸠连忙谦虚了一下，然后从音乐开始说起，"我听说，琴瑟宜于演奏宫调，乐钟宜于演奏羽调，磬石宜于奏角调，笙箫是取其音声悠扬，乐音低弘不逾越宫声，尖细的不超过羽声。宫声，是乐音的主音，由它依次到羽声。圣人保有音乐而珍惜生财，资财用来置备器用，音乐用来增值财富。

"施政就像奏乐，奏乐要求和谐，和谐要求均平。有和谐均平的音声，便有繁衍增值的财物。如果耗费财物、疲惫民众来放纵个人的淫欲之心，入耳之音既不和谐，所奏之乐又不合法度，不仅无益于教化，而且离散民众、激怒神灵，这就不是臣所得知的事了。"

说来说去，伶州鸠想要说的其实也很清楚了：您就别造这大钟了。

"喊。"周景王听得翻白眼，心说找你来是坚定信心的，谁知道你也跟老单一个心思，你歇着去吧。

谁劝也没有用，周景王还是铸了无射大钟。

两年时间，整整用了两年时间，周景王终于铸成了大钟。为此，周景王召开了无射大钟首撞仪式，邀请了天下诸侯都来。诸侯们纷纷派遣特使前来祝贺，就好像祝贺周王登基一样。

首撞仪式进行得非常成功，无射大钟的第一次撞击就发出了震耳欲聋的声音，低沉而恢宏。

"好啊，好啊。"各国使臣赞不绝口，都称赞这无射大钟声音洪亮，音律准确，充分体现了和谐社会的特点。同时，各国使节们认为，无射大钟的成功铸成标志着周朝铸造技术的一个新的起点，周朝必将以此为标志而重新兴旺发达，从繁荣走向更加繁荣。

"恭喜大王贺喜大王，大王必将因为这座无射大钟而名垂千古。"郑国使节发言。

"听到无射钟声，我们仿佛回到了武王和成王的时代，周朝复兴有望啊。"鲁国的使节看上去似乎很兴奋。

"无射大钟，让各国都听到了周朝的声音。"晋国使节的发言有点儿敷衍了事。

"无射，不错，果然是华夏正宗的产品，就是正啊。"连楚国也派出了使者，并且拍了拍马屁。

周景王的心情好极了，他已经暗自决定，在临死之前会要求自己获得"无射"的谥号，也就是说，自己今后就是"周无射王"。

首撞仪式圆满结束，被称为"空前绝后的成功"。

这个时候，周景王想起单穆公和伶州鸠来了，他不敢惹单穆公，于是把伶州鸠找来，要拿他找个乐子。

"老鸠啊，你不是说钟声会不和谐吗？现在各国都知道无射大钟的声音很正，你怎么说？"周景王问伶州鸠，一脸得意地笑。

"大王，你还是不明白和谐是什么意思啊。"伶州鸠回答。

"这话什么意思？"

"大王制作乐器，如果老百姓非常高兴，这才是和谐。现在耗费了大量财物，老百姓被折腾得够呛，眼下怨声载道，这怎么是和谐呢？老百姓都喜欢的事情，很少有不成功的；老百姓都厌恶的事情，很少有不失败的。所以，谚语说：'众志成城，众口铄金。'三年里面两次劳民伤财，如果全都成功，那天理不容。所以，怎么说至少也要有一件是要失败的。走着瞧吧，这无射大钟和谐不了几天。"伶州鸠说话毫不客气，说得很难听。

"算了算了，你老年痴呆吧你？回家去吧，回家去吧。"周景王被扫了兴，把伶州鸠给赶走了。

伶州鸠，一个退休老艺人，并没有一味歌功颂德，却充满了正义感。

实际上，春秋时期的艺人普遍具有正义感。

伶州鸠，为我们贡献了两个成语：众志成城、众口铄金。

第二年，无射大钟的声音就不和谐了。

第二三二章

中央战争

　　周景王很讨厌单穆公，这倒并不完全是因为单穆公总是反对自己，更重要的是，周景王感到单家和刘家的实力太强，强到自己这个天子也要看他们的脸色。

　　无射铸成第二年的一天，王子朝和宾起来拜见周景王。

　　"大王，单旗四处散布流言，攻击大王的货币改革和形象工程。现在，京城百姓受到蒙蔽，都在抱怨大王，赞扬单家。"王子朝和宾起是来告状的，单旗就是单穆公。

　　"不会吧，你们一定搞错了。"周景王略略愣了一下，之后这样回答。

　　"没有错啊，单旗一向就对大王不满，我看，我们必须除掉他。"宾起高声说道，王子朝已经应承了他，一旦自己登基，就任命他为卿士，所以，他非常积极。

　　"胡说，单旗是国家栋梁，怎么能动他？好了，你们走吧。"周景王看上去很不耐烦，挥挥手示意两人离开，然后自己站了起来，径直回内宫去了。

　　"哎，这怎么回事啊？大王今天有点儿怪啊。"王子朝和宾起觉得有些蹊跷，不知道周景王葫芦里卖的什么药。没办法，两人嘀嘀咕咕地走了。

其实，这不怪周景王，因为他不得不这样。

就在周景王的大殿里，有一个执戟卫士警惕地盯着每一个人，这个人是谁？刘献公的儿子刘伯忿。刘伯忿在这里，就是单家和刘家的眼线。王子朝和宾起没有注意到刘伯忿的存在，但是周景王不可能不知道，他又不能明说，因此假装生气，阻止了两人继续说下去。

周景王和王子朝、宾起都走了，大殿里只剩下刘伯忿一个人，他站着没有动，不过他知道自己下班之后该去哪里。

476

王子朝和宾起急着要动手的原因有两点：首先是周景王的身体有些不太好，要抓紧时间解决问题，保证王子朝能被立为太子；其次是刘献公的身体更不好，基本上就是在等死，这个时候对单家动手，就不用太担心刘家帮忙。

两人在周景王那里碰了钉子，并没有理会到周景王当时的处境，还以为周景王没有下定决心。而周景王目前被单家和刘家的内线盯得很紧，暂时也没有办法把那天的情况向王子朝和宾起解释。

王子朝和宾起有点儿急，两人在想办法怎样去说服周景王。

过了两天，宾起到郊外游玩，看见一只公鸡在咬自己尾巴上的羽毛，他觉得很奇怪。

"咦，这只公鸡为什么自残？"宾起问自己的随从。

"大概是这只公鸡担心自己会被拿去做祭祀品吧。"一个随从回答，公鸡尾巴上的羽毛残缺不全的话，就不会被杀掉做祭祀品。

"哦？"宾起若有所悟。

于是，宾起决定立即取消游玩，前去见周景王。

"宾起，什么事？"周景王看见宾起急匆匆赶来，一边急忙先开了口，一边还使眼色，示意他说话要小心。

巧合的是，今天又是刘伯岔值班。

"大王，我今天看见一桩很奇怪的事情，特地来告诉大王。"宾起并没有注意到周景王的眼色，有些兴奋地说。

"什么奇怪的事情？"

"今天去郊外游玩，看见一只大公鸡咬自己尾巴上的毛。大王知道为什么吗？因为他不想自己被捉去当祭祀品。"宾起急急地说，根本不给周景王回答问题的机会。

"嗯，那什么……"周景王已经知道他要说什么了，想要阻止他继续说下去。

可是宾起并没有注意到周景王的眼色，他很鲁莽——他一向都很鲁莽。

"大王，连公鸡都知道自残来保住自己，大王为什么要珍惜单旗呢？不如杀了他。"宾起大声说道，他觉得自己这个例子很生动，一定很有说服力。

"嗯，今天的天气不错啊，阳光明媚，春风劲吹，哈哈，好啊好啊。"周景王顾左右而言他，故意把话题岔开了。

周景王又找了个借口，起身走了。

宾起很沮丧，只得走了。

不远处，刘伯岔眯着眼，一直目送宾起离开。

周景王很担心宾起的鲁莽会坏事，他很快就感到事情有些变化，单家和刘家的卧底对自己的监视更加严密了，显示他们已经提高了警惕并且有可能动手。

"先下手为强。"周景王这时候没别的选择了，必须先下手干掉单穆公。

于是，周景王派遣了心腹暗中与王子朝联络，商讨对策。最终，周景王和王子朝决定周景王四月在北山狩猎，届时要求所有公卿随行，而王子朝事先在那里布置埋伏，等到狩猎队伍来到，捉拿单穆公，就地正法。

计划虽然有些仓促，但是看上去还算不错。

狩猎前的三天，周景王前往荣锜氏家中，他喜欢吃他们家的饭菜，在出发之前，要先来撮一顿。

可是，周景王没有想到的是，有人已经提前一天来到了荣锜氏家，潜伏了起来。

荣锜氏家的饭菜确实很好吃，可是，饭菜太好吃了往往都有想不到的隐忧，譬如荣锜氏的饭菜，就被人添加了一种毒药，这种药属于慢性药，专门伤害心脏，一般人在吃完这种药之后两个时辰才会药力发作，典型症状为心绞痛，然后死去。

周景王在中午吃了饭，下午睡了一觉，结果在心绞痛中醒过来，又在心绞痛中去世了。

狩猎，就这样被取消了。

杀人计划就这样夭折了，因为要杀人的人已被人杀了。

当晚的周朝新闻这样报道：今天傍晚，我朝卓越的领导人、伟大的天子周景王不幸突发心脏病，抢救无效逝世，享年三十九岁。以单穆公为首的公卿大夫们组成了治丧委员会，并且临时负责国家事务。

其实，全国人民都知道周景王的死跟心脏病没什么关系。

《左传》："王有心疾……崩于荣锜氏。"

477

周景王的猝死令王子朝和宾起措手不及，他们知道周景王一定不是死于心脏病，可是他们没有证据，再者说，有证据又能怎么样？

来看看这个时候的形势。

周景王崩了，因为没有立太子，现在没有确定继承人。同时，刘献公病危，而刘献公没有嫡子，现在也没有确定继承人。

从军事实力来看，单家、刘家等小宗族的实力与王子朝为首的王族的实力基本相当，难分伯仲。

形势就是这样一个形势，该怎么办？这是一个决断的时候。

单穆公没有任何动作，他只在私下里做了一件事情：派人散布将拥立王子朝为王的消息。按照规定，周王驾崩时如果没有立太子，将由两位卿士决定谁来继位。单穆公借口刘献公病危，暂时不能确定继位人选。

王子朝和宾起对当前的形势做了判断，宾起建议立即起兵攻打单穆公，理由是单穆公害死了周景王。赶走单穆公之后，王子朝登基。等到生米成为熟饭，天下诸侯也就不得不承认了。

可是王子朝认为哥哥才过世，贸然起兵不合于礼，必然招致人民的反对。此外，说单穆公害死了周景王并没有证据。

"我们还是等等，静观其变，我听说单穆公有意立我为王啊。"王子朝说，说来说去，是心存侥幸。

历史一再告诉我们，心存侥幸是非常危险的。

周景王崩了五天之后，刘献公死了。由于刘献公没有嫡子，单穆公做主，迅速立了刘伯忿为刘家之主，就是刘文公。

刘家安定了。

单穆公等的就是这一天，他就在等待刘家安定，然后两家合力。

五天，宝贵的五天时间。这五天里，单穆公每天都在担心王子朝会动手。

现在，时机到了。你不动手，就别怪我动手了。

错过了最佳的机会，王子朝有些后悔。不过，既然已经错过了最好的机会，不如干脆继续等待下去。

"怎么办？我看还是动手吧。"宾起还是建议先下手为强。

"别急，反正都这样了，再等等看。"王子朝决定还是等等。

五月二日，单穆公通知公卿和各位王子四日前往单家，商讨谁来继位的问题。

"怎么办？"王子朝跟宾起商量。

"这是个机会，我们暗中纠集人马，包围单家，可以将他们一网打尽。"宾起的意思，又要动手。

"不好，一来，人家一定有准备；二来，这样动手没有理由啊，得不到大家的支持。再者说了，万一人家就想让我继位呢？"这个时候了，王子朝还在抱着侥幸心理。

"那怎么办？"

"那，咱们还是去参加会议吧，看看情况再说。"王子朝其实早就这么定了。

五月四日，单家，戒备森严。

公卿们早早地来了，王子们也早早来了。王子朝带着宾起来到了单家，恰好碰上周景王的小儿子王子猛来到，不过，王子猛不是自己走来的，而是奶妈抱着来的。没办法，王子猛还不到两岁。

单穆公在议事大堂恭候大家，而刘文公在布置保安工作。看得出来，今天的会议，是单穆公唱主角。

人很快就到齐了，大门随即关上，四周站满了持戟卫士。到了这个时候，王子朝突然有莫名的恐惧，现在自己已经是单穆公案板上的肉，如果单穆公要杀自己，比踩死一只臭虫还要简单。

王子朝后悔了，他后悔自己冒冒失失来到了这里。

"各位，大王突然驾崩，因此没有立下太子。今天请各位来，就是要确定继任天子的人选。大家不妨谈谈看法，看看立谁比较好？"单穆公发言，简洁利落，直奔主题。

"嗡……"现场在一瞬间有些乱，有人说话有人感叹，而且都是低声。

等到嗡嗡声消失的时候，大家都闭了口。所有人都知道，一切都已经在暗箱中操作完毕，今天不过是走个过场。

当大家都闭了口的时候，大堂里就格外安静，人们忍不住去看四周的卫士们，感到一股杀气扑面而来。

"单公，您是卿士，又德高望重，我们都听你的。"有人高声说道，拣好听的说。

"是啊是啊是啊。"大多数人都附和着，王子们多少都有点儿尴尬，不知道说什么好。

等到大家都表了态，单穆公清了清嗓子，笑着说道："各位，承蒙大家抬爱，既然大家都这样说，那我就说说我的看法。按照周礼，嫡长子为太子，嫡长子早夭，则以其他嫡子为太子。因此，我认为，王子猛可以继位。"

现场又是一阵骚动，有人心领神会，有人暗暗叹息，王子们则多数面露失望之色。

其实，周景王还有三个嫡子，王子猛是最小的一个。按照周礼，既然嫡长子不在，就应该轮到嫡次子，可是单穆公偏偏选择了还在吃奶的嫡幼子，什么意思？因为小孩子容易掌控。

王子朝的脸色很难看，他扫视了王子们一眼，王子们也都扫视了他一眼。在王子猛和王子朝之间，王子们毫无疑问都希望王子朝能够继位。

最后，所有人的目光落到了王子猛的身上，不到两岁的王子猛猛然发现大家都在看自己，不知道发生了什么事，哇的一声哭了出来，害得奶妈忙不迭解开了衣扣，让王子猛吃奶。

"我反对。"宾起忍不住了，高声说了出来，"谁都知道景王一直想立王子朝为太子。如今，天下动乱，王室危殆，这样的情况下为什么要立一个吃奶的孩子？再说，既然刘伯忿可以以庶子身份继任刘文公，王子朝为什么不能继位周王？"

宾起话音一落，全场哗然。随后，所有人的目光转到了单穆公的脸上。

单穆公的脸色变得很难看，不知道是尴尬还是气愤。

单穆公没有回答宾起的话，而是侧过头去问刘文公："老刘，你怎么看？"

刘文公站了起来，他也并没有去回答单穆公的话，而是对着宾起大声说道："你是什么人？你不过是周王的近臣而已，今天是公卿大会，讨论国家大事，你是怎么混进来的？你还敢妄发议论，诽谤国家领导人，你该当何罪？"

说到这里，刘文公突然对卫士们喝道："来人，将此人推出斩首。"

卫士们一拥而上，不容宾起反抗，如鹰捉小鸡一般，将宾起捉了出去，斩讫来报。

再也没有人反对，再也没有人说话。王子朝面如死灰，他暗中发誓，只要今天能活着回去，一定不再犹豫，一定要杀了刘文公，为宾起报仇。

单穆公放过了王子朝，因为他实在找不到杀他的借口。

随后，单穆公和所有人盟誓，共同效忠新王。

王子猛，现在是周悼王。

王子朝现在才知道宾起是正确的，可惜的是，宾起已经死了。王子朝暗中和王子们商定，一旦周景王下葬，就开始动手。

六月十一日，周景王下葬。

六月十六日，王子朝终于动手了，王子朝的同盟者都是王子王孙、西部旧贵以及百工中被解聘的下岗人员。王子朝的队伍首先向刘文公的官邸发起攻击，要捉拿刘文公，为宾起报仇。刘文公早已听到了风声，不等王子朝的队伍来到，早已溜出京城，跑回自己的封地去了。

赶走了刘文公，下一步怎么办？王子们进行了讨论。

"干掉单穆公。"王子还建议，他是王子朝的同母弟弟，自然是王子朝的死党。

于是，王子朝出兵攻打单穆公。

可是，一切都晚了。

一切都在单穆公的计划之中，单穆公当然不会束手待毙。等到王子朝的人马来到单穆公家中时，才发现这里已经人去楼空。单穆公逃了，逃去了封邑平畤。但是，单穆公不是自己逃的，他还带上了周悼王。

王子朝立即派王子还等八个王子攻打平畤，结果被早有准备的单穆公的部队打得大败，不是大败而归，而是大败不归，八名王子全部阵亡。

王子还等人阵亡的消息让王子朝明白了，自己的对手绝不能够轻视，一切可能都在他们的掌控之中。于是，王子朝也离开洛邑，回到自己的封邑京地，召集王族、百工中的下岗人员和大宗族残余召家、毛家以及当初东迁家族尹家、南宫家等力量，准备与小宗族决战。

此后，双方频频交战，难分上下。

而晋国随后出兵帮助单家和刘家，在重创王子朝主力之后，晋国撤军。

从鲁昭公二十二年（前520年）到鲁昭公二十六年（前516年），四年时间里双方多次交手，互有胜负，晋国则始终站在单家和刘家一边。其间，还在吃奶的周悼王经不起折腾，一命呜呼。于是，单穆公立了周悼王的同母弟弟王子匄为王，就是周敬王，又是一个还在吃奶的王。

鲁昭公二十六年十月，晋国派智砾和赵简子出兵，要一举解决王子朝。晋国大举介入，王子朝根本不是对手。于是，召伯盈投敌叛变，王子朝知道大势已去，不得不率领着王族以及大宗族残余逃往楚国。至此，王族与小宗族的斗争再次以王族的完败而告终。

478

《左传》："鲁昭公二十六年，王子朝及召氏之族、毛伯得、尹氏固、南宫嚚奉周之典籍以奔楚。"

王子朝决定逃奔楚国，出逃之际，下令收拾历朝典籍同行。历代典籍在哪里？国家图书馆。

图书馆要搬走，无论是从道义上还是专业上，馆长都是要跟着走的。所以，老聃没有办法，他也要搬家了。家里的家当由家人们收拾，国家图书馆的搬迁，则必须由他亲自监督了。

搬家，很麻烦，自古就很麻烦。

历代的典籍不少，老聃带着人小心翼翼地收拾着，一边分类一边装车。周朝的、商朝的、夏朝的，以及夏朝以前的，都分门别类装上了车。

"唉，你说王子朝何必呢？好好的日子不过，非要争权夺利，这下好了，连原来的都没有了。"老聃叹了一口气，对尹喜说。

尹喜是尹家的人，老聃的朋友，他来帮着老聃搬图书馆。

"是啊，贪心不足啊。要是早听你的，哪至于有今天？"尹喜赞同，他也是反战派，可是由于是尹家的人，这一次他只能逃亡。

各类典籍都收拾完了，老聃进行最后的检查。来到收藏夏朝以前典籍这里，看着空荡荡的架子，不禁好一阵感慨。突然，看见一个木架有些倾斜，原来是下面的垫脚砖滑出来了，想来是搬典籍的兵士不小心给踢了出来。

老聃弯下身去，想要把那块砖头重新塞到木架的下面。

"哎哟。"老聃吃了一惊，原来，那块砖头十分沉重，不仅沉重，而且手感冰凉，"咦，这是什么？"

老聃觉得有些蹊跷，用足了力气，总算把砖头搬了起来。

不用说，这么重的砖头，肯定不是普通砖头，而是金属。这是什么金属？为什么放在这里？

老聃重新把砖头放在一处比较高比较亮的地方，发现手握过的地方隐隐有些发光。老聃知道，这绝对不是普通的砖头，这块砖头原先肯定不是拿来垫脚的，不过时代久远，上面蒙了尘，被人误拿去当了垫脚石。

老聃提了一壶水来，小心翼翼地用布把砖头擦拭了一遍，这时候再看那砖头，闪闪发亮，比铜还要亮。砖头上，有一些图案和文字。

"这些是什么？"老聃大吃一惊，看那些图案和文字，又有些似曾相识。

原来，老聃几十年来潜心研究各代以及夏前典籍，对文字颇有研究。他虽然暂时还看不懂上面的文字和图案，但是他知道，这上面一定有玄机。

"先生，要走了。"王子朝派来的人催促说，老聃脱了自己的外衣，小心翼翼地把这块金属包裹了几层，在一辆结实的车上找了一个稳妥的角落，放置妥当。

自古以来，很多宝贝都是搬家的时候发现的。

王子朝等人进入楚国，此前恰好楚平王去世，楚昭王继位。王子朝派人前往郢都请求借地暂居，楚国也正乱得可以，无心掺和王室的事情，因此回复王子朝可以在方城山以外随便找地方居住。

于是，王子朝率领着王室难民来到楚国居住。

王子朝逃走的当晚，天上出现了彗星。

彗星对古人来说意味着什么？意味着灾难。

第 二 三 三 章

二 桃 杀 三 士

　　彗星掠过，王子朝根本没有心情去理睬。他觉得如果真的有上天的话，那么上天对自己就太不公平了。

　　实际上，没有几个人真的去关心彗星，只有一个人例外，这个人就是齐景公。

　　"彗星出现了，赶快准备祭祀消灾。"彗星出现的第二天，齐景公就匆忙下了命令。

　　"慢着。"晏婴急忙阻止了他。

　　"为什么？"齐景公有点儿惊讶，好歹这也是为国家做的事情啊。

　　"别做那些没有用的事，别自欺欺人了。"晏婴甩给齐景公一句，看齐景公有点儿发愣，接着说，"彗星这东西，是用来扫除世界上的污秽的。如果您没有污秽，怕什么？如果有，祭祀一下就能没有了吗？心底无私天地宽，做好自己的事情就行了，管他彗星干什么？"

　　晏婴跟子产一样，是无神论者。

　　"嗯，有道理。"齐景公于是取消了祭祀。

王子朝逃奔楚国的消息很快传到了齐国，齐景公于是在郊外请晏婴来喝茶聊天，谈一谈国际形势。

话题从王子朝开始，很快就聊到了齐国本身。

"唉，你看这么好的地方，将来还不知道归谁呢。"说着说着，齐景公突然冒出这样一句话来。

"什么意思？"晏婴急忙问。

"我听说国君的位置应该归属于有德者，可是我觉得我们家好像没什么德啊。"齐景公说，倒很诚实。

"那——"晏婴沉吟了一下，然后小声说，"那我就有话直说了，如果说有朝一日这地方要换主人的话，恐怕多半是田家了。"

"为什么？"齐景公有点儿诧异，他心里挺喜欢田无宇的。

"田家虽然也说不上怎么有德，可是他们很得人心啊。"晏婴于是把田家怎样乐善好施，怎样在自己的土地上变相减税等都说了一遍，听得齐景公连连点头。

"那，那怎么办？"齐景公急忙问。

"怎么办？咱也拉拢人心啊。咱用周礼的那套东西，自己把国家治理成和谐社会，就不怕他们了。"晏婴出了这么个主意。

"好好。"齐景公说。

关于这段对话，后来韩非子对晏婴很不满意。韩非子评论道："景公，不知用势之主也；晏子，不知除患之臣也。"什么意思呢？就是说晏婴和齐景公不懂得运用手中的权力，及时除掉田家。

其实不然，齐景公本身比较优柔，而田家的势力已经很强大，晏婴如果胆敢撺掇齐景公用武力对付田家，那么很可能出现两种情况。第一，武力对抗，田家获胜；第二，齐景公与田家和解。无论哪一种情况出现，晏婴都不会有好下场。

所以，晏婴首先要保全自己。在保全自己的情况下去削弱田家。

晏婴就是这么想的，因此，他也是这么做的。

晏婴知道，公开削弱田家势力是行不通的，弄不好打虎不成反而被虎咬，最好的也是唯一的办法，就是暗中下手，搞一些阴谋诡计，神不知鬼不觉地削弱田家。

可是，有什么办法呢？从哪里开始呢？想了好几天，晏婴理不出个头绪来。

这一天，晏婴有事去见齐景公，进入朝廷，恰好看见三个人坐在门口，哪三个人？齐国最著名的三个勇士，也都是齐景公重用的人。这三个人是田开疆、公孙接和古冶子。

"三位好啊。"晏婴向他们打个招呼。

三人都没有说话，连眼皮子都没有抬一下。按理说，晏子走过，他们应该起立。

"神气。你们神气什么，看你们还能神气几天？"晏婴非常恼火，这三个伙计平时就倚仗齐景公的宠爱，谁都不放在眼里，晏婴早就讨厌他们。

突然，晏婴的眼前一亮。

削弱田家的办法有了。

"主公，王室的事情有什么感想？"晏婴问齐景公。

"唉，臣强君弱，国君的日子不好过啊。"齐景公叹了一口气，情绪不高。

"是啊，所以，对有些强臣，就要痛下杀手。"晏婴借着话头说。

"这，"齐景公面有难色，压低了声音说，"田家实力太强，不敢动啊。"

"主公，我不是说田家，我说的是田开疆那三个人。"

"啊，为什么？"齐景公有些惊讶，他很喜欢这三个人呢。

"主公，我听说聪明的国君之所以要养勇士，是因为勇士像狗一样忠诚，对敌人凶猛无比，对国君的臣子尊重。可是这三位呢，傲慢无理，不懂得尊重师长，徒然为主公您增添仇人，这样的人养他们干什么？他们现在已经不把大夫放在眼里了，主公您对大夫还很客气，他们却毫无礼节，而大家都把他们的粗野无礼当成是主公您的指使。长此下去，主公您还有可以使用的人吗？所以啊，他们就是祸国殃民的东西，不除他们，主公您说不定什么下场呢。再说了，田开疆可是姓田啊，他们三人都是田家的党羽啊。"

晏婴一席话，说得齐景公心惊胆战。特别是最后一句话提醒了他，田开疆是田家的人，虽然自己也喜欢他，但是他说不定就是田家放在自己身边的卧底。

"可是，这三个人是齐国头三名的勇士，要杀他们，别弄不好反而被他们伤了。"齐景公面带忧色，这么说，等于是已经同意了晏婴的说法。

"对付这几个缺心眼儿的，不用那么费力，看我略施小计。"晏婴笑笑说，这年头，要靠脑子吃饭。

过了几天，晏婴不知道从哪里弄来三个桃子，看上去粉里带红，形状圆润，硕大无比，个个看上去都有一斤多。

"主公，这桃子天下只有三颗，特地给主公您献上一个。"晏婴让人洗干净了，献了一个给齐景公。

嘎巴嘎巴，齐景公就吃完了一个，确实不错。

"那，剩下的两个，准备给谁？"齐景公还想吃。

"这两颗桃子，就给那三个缺心眼儿的。主公，让他们进来，我分桃子给他们。"晏婴说。

齐景公觉得奇怪，你不是很讨厌他们吗？怎么还给他们吃桃子？只有两个桃子，怎么给三个人分？给谁不给谁啊？这不是摆明了得罪人吗？尽管没想明白，齐景公还是派人去召请田开疆等三人，说是有赏赐。

不一会儿，田开疆三个人大摇大摆来到了，旁若无人。

"主公，有什么赏赐？"三个人大声问道，整个大殿都在回响。

主公没说话，晏婴说话了。

"三位勇士，主公刚刚得了三个绝世大桃，主公吃了一个，觉得特别好吃，念你们劳苦功高，决定把剩下的两个给你们。现在呢，你们来说说自己的功劳，谁要是觉得自己的功劳最大，就自己拿一个吃。"晏婴一边说，一边咽口水，好像自己想吃还吃不到。

两个桃子就摆在一个大盘子里，每个人都看得清清楚楚。

"我，我，我……"古冶子先说话了，可是他本来就结巴，如今一急，说了半天，只说出一个"我"来。

"我先说。"公孙接可没耐心等他把"我"说完，直接抢了进来，"当年跟主公打猎，遇上一只老虎扑出来，当时别人都吓呆了，我手里还没有武器，可是我挺身而出，手搏老虎，打死了老虎，保护了主公。这样的功劳，能不能吃桃子？"

"嗯，你的功劳最大，该吃一个。"晏婴点点头，表示支持。

公孙接也不客气，自己上去拿起了一个桃子，咔嚓咬了一口。

古冶子被公孙接抢过了第一个发言权，干着急没办法。等到公孙接拿到了桃子，急忙又要说话，这次更急了，所以结巴得更厉害："我，我……我……"

古冶子实在说不下去了，在那里咽口水捯气儿。

田开疆一看机会来了，插了进来。

"我说说。"田开疆开口了，古冶子还在那里咽口水，"上次跟着主公出去打仗，结果我们被敌人包围了，我一个人保护主公，两次击退敌人的进攻，最后救主公突围。这样的功劳，该不该吃一颗桃子？"

"太应该了，这么大功劳，太应该了。"晏子几乎是高声叫了出来。

"嘿嘿。"田开疆很得意，径直去拿起那个剩下的桃子。咔嚓一口，很满足地点了点头。

桃子已经没有了，古冶子也算咽完了口水，捯顺了气儿。

"我说说。"奇怪的是，古冶子现在也不结巴了，"那一年我跟主公去晋国，过黄河的时候，上来一只神龟一口把主公的骖马给叼到水里去了，所有人都吓傻了。我拿着剑就追了下去，大家也知道，我是个旱鸭子，所以我就在水底走。逆行百步，顺流九里，最后把神龟给杀了。当时我左手拿着马尾，右手举着龟头从水里出来。两岸的老百姓看见龟头以为是河神呢。我这样大的功劳，谁比得了？啊，你们两个人拍着胸脯自己说说。"

古冶子说得愤怒，拔出剑来。

田开疆和公孙接对视了一眼，两人都很惭愧，确实古冶子比自己要强很多。

"老大，确实你功劳最大。我们，我们把桃子还回来行吗？"田开疆和公孙接说着，把桃子放回了盘子。

古冶子没有说话，他盯着那两个桃子，每个桃子都被咬了一大口。他觉得自己受到了羞辱，原本该有自己的一个桃子，可是现在只有两个别人吃剩下的桃子。

田开疆和公孙接也看着桃子，他们很后悔自己咬了一口，因此更加羞愧。

"我们功劳没有你大，本事没有你高，可是竟然吃了桃子，真是不要脸啊，我们没脸活下去了。"田开疆和公孙接都是刚烈的勇士，他们受不了良心的煎熬。

两人同时拔剑，同时把剑抹到了自己的脖子上。

两具尸体就倒在古冶子的面前。

"兄弟，何必呢何必呢。"原本还满怀羞愤的古冶子看见两人为了桃子而自杀，猛然之间觉得对不起这两个兄弟，这两个兄弟分明是被自己逼死的啊，"你们都死了，大哥我难道还要偷生吗？你们能自杀，难道大哥我就不敢吗？"

古冶子说完，挥剑自杀。

三具尸体。

三个绝世勇士死了，为了两个桃子。

齐景公收殓了三个人的尸体，就在临淄城外荡阴西里以士的礼节厚葬了他们。

对于二桃杀三士这件事，历史上多有人对晏婴的做法表示不满。

后世传为诸葛亮所作的《梁甫吟》，内容如下："步出齐东门，遥望荡阴里。里中有三坟，累累正相似。问是谁家冢？田疆古冶子。力能排南山，文能绝地纪。一朝被谗言，二桃杀三士。谁能为此者，相国齐晏子。"史上多认为这是诸葛亮在指责晏婴，其实不然，诸葛亮行事与晏婴有许多相似之处，他写《梁甫吟》只是表达对晏婴的敬仰而已。

480

二桃杀三士，晏婴成功除掉了三个眼中钉，三个田家的党羽。齐景公则隐隐有些后悔，毕竟这是三个难得的勇士，而且都为自己立过大功。

田无宇很是恼火，但是没有办法。

没过多久，齐国驻晋国的办事处传来一封信，称晋国将联合燕国前来讨伐齐国。

原来，在王室之乱中齐国暗中支持王子朝，惹恼了晋国人。赵简子提出讨伐齐国，在其余五卿没有响应的情况下，决定出动自己的家族兵力，再联合燕国，合兵进攻齐国。

"先生啊，怎么办？三个勇士都被你杀了，派谁去对付晋国人啊？"齐景公紧急召见晏婴，话语间就有些埋怨。

晏婴一听，暗说晦气，这晋国人来得也太不是时候了，早点儿来啊，让这三个缺心眼儿的死在晋国人手中不是更好？可是现在怎么办呢？晋国人要来，总要想办法啊。

"这个，这个……"晏婴这回真有点儿为难，领军打仗不是自己的长处，干不了，整个齐国，只有一个人能够对抗晋国人，自己还真不想用。

"先生，快想办法啊。"齐景公有点儿不耐烦了。

到这个时候，晏婴也只好推荐这个人了。

"主公，有一个人是个帅才，用他，比三勇士强一百倍，足以抵挡晋国人。"晏婴说。

"啊，谁这么厉害？先生怎么不早说？"齐景公一下子来了精神，瞪着眼问。

"这个人叫作田穰苴，精通兵法，生性威严，是个带兵的好材料。"

"啊，可是，这是田家的人啊。"齐景公有点儿失望，他不想用田家的人。

"虽然是田家的人，可是他是田家的疏族，姓田而已，跟田家其实没什么瓜葛，可以大胆任用。"晏婴心里其实也不想用他，可是不用他用谁？所以，还要为他辩解。

"那，请他来见我一下。"齐景公被说服了。

当天，田穰苴被通知拜见齐景公。结果是齐景公非常满意，当即任命他为将军，率领齐军迎战晋军和燕军。

"主公，我呢，就是一普通百姓，也没什么地位，一下子成了将军，恐怕大家都不服气。这样，您派一个宠臣给我做监军，替我压阵。"田穰苴接受了任命，但是提出这样一个条件。

"好啊，那就庄贾吧。"齐景公让自己的头号宠臣做监军，当即召来。

当着齐景公的面，田穰苴和庄贾商定了明天点阅军队的时间。之后，两人各自回去准备。

第二天，三军集合。田穰苴早早来到，立表下漏，这两样都是计算时辰的，然后一边部署军队，一边等庄贾前来。

两人约定的时间是正午，眼看着日影到了正北，正午到了。可是，庄贾还没有到。

"不等了。"田穰苴下令，随后撤掉表和漏，开始点阅三军，申明纪律。

一直忙到下午接近傍晚，这个时候，庄贾才晃晃悠悠来到。

"大夫，为什么迟到？"田穰苴问他。

"嘿，这不是要出远门吗？亲戚朋友都要相送，多喝了几杯，就把时间耽误了，不好意思不好意思啊。"庄贾满口酒气，看样子喝得不少。

"不好意思？一旦接受了国君的任命，就要忘掉自己还有家；一旦号令三军，就要忘记自己还有亲戚；一旦上战场打仗，就要忘掉自己的性命。现在强敌就要入侵，国家危难，百姓的生命都在我们的手里，这个时候你还有心跟亲戚喝酒？来人，约好了时间而迟到的，按军法怎样处置？"田穰苴变了脸，一脸的怒气。

"斩首。"军法官回答。

"那就不好意思了，斩。"田穰苴下令，早有军士上来把庄贾拿下。

这个时候的庄贾吓得一身冷汗，酒也醒了，急忙大声喊自己的随从："快去找主公救命啊。"

庄贾的随从急忙去向齐景公求救，齐景公急忙派人来救。

晚了，人头已经挂在了军门的柱子上。

齐景公的使者手持使节，驾车闯进了军营。

"你来干什么？"田穰苴厉声问道。

"主公派我来救庄贾。"使节有些害怕，田穰苴的气势太逼人了。

"将在军，君令有所不受。庄贾已经被我砍了，现在说说你的事。"说到这里，田穰苴问军法官，"驾车闯入军营，何罪？"

"斩首。"军法官回答。

"咕咚。"使节跪下了，田穰苴敢杀庄贾，自然也敢杀自己，"将军饶命啊，我家上有八十岁老娘啊。"

"国君的使者不能杀，这样，杀了他的御者，砍了他的左边的骖马。"田穰苴还算给面子，只可怜御者和那匹马成了替罪羊。

使者千恩万谢，狼狈不堪地走了。

三军震栗，从前齐军散漫惯了，什么时候见过这么严厉的主帅？

之后，三军训练三天，三天时间中，田穰苴亲自检视军中，对伤病士兵嘘寒问暖，安排治疗。又把自己的伙食补贴到三军中，自己跟士兵一起吃饭，吃同样的饭。

三天之后出发，即便是伤病员也都请求出征。

齐军士气大振。

赵鞅由于担心内部问题，因此决定休战。这下可坑害了燕国，田穰苴率领的齐军大破燕国军队，一直追击到燕国境内才收兵。

齐军凯旋，快到临淄的时候，田穰苴命令三军解除武装，下令不得扰民，随后才进入国都。

齐景公非常高兴，任命田穰苴为大司马，执掌齐国军队。

从这之后，田穰苴就被称为司马穰苴。

第二三四章

解 读 和 谐

现在，齐国有两大名人了：晏婴和田穰苴。

内事不决问晏婴，外事不决问司马。整个齐国，都这么传说。

晏婴有些哭笑不得，原本二桃杀三士就是想削弱田家的实力，如今折腾来折腾去，反而帮田家挖掘了一个司马穰苴出来。

晏婴的想法不是没有道理的，田无宇眼看司马穰苴能力超群而且很受齐景公的赏识重用，巴不得马上把他拉到田家的阵营中来，于是又是攀亲戚又是拍马屁，而司马穰苴原本是田家混得最差的那一支，如今能跟田家正宗拉近关系，也是求之不得。

481

齐景公很高兴，现在他有三个最信任的人了。除了晏婴和田穰苴之外，还有梁丘据。不过，这三个人，对齐景公来说，作用是有区别的。

一天，齐景公半夜喝酒，喝着喝着，觉得自斟自饮没劲，要找人同饮侃大山才有意思，于是下令："酒肉打包，到晏婴家喝酒去。"

一行人咋咋呼呼出了后宫，直奔晏婴家而去。除了酒肉之外，宫廷歌舞团也跟随前往。

晏婴已经早早睡下，突然听说齐景公来到，不知道出了什么事，急忙穿上朝服，准备好上朝用的家伙，在家门口迎候齐景公。齐景公还没有下车，晏婴就走上去问他是否有什么国家大事。

"你看，今晚明月当空，晚风轻拂，好写意啊。我带了好酒好肉还有歌舞团，咱们喝点儿酒，岂不妙哉？"齐景公笑嘻嘻地说。

"我还以为有什么国家大事呢，陪酒我不在行，擅长陪酒的多着呢，我就不参加了吧。"晏婴拒绝了。

齐景公知道晏婴的性格，也没办法强求。

"那，您就早点儿休息吧。"齐景公想了想，对随从们说，"去司马家。"

大队人马呼呼啦啦，又来到司马穰苴家。早有人去通知了司马穰苴，司马穰苴也不知道发生了什么事情，这个时候披甲执戟，站在大门口迎接齐景公。

"主公，是有外敌入侵，还是有人叛乱？"司马穰苴见到齐景公，迎头就问。

"你看，多么圆的月亮啊，难道司马不想喝个小酒唱个小歌？酒肉和歌舞团我都带来了，怎么样，咱们喝几盅？"齐景公又笑嘻嘻地说，他觉得司马穰苴的打扮有点儿搞笑。

"主公，行军打仗我是高手，喝酒唱歌就没什么道行了，请主公找别人吧。"司马穰苴也拒绝了。

这下，齐景公又失望了。

"那，去梁丘据家里吧。"齐景公又下令。

一行人来到了梁丘据家，远远就看见梁丘据左手抱着瑟，右手提着竽，一边唱着歌一边迎了上来。

"今天晚上我喝酒真快乐啊。没有晏婴，谁为我治理国家呢？没有司马，谁为我保卫国家呢？可是如果没有梁丘据，谁能陪我一起享受人生的快乐呢？"齐景公不由得感慨起来。

"主公，怪不得我家喜鹊叫个不停，原来是主公驾临，哈哈哈哈。"梁丘据的马屁直接就上来了。

"哈哈哈哈。"齐景公笑了。

当晚，齐景公喝得高兴，直喝到天亮，才醉醺醺地回宫去了。

论人品和能力，司马穰苴是齐国一流。

论对晏婴的尊重和感激，司马穰苴不亚于任何人，他经常说起没有晏婴就没有自己的今天。

可是，晏婴还是决定要除掉他，因为，他是田家的人。

晏婴不会去做这个恶人，就像二桃杀三士，他决不会自己动手。

自古以来，所谓"矮子心多"，晏婴算是一个明证。

晏婴首先劝说齐景公给司马穰苴赏赐封邑，赏赐的封邑从哪里来？从鲍家、高家和国家那里收回来赏给司马穰苴。没有多久，这三家就纷纷来说司马穰苴的坏话。

终于有一天，齐景公也觉得司马穰苴确实有些过分的时候，他请晏婴来讨论这个问题了。

"最近很多人来投诉司马穰苴，说他骄纵蛮横，不知道你有什么看法？"齐景公问晏婴。

"主公，这事情都赖我。当初我举荐他的时候，真是没想到他这么快就跟田家混在了一起，我，我引咎辞职行吗？"晏婴根本没有回答齐景公的提问，反而说到了另外一个问题。

齐景公大吃一惊。

其实，骄纵蛮横根本就算不上什么大问题，齐景公的意思也就是让晏婴想办法提醒司马穰苴而已。可是晏婴突然提出田家的问题，齐景公就不得不加倍重视了。

"啊，司马不是田家的疏族吗？怎么又和田家混在了一起？"齐景公有些紧张地问。

"所谓穷在闹市无人问，富在深山有远亲啊。司马穰苴原来种地的时候，田家当然不管他，如今当了大司马，田家当然要来认亲了。田家要认亲，司马穰苴难道还不愿意？就这样，他们就混到了一起。"晏婴解释，反正怎么说都是他有理。

"那，那你更不能辞职了。你辞职了，谁来帮我对付田家啊？你快想想办法吧。"齐景公更加紧张了。

"办法还是有的，不是那几家投诉司马穰苴吗？就以此为借口，免了他的大司马。"晏婴出了这么个主意，把得罪人的事情推给了那几家。

第二天，齐景公果然宣布免除穰苴的大司马职务，理由是多名大夫投诉他，群众基础不好。

司马穰苴被免职，很没面子地回了家。由于心情郁闷，不久后心脏病发作，含恨离开了人世。

后来，田家篡夺了齐国，到战国齐威王的时候，下令修订古代有关军事制度和礼节的《司马兵法》，把司马穰苴的军事思想和言论添加其中，成为《司马穰苴兵法》，又称《司马法》。

太史公在《史记》中专有《司马穰苴列传》，不过，司马迁不认为《司马法》与司马穰苴有多大关系。究其原因，大致司马迁认为《司马法》应该是司马家族的专利，不应该被田家无端抢走。

不过，不管太史公怎样说，历史上还是把《司马法》算到了司马穰苴的名下。到宋代,宋神宗编定"武经七书",《司马法》在《孙子兵法》和《吴子兵法》之后，排名第三，确定了《司马法》在中国兵书中的地位。

《司马法》中有许多珍贵的军事思想，对后人颇有启迪。这里摘录一二。

"国虽大，好战必亡；天下虽安，忘战必危。"

"杀人安人，杀之可也；攻其国，爱其民，攻之可也；以战止战，虽战可也。"

论人品和能力，梁丘据根本不入流。

论对晏婴的尊重和敬畏，梁丘据倒是不含糊的，他常常感慨自己一辈子也赶不上晏婴。

可是，晏婴还是瞧不起他，因为，晏婴就是瞧不起他。

可是，晏婴拿他没办法，真的没办法，因为，齐景公就是喜欢他。

那一天齐景公打猎回来，非常高兴，因为梁丘据把他伺候得很好，只要他想到的，梁丘据一定都已经做到了。

"看来，只有梁丘据和我比较和谐啊。"齐景公对晏婴说，把打猎的情况简单介绍了一下。《左传》原话是："唯据与我夫！"

"什么和谐啊？那就是他一味迎合你，顶多说是保持一致而已。"晏婴不屑一顾地说。《左传》原文是："据亦同也，焉得为和？"

"那和谐和保持一致有什么区别？"齐景公问道。《左传》原文是："和与同异乎？"

下面，我们来看看晏婴怎样解说和谐，顺便也理解一下孔子所说的"君子和而不同，小人同而不和"。

"那当然，差别大了。"晏婴清了清嗓子，开始说道，"和谐呢就像做肉羹，用水、火、醋、酱、盐、梅来烹调鱼和肉，用柴火烧煮。厨工调配味道，使各种味道恰到好处；味道不够就增加调料，味道太重就减少调料，最后做出可口的肉羹来。国君和臣下的关系也是这样，国君是肉，臣下们就是水、火、醋、酱、盐、梅。国君拿主意，但是臣下们要提供自己的看法，综合在一起，就是最好的主意。音乐的道理也像味道一样，由一气、二体、三类、四物、五声、六律、七音、八风、九歌各方面相配合而成，由清浊、小大、短长、疾徐、哀乐、刚柔、迅缓、高下、出入、周疏各方面相调节而成。现在梁丘据不是这样，国君放个屁他也说是香的。如果用水来调和水，谁能吃得下去？如果用琴瑟老弹一个音调，谁听得下去？梁丘据什么都跟您相同，要他还有什么用？"

所以，什么是和谐？就是集中不同的意见，达到最好的结果，而不是所有人的意见都一样。

什么是和谐社会？就是包容的社会，言论自由的社会，批评声音不断的社会，而不是只有一个声音的社会，只能赞美不能批评的社会。

对于晏婴的评说，齐景公哼哼唧唧，不置可否。

不管怎样，齐景公打了很多野味回来并且设宴招待群臣。当晚月明星稀，微风吹拂，大家一顿好吃好喝，热闹非凡。

突然，齐景公叹了一口气："唉。"

正在高兴的时候，为什么叹气？别说别人，就连梁丘据都弄不明白。

"今天真的好高兴好高兴，可是，人都是要死的，人要是能够万岁万万岁，能万寿无疆的话，那该多好。"齐景公自己回答了大家心头的疑问，原来他是想到了死。

乐极生悲，乐极容易生悲。

"唉唉。"大家都跟着哀叹起来，梁丘据还流下了两行热泪。

晏婴看着这些人，就觉得好笑。

"主公，伤心什么？应该高兴才对啊。想想看，人要是不死的话，今天坐在这里的是您吗？那都是古人了，最早在这里的是爽鸠氏，后来还有蓬伯氏、蒲姑氏，再后来还有咱们太公，他们要是都万岁了，主公您现在能当国君？给你当个有三分地的农民就不错了。所以啊，伤心什么？没事偷着乐吧。"

大伙一听，这话有理，于是纷纷释然。

"我建议，为了能死，大家干一杯。"梁丘据发起了倡议，大家纷纷附和。

晏婴想哭了。

482

鲁昭公二十五年（前517年），鲁国出大事了。原来，鲁昭公不满三桓专政，想要铲除他们，结果反而被三桓联手，将鲁昭公赶出了鲁国，逃到了齐国。

齐景公和晏婴决定全力帮助鲁昭公，因为这是政治避难准则，更重要的是同病相怜，鲁昭公被臣下赶出来，而齐景公也早就感到臣下的压力。

齐景公先在齐国东部给了鲁昭公一块地，算是临时安置。当年冬天，齐国发兵攻打鲁国的郓地，拿下之后，将鲁昭公安置在郓地，准备第二年出兵将他送回曲阜。

第二年夏天，齐景公亲自领军，准备南下攻打三桓，把鲁昭公给送回去。

"不跟三桓谈判，不接受鲁国的礼品。"齐景公下令，摆出了一个姿态。

这个时候鲁国的实力远远不如齐国，三桓知道，如果齐国一定要打，自己一定不是齐国的对手，怎么办？

正面对抗不行，就要从敌人的内部想办法。

季平子的家臣申丰和女贾带了两匹锦缎，悄悄地来到了齐国，悄悄地去见高龁。高龁是谁？梁丘据的马仔，跟申丰和女贾都很熟。

"伙计，发财的机会来了。"申丰对高龁说。

"什么发财的机会？"听说发财，高龁的眼睛发亮。

"这两匹锦缎先给你。"申丰先把两匹锦缎给了高龁，然后说，"如果你能让梁丘据想办法阻止齐国攻打我们，我们就帮你成为高家的继承人，而且还给你一万两千石粮食，怎么样？"

申丰在忽悠高龁，就算给粮食有点儿谱儿，帮助高龁成为高家的继承人就纯粹骗人了。

"好，成交。"高龁同意了，毕竟粮食也不少。

高龁来找梁丘据，先把那两匹锦缎给梁丘据看。

"这缎子不错啊，哪儿来的？给我的吗？"不等高龁开口，梁丘据直接瞪大了眼睛。

"鲁国人给的，鲁国人说了，帮助他们阻止齐国入侵，这样的缎子还有一百匹献给您呢。"看见梁丘据贪婪的眼神，高龁也就直来直去了。

"好，成交。"梁丘据一点儿没有犹豫，他太爱这缎子了。

转身，梁丘据去找齐景公了。

"主公，有件事我得跟您提提，否则我总是睡不好觉。"梁丘据一副很关心齐景公的样子。

"什么事？"

"您说您亲自领兵送鲁昭公回去，高风亮节啊，各国都在歌颂您。可是，您的安全就有了问题。为什么这么说呢？前段时间，宋国的宋元公为了鲁昭公的事情去晋国，可是走在半路上暴病身亡；也是前些天，鲁国的叔孙婼在谋划把鲁昭公接回去，结果也是暴病身亡。我琢磨着，凡是帮鲁昭公的，怎么都暴病身亡了呢？难道鲁昭公得罪了鬼神，被下了咒了？所以我觉得，您可千万别亲自出马了，您要是有个三长两短，齐国人民可怎么办啊？我可怎么活啊？呜呜呜呜。"梁丘据说着说着，哭了起来，他被自己感动了。

齐景公一听，这事情是够邪门的，别为了鲁昭公，把自己的小命给搭进去了。

"多亏你提醒啊，好，那我不去了。"齐景公怕死了，取消了亲征的计划，派了公子鉏领兵前往。

结果，齐军知道齐景公临阵退缩，士气衰落。齐军与鲁军在成地进行了一次战斗，结果不分胜负。齐军撤军，送鲁昭公回曲阜的计划无疾而终。

"可恶的梁丘据，不得好死。"晏婴知道了这件事情，忍不住大骂。他这段时间身体不好，因此留在了临淄，没想到梁丘据就干出这么个事情来。

梁丘据终究也没有能够得到那一百匹缎子，不是鲁国人想赖，而是老梁的命中不该有。

鲁国的缎子那是天下最著名的，又轻又薄又透气又保暖，所以梁丘据早就想要了。可是，事情不巧，恰好鲁国的缎子前段时间被一个楚国商人给买光了，库存还不够了。所以，鲁国人拖了一下，一直拖到两年之后，也就是司马穰苴死后不久，鲁国人来告诉梁丘据，说是缎子都准备妥了，过几天就发运过来。

梁丘据听了高兴，一高兴喝了几口凉水，结果老梁就开始抽上了；没抽几下，就挺了；没挺多久，就死了。

老梁老梁，就这么凉了。想起来，还真不如死在齐鲁战场上。

"说帮鲁昭公的暴毙身亡，你不帮鲁昭公，还不是也暴毙了？"晏婴听说梁丘据死了，再次大骂。

其实，对于梁丘据，晏婴当初虽然瞧不起他，但是也说不上恨他。梁丘据这人就是靠哄齐景公开心获得宠爱，没别的正经本事。可是，这人也没有什么坏心眼儿，也没有什么野心。

国君总得有几个人陪他吃喝玩乐，否则当国君还有什么意思？晏婴这么想，当初管仲也是这么想的。

所以，当初管仲并没有动齐桓公的三宠，晏婴也就不动梁丘据。

可是，自从梁丘据收鲁国人好处的事情败露之后，晏婴就真是恨死了他。

"先生啊，老梁爱我啊，而且很忠诚，我想厚葬他，你觉得怎么样？"齐景公跟晏婴商量，如果说司马穰苴的死让齐景公有所感伤的话，梁丘据的死就让齐景公深感悲痛了。

"主公，你说梁丘据又忠诚又爱你，有什么根据？"晏婴反问。

"我有什么喜欢玩的东西，别人没有，可是老梁都能弄来给我；不论刮风下雨，白天黑夜，什么时候喝酒唱歌，他都随叫随到。由此可见，他的心中只有我。"

"主公，从前他活着的时候我不好意思说他，怕大家伤和气。现在他死了，我可要说他几句实话了。一个臣子受国君的宠爱大大超过别人，那就是不忠；一个儿子把父亲的爱都占据了，那就是不孝；一个老婆把老公霸占了，那就是妒妇。什么是忠臣？忠臣要让大家都有机会表达对国君的忠心。什么是孝子？孝子要让兄弟们都有机会表达孝心。主公您是国家的主人，什么东西没有？可是为什么别人都弄不到，只有老梁能弄到？说明他在排斥别人。大家谁不想陪您喝酒唱歌啊，可是为什么每次都是老梁？说明他在暗中阻止别人。这种人，您还要厚葬他？"晏婴的话，听上去总是那么有道理。

"嗯，有道理，那算了。"齐景公觉得晏婴说得对，取消了厚葬梁丘据的计划。

活着的时候不收拾你，死了也要收拾你。

"老梁，叫你贪！"晏婴总算出了这口气。

第二三五章

栽赃、分赃、分赃不均

转眼又过了一年，到了鲁昭公二十八年（前514年）。

这一天，从晋国地下办事处传来一条消息。

"啊，这是真的？"晏婴听到了消息，大吃一惊。

"千真万确。"

"唉。"晏婴叹了一口气，很久没有说话。

晋国发生了什么事？什么事让晏婴这样震惊？

483

夏天的时候，中军元帅韩起病了，病得很厉害，属于老年痴呆加半身不遂，实际上就在等死了。中军元帅病成这样，于是按照排位，中军佐魏舒代理中军元帅。

对于某些人来说，大树就要倒了。

山雨欲来。

祁盈是祁奚的孙子，也是杨食我的朋友。祁盈有个异母弟弟叫祁胜，兄弟俩关系一直不好。

这年夏天的时候，祁家发生了一件事情，祁胜跟好朋友邬臧玩换妻游戏，结果被祁盈知道了。邬臧，晋国大夫，是邬姓始祖之一。

"好你个王八蛋，学谁不好，你学庆封？玩换妻，找死啊？"祁盈很生气，也很高兴，这下找到机会收拾这小子了。

不过，祁盈决定先去问问司马叔游。

"你脑子进水了？"司马叔游是祁盈的朋友，听他说准备收拾祁胜，当头给他泼了一瓢冷水，《郑书》里写道：不怕贼偷，就怕贼惦记着。现在是贼人当道，没事还要防着三分，你现在没事找事，不是找死吗？《诗经》里说了：世道已经很邪恶了，别自己给自己找病。你就当没这事，暗中劝他注意点儿不就行了吗？"

司马叔游把话说到这个份儿上，可以说已经非常够意思了。

"可是，这是我们家族的内部事务啊，跟国家有什么关系？"祁盈不听劝，实际上，他早就想收拾祁胜，好不容易找到了机会，自然不愿意轻易放过。

可惜的是，这个时候没有人给他讲螳螂捕蝉的故事。

你抓住了别人的把柄，却忘了别人也在抓你的把柄。

祁胜并不知道事情已经败露，第二天又约了邬臧来玩换妻。

两对时尚新潮男女正玩得爽歪歪，就听见门外一声断喝："上。"随后，大门被撞开，涌进来十多条大汉。

四个光屁股男女被当场捉拿。

所谓好事不出门，坏事传千里。祁家发生的换妻门事件迅速传遍了大街小巷，成为街谈巷议的话题。

老百姓也就是过过口舌瘾，意淫一把而已。可是，就有人看到了机会。

魏舒和智砾来找晋顷公了，首先汇报了最近祁家发生的事情，然后智砾说了："主公，祁胜和邬臧虽然有罪，可是两人都是大夫，轮不到祁盈去抓啊！他这是把家法当国法，擅用私刑啊。"

　　晋顷公本来就稀里糊涂，听智砾这么一说，觉得也有道理。

　　"那，魏元帅，你看怎么办？"晋顷公问魏舒。

　　"先把祁盈抓起来再说。"魏舒来的意思，就是这个。

　　于是，祁盈被抓起来了。

　　到了这个时候，祁盈才想起司马叔游的话来，晚了。

　　祁家乱成了一锅粥。

　　怎么办？大家伙在一起商量对策，什么人都有。

　　一通商量，没有个结果。

　　"我听说主人已经确定要被杀了，既然这样，不如咱们先把这四个狗男女给杀了，也让主人临死前出一口气。"一个门客建议。其实他是魏舒收买的卧底。

　　"好啊好啊。"大家叫好，一窝蜂拿了刀剑，然后一窝蜂去了监房，一顿砍瓜切菜，把那四个风流男女给剁成了肉酱。

　　"这帮蠢材。"卧底笑了。

　　尽管抓了祁盈，但没有人知道该怎么处置他，毕竟罪名不是太名正言顺，而且如果人家把人放了，也就没理由再关着他。

　　可是就在这个时候，从祁家传出消息，说是祁家把祁胜和邬臧都给砍了。

　　"嘿嘿。"魏舒笑了，立即下令，"召开六卿紧急会议。"

　　由于韩起卧床不起，因此六卿只到了五卿，除了代理中军元帅的魏舒之外，还有范鞅、赵简子、智砾、中行寅。

　　看看大家到齐了，魏舒先做了主题发言，把祁家最近发生的事情简单说了一遍，最后说："根据举报，祁家正准备造反。来人，带证人。"

证人被带了进来，一共三个，都是魏舒在祁家收买的卧底。

三个证人开始揭发祁盈的谋反计划，其实大家都知道，这些都是编的，祁盈根本就不会造反。不过，大家都装作很惊讶很相信的样子，瓜分祁家的地盘是大家的共同愿望。

"按照祁盈的罪行，应该灭门，大家是否同意？"魏舒又做了总结。

所有人都同意。

祁家完了。

事情还没有完，魏舒还有计划。

"来人，再带证人。"魏舒下令。还有什么证人？

又进来三个人，赵简子认识其中的一个，那是羊舌家的人。

"根据举报，杨食我勾结祁盈，共同谋反。你们三个证人，给你们做污点证人的机会。"魏舒下令。

三个证人都是被魏舒收买的，一通瞎编乱造，把杨食我也牵连了进来。

"杨食我勾结祁盈造反，证据确凿，各位有什么看法？"魏舒问，他盯着赵简子。

"这个，是不是再调查一下？"赵简子知道这是陷害，可是，现在是人家魏舒为老大，自己也不能太明显为杨食我辩护。

"还用调查吗？"魏舒大声问。

"不用。"另外三个人齐声回答。

赵简子无语。

于是，另一项决议产生：羊舌家族与祁家同罪，灭门。

赵简子敢怒不敢言，他知道自己保护不了羊舌家了。

五卿分别回家，准备甲兵，共同出兵。同时，派人通知韩家。消息到了韩起这里，韩起干瞪眼说不出话来，他已经快死了，现在只能死得更快。

赵简子没有办法，他也只能出兵。回到家里，赵简子一眼看见杨食我的一个儿子正在自己家里与自己的儿子无恤聊天。

　　"小子，你过来。"赵简子把杨食我的儿子叫了过来，杨食我的儿子不知道发生了什么，小心翼翼地走了过来。

　　"我跟你说完话，你就立即给我走，出西门一路向西，不要停，一直到秦国。听见没有？"赵简子压低了声音说。

　　"元帅，为什么？"

　　"不要再问，现在就走，到时候你就知道了，走吧。"赵简子狠狠地在杨食我儿子的肩上拍了一把。

　　杨食我的儿子似乎已经明白了是怎么回事，后退两步，给赵简子跪下，磕了一个头，转身走了。

　　五卿联军，灭了祁家和羊舌家。

　　祁家因为早就出事，已经有人预先逃走。而羊舌家完全没有防备，惨遭灭门。

　　杨食我的儿子从赵家出来，一路狂奔到了秦国，逃到了华山仙谷，后来定居华阴，以杨为姓。

　　这，就是杨家的开端。

　　陕西杨姓，史称杨氏正宗。

　　中国第六大姓杨姓，竟然以这样的方式开始。

　　从前的赵家和现在的杨家都被灭门，但是，二者的原因是完全不同的。

　　赵家被灭，完全是权力斗争，所谓因猖狂而灭亡。那是狼与狼的火并，群狼咬死了独狼。

　　杨家被灭，则是利益瓜分，所谓因拥有而灭亡。这是狼与羊的关系，群狼撕碎了绵羊。

就像拥有一个美女，很多男人都想杀死你。同样，当你拥有一大片土地，很多比你权势强大的人就都想消灭你。而你，低调也好，隐忍也罢，都难逃厄运。

所以，美好的东西往往是灾难的种子。

回想叔向，那是一个多么睿智的人，可是，他不够坚决。他知道自己的封邑将会给儿孙们带来灾难，可是，他没有坚决地送出去，他还存有几分侥幸。

所以，尽管叔向很渊博很聪明，但他确实比不上士会，比不上孙叔敖，比不上子产，也比不上晏婴。他费尽心思要保护自己的家族，可是，他仅仅死去七年，家族就被消灭了。

这个时候我们回想起叔向母亲当初对杨食我的判断：豺狼之声，狼子野心，必然害惨羊舌家族。

其实，杨食我就算哭声像凤鸣，羊舌家族也难逃被灭门的命运。他们唯一的机会就是放弃封邑，就像公象唯有放弃自己的象牙才能摆脱人类的黑手。

就算叔向的儿子不是杨食我，而是杨食他或者杨食你，也是同样的下场。

说来说去，责任在叔向身上，他本可以避免杨家的悲惨命运的。

484

祁家、杨家被灭，事件轰动全世界。

两家的地盘暂时没有瓜分，魏舒在等，等什么？等韩起咽气。因为只要韩起不咽气，瓜分地盘最多的就必然是韩家。

韩起在一个月后咽气了，临死前的回光返照他只嘟囔了一句："叔向，我见了你该怎么说啊？"

韩起死后，魏舒正式担任中军帅。这个时候，开始分肥肉了，魏舒可以名正言顺地多拿多占了。

魏舒把祁家的地盘分为七个县，羊舌家的地盘分为三个县，一共是十个县，不小的地盘，这也就难怪六卿始终在寻找机会切掉这块肥肉。

魏舒将十个县这样分配，司马弥牟为邬大夫，贾辛为祁大夫，司马乌为平陵大夫，魏戊为梗阳大夫，智徐吾为涂水大夫，韩固为马首大夫，孟丙为孟大夫，乐霄为铜鞮大夫，赵朝为平阳大夫，僚安为杨氏大夫。

分地盘的基本原则是，魏、智、赵、韩四家各得一县，中行和范家没有。为什么这样？看看地图就会发现，范家和中行家的地盘在东部，与这十个县都不接壤。因此，只能是另外四家在紧挨自己的地盘拿到一个县，至于范家和中行两家，主要是拿到祁家和羊舌家的财产作为补偿。

其他的六个县的大夫，名义上都是选任贤能，其实都是魏舒的亲信。

魏家原本地盘最小实力最差，经过这次分肥肉，一跃而成为仅次于智家的大家族，这就难怪魏舒为什么一定要置祁家和羊舌家于死地了。

其余五家其实都有不满，不过没人愿意出头。

到这个时候，晋国基本上瓜分完毕。

晋国六卿，家家都是在担任中军帅期间拼命扩充实力。

正是：有权不用，过期作废。

假公济私占了大便宜，魏舒总觉得好像有点儿激起公愤的意思，还有点儿不太放心。于是，这一天把大夫成鱄给请来了，要向他讨教一件事。

"老成啊，你说，我让我弟弟魏戊担任梗阳大夫，会不会有人说我假公济私呢？"魏舒问，很真诚的。

还用说？那就是假公济私啊。成鱄心里这么想，但嘴上不能这么说，他想了想，说道："那怎么会？魏戊当上梗阳大夫，那完全是他的能力摆在那儿啊。你说魏戊，那是谦虚谨慎，彬彬有礼，慷慨大方，无私奉献。这么说吧，给他一个县都屈才了。"

"那，我这算是举贤不避亲？"魏舒笑了，他很受用。

"太举贤不避亲了，您想想，当初周武王夺得天下，兄弟就封了十五个，同族的封了四十个，这都是举贤不避亲啊。武王之所以封他们，不是因为他们是自己的亲戚，那是因为他们确实有才能啊。《诗经》这样写道：'唯此文王，帝度其心。莫其德音，其德克明。克明克类，克长克君。王此大国，克顺克比。比于文王，其德靡悔。既受帝祉，施于孙子。'元帅您哪，你的德行简直比得上文王了。"成鱄一通马屁拍了过来，早就想拍，今天终于给了机会，当然要尽情拍了。

"你说得太好了，你这么说，我就放心了。那什么，下次再有机会，也给你个县大夫当当。"魏舒非常高兴，顺便也卖个人情出去。

成鱄兴高采烈地从元帅府出来，之后到处去说这次对话，说魏舒如何礼贤下士，怎样谦恭礼让，怎样关注民意民生，怎样廉洁自律，等等。

贾辛被任命为祁地大夫，这里是祁家当年的大本营，所以非常重要。在上任之前，贾辛来见魏舒。

"伙计，我给你讲个故事。当年贾地的大夫贾大夫长得很丑，但是娶了个很漂亮的老婆，那就是一朵鲜花插在了牛粪上。结果呢，漂亮老婆很不满，三年都不说话不笑一下，怎么办呢？贾大夫面临了周幽王同样的困境。后来，贾大夫想了个办法，有一天，他带着老婆去打猎，恰好一只野鸡飞过，贾大夫拈弓搭箭，只一箭，就把野鸡射了下来。再看老婆，笑了，而且说话了：'老公，你的箭术很好啊。'贾大夫当时深有感慨地说：'看来才能不要收藏起来，要是我不能射箭的话，你可能永远也不会说笑了。'你看你，其貌不扬，话也不多，要不是这次平定祁家和羊舌家叛乱有功，我真是不知道你的才能。我这次派你去祁，是个很大的挑战啊，你要全力治理好啊，随时向我汇报。

啊，最重要的，你始终要记住是谁提拔了你，要忠于谁。"魏舒说了一大通，核心思想就是两句：好好干。无限忠于魏家。

贾辛当然明白，表达了忠心之后，去上任了。

其余几个县的大夫在走之前也都接受魏舒的训话，同样也都表达了忠心。

对于魏舒的这番举动，孔夫子孔老先生又看走了眼。在《左传》里有如下记载。

"仲尼闻魏子之举也，以为义，曰：'近不失亲，远不失举，可谓义矣。'又闻其命贾辛也，以为忠；《诗》曰：'永言配命，自求多福。'忠也。魏子之举也义，其命也忠，其长有后于晋国乎！"

魏舒分明假公济私，孔老夫子还以为他大公无私。

魏舒的一系列做法引起其余五卿的不满，很快，其余五卿就有了应对。

第二年，魏舒命令赵简子和中行寅率领晋军在原陆浑戎的地盘上修筑大城，防备楚国。这两位本来就对魏舒不满，又被派了这么个苦活儿，两人骂骂咧咧就去了。

一边筑城，两位就一边商量怎么也让魏舒难受难受，最后想出一个主意来。什么主意？子产用过的办法。

两人就在当地收缴了四百八十斤铁，打造了一个鼎，鼎上刻上了刑法，什么刑法？当年士匄制定的刑法。

"可恶的他以为什么都是他说了算，咱们弄个刑鼎，谁说了也别算，以后全都依法办事。"两人制刑鼎就是这个目的，暗地里还拉上了范鞅。

按理说，这两个人不过是下军的帅佐，哪里有资格制刑鼎？可是他们就制了，而且运回去放在朝廷门口，就这么执行了。

魏舒这次算是吃了苍蝇，有口难言，因为这鼎实际上是赵、范、中行三家搞的，韩家和智家暗地里也有沟通，如果自己反对，那就是一比五，事情闹僵了，只能自己倒霉。

"我认栽，我认栽还不行吗？"魏舒忍了这口气，他现在更加清楚，什么时候也不能孤立自己。

从子产到赵简子，虽然都是铸刑鼎，但目的完全不一样，自然，评价也就不一样。子产铸刑鼎是为了更好地管理国家，因此他是法家；赵简子铸刑鼎是权力斗争的结果，而且上面的刑法按孔子的说法就是"晋国之乱治也"，也就是说那个法太过时了。因此，赵简子什么也算不上。

但是不管怎么说，赵简子总算替大家出了一口气。

转眼又过了三年，这一年，周敬王派人来晋国，两个来使名叫富辛和石张。

"我们代表周王感谢元帅对于中央的无私支持，感谢晋国人民的无私奉献。"两位来使先把套话说完了，然后进入正题，"为了防备王子朝的反攻倒算，贵国在我们伟大首都派遣了军队，一转眼五年过去了。谁没有老婆孩子？谁没有亲戚老表？谁不想回家抱着老婆睡觉啊？为了大家都能够跟家人团聚，周王希望让贵国士兵回国。可是王子朝还要防备，怎么办呢？周王希望贵国继续发扬大局精神，能够率领天下诸侯帮我们把首都修缮完好，那样的话我们就不怕王子朝了。"

说了一通好听的，实际上就一件事：请晋国帮我们修首都。

魏舒想了想，没想明白。可是，范鞅早就想明白了，实际上亲家刘文公早就悄悄地给他打好招呼了。

"元帅，这个建议好，想想看，帮他们把城修好，我们的士兵就不用驻在那里了，大家不是都要感激你？"范鞅赞成。

魏舒想想，觉得范鞅说得有道理。

"好，就这样了，通知各国诸侯都来帮忙，我担任修城总指挥。"魏舒还从来没有在各国诸侯面前露过面，要借着这次机会长长脸。

当年冬天，各国诸侯都派人跟着魏舒去修首都了。尽管各国都已经不太搭理晋国，可是为这点儿小事得罪晋国也不太合算。

各国出人出物都出了，可是抱怨声骂声就没有断过。魏舒亲自指挥修城，结果满耳朵都是各国人骂他的声音。

到这个时候，魏舒才回过味儿来，这次又吃了范鞅这个王八蛋的苍蝇。

魏舒很郁闷，于是干脆把修城的事情交给韩不信负责，自己率领着亲信打猎去了。

俗话说：人要倒霉了，喝凉水都塞牙。心情不佳的魏舒竟然在打猎过程中突发心脏病而死，享年五十六岁。

魏舒去世了，范鞅接任中军元帅。后来在魏舒下葬的时候，范鞅命令撤去魏舒的柏木外棺，因为魏舒是在执行公务过程中偷偷跑去打猎，不享受因公死亡的待遇。

腐败分子范鞅终于公正了一次，当然，实际上他是在挟私报复。

第二三六章

破 解 史 前 文 明

伟大首都的城墙按期完工了，各国军队骂骂咧咧回了自己的国家。

魏舒的死大快人心，每个人都说他自作孽不可活。而最高兴的有两个：一个是范鞅，他现在是晋国的老大了；另一个是范鞅的亲家刘文公，他认为从今自己的亲家会更加帮忙。

可是，刘文公错了，他忘了范家当年是怎样联络舅舅和外公联手害死自己儿子的。

鲁定公四年（前 506 年），刘文公召集了诸侯大会，会上提出趁着楚国内乱，由晋国牵头，诸侯联军讨伐楚国。刘文公的真实意图是，由联军帮助他捉拿在楚国境内的王子朝，永绝后患。

"亲家，别忽悠我了，想让我挨骂是吗？"范鞅拒绝上当，散会之后笑嘻嘻地对刘文公说。

"亲家，一家人不说两家话，帮个忙，我们捉了王子朝就撤军，怎么样？"刘文公露了底儿。

"嘿嘿，别说咱们只是亲家，就算是我亲爹给我挖坑让我跳，我也不跳。"

范鞅话完，拍拍屁股，走了。

刘文公很失望，也很恼火，没想到亲家这么绝情。

"岂有此理的亲家。"刘文公对着范鞅的背影低声骂道，没注意到这实际上也是在骂自己，"不靠你们，老子也能干。"

刘文公发了狠，裙带靠不住，靠自己。

当年，吴国攻打楚国，一举攻占了楚国首都郢都。刘文公知道，干掉王子朝的绝佳机会到了。

485

来看看王子朝的队伍怎样了。

树倒猢狲散。

当初逃往楚国的时候，每个人都知道，这一去楚国，就再也没有机会回来了。谁愿意走呢？原本大家都是为了更大的利益跟着王子朝干，可是如今不仅更大的利益没有了，连原来那点儿利益也都没有了。在楚国，大家都是难民，难民的日子那叫什么日子？

这个时候，要想保住原来的利益就只有一个办法了：卖主求荣。

召伯盈就有这样的打算，所以在王子朝率领众人流亡楚国的时候，召伯盈躲了起来，等到大家都走了，他就出来了。

召伯盈组织了城里剩下的人打扫街道、张灯结彩，准备迎接王室和晋国军队进城。

等到王室和晋国军队到来，召伯盈就率领着全城百姓大开城门，出城迎接。

"总算盼到你们了，你们可算来了，王子朝祸国殃民、无恶不作，害苦了百姓啊，你们真是大救星啊。"召伯盈现在成了起义军首领了，热烈地欢迎着王室和晋国军队进城。

单穆公看着召伯盈直想笑，心说这小子变得还真快，弄得好像是自己的卧底一样。怎么处置他？单穆公当然知道该怎样做。

"老召，从今以后咱们捐弃前嫌，共同为王室的伟大复兴而奋斗吧。"单穆公紧握着召伯盈的手，激动地说。

单穆公明白，如果这个时候杀掉召伯盈，那就会让整个都城的人人心惶惶。所以，留下召伯盈是必须的。

当天，单穆公、刘文公和召伯盈盟誓，进一步稳住召伯盈以及王子朝余党。

都城安定之后，周王回都城。

召伯盈官复原职、保留封邑，同时单穆公下令，所有随同王子朝流亡楚国的人，只要同王子朝划清界限，回归祖国，将既往不咎，保留原有待遇。

召伯盈官复原职的消息传到王子朝流亡队伍之后，产生了极大的影响，本来就人心不稳，现在更是人心思归。

第一个溜走的是尹氏固。当初看见召伯盈没有来，他心里就有些打鼓。如今听说回去之后能官复原职待遇不变，再看看王子朝的队伍已经七零八落，东山再起希望渺茫，尹氏固就下定了溜回去的决心。

一个星光闪闪的夜晚，尹氏固悄悄地上路了。

回到洛邑，尹氏固主动自首，单穆公也没有为难他，直接发还封邑，官复原职。

等到尹氏固回国并且官复原职的消息传到王子朝流亡队伍之后，那是彻底炸了锅。一开始还是夜里开溜，后来干脆白天大模大样地开拔了。

流亡到楚国之后不到一个月，王子朝的手下就走得七七八八，剩下老婆孩子几十个人，其余的都跑了。

"咱们也跑回去吗？"老聃的老婆问。

"你听说过秋后算账这回事吗？"老聃反问。

老聃并没有跑回洛邑，不过他也并没有留在王子朝的身边，他跑了，带着老婆孩子跑到了苦县。跟他同时跑的，还有尹喜。

历朝的典籍太多，老聃没有办法带走，因此仅仅带走了那块最后发现的金砖。

后来的事实证明了老聃的远见，仅仅两年之后，单穆公和刘文公见形势已经稳定，于是开始秋后算账，当初跟随王子朝的家族全部受到清洗。

《左传》："鲁昭公二十九年，京师杀召伯盈、尹氏固及原伯鲁之子。"

老聃一家和尹喜一家来到苦县，隐姓埋名，自耕自种。有人问起姓名，就说是周朝战乱前来避难的难民。

"我姓李，叫李耳。"老聃为自己取了个化名，大致，取化名的祖师爷就是老聃了。尹喜也取了个化名，名叫关尹。

定居下来之后，老聃开始潜心研究那块金砖上的图形和文字。

金砖上的图形是一个圆中两条鱼首尾相连，在今天，就叫作太极图，又叫阴阳鱼。至于文字，老聃并不认识，只能潜心破解。

老聃这一潜心研究，一口气就到了鲁定公五年（前 505 年）。这一年吴国大军攻占楚国，楚国方城山以外成了一盘散沙。

刘文公派出了特别行动队，实行了刺杀行动。刺杀行动非常成功，王子朝在楚国被暗杀。由于楚国正处于灭亡状态，因此无法对刘文公的暗杀行动采取任何回应。

后来，王子朝的后人以朝为姓，不过改写为晁。

王子朝，晁姓得姓始祖。

王子朝的死讯很快传到了老聃和尹喜这里。

"看来，我要走了。"老聃说，他怀疑自己将是下一个被暗杀的对象。

"他们不知道我们在这里，怕什么？"尹喜说。

"不然，附近很多人已经怀疑我的身份了，似乎有人已经猜到了我是谁，我必须走，否则不仅是我，还要连累大家。"老聃下定了决心。

"那，去哪里？我跟你走。"

"不，我一个人走，我去秦国。我走之后，大家就都安全了。"

"为什么去秦国？为什么不去齐国，或者鲁国？"尹喜问。

"齐国、鲁国都是将要内乱的国家。当然，除此之外，我还有别的打算。"

"那，既然你要走，给我留下点儿什么吧，别让你的学问失传了。"尹喜提出要求。

"好吧，我答应你。"老聃答应了。

于是，老聃在随后的几天里潜心著作，洋洋洒洒地写下了五千余字。而这五千余字分为《道经》和《德经》，合称《道德经》。

《道德经》写成之后，尹喜看了一遍，大吃一惊，因为其中太过玄妙，有些地方完全不能理解。

"老兄，你这些文字包含了什么？其中的玄妙从何而来？难道就是冥思苦想出来的？"尹喜大为困惑。

"关兄，实不相瞒，这里的玄妙不是冥思苦想就能想出来的。之所以我能写出来，是因为我这些年来潜心破解，最近豁然开朗，感觉已经破解了那块金砖上的大部分文字，这些文字高明玄妙，匪夷所思，其内容所言竟然是宇宙的生成和天地的玄妙，其中的道理我称之为道。不过，到现在我还没有全部明了。"老聃说道，原来一切玄妙来源于金砖。

"啊，那上面那幅图是什么意思？"

"不要小看了那幅图，那幅图我称之为太极图，包含了无穷的内容，包括宇宙天地人的生成运行。天下万物生于有，有生于无。有物混成，先天地生。独立而不改，周行而不殆，可以为天地母。吾不知其名，强字之曰道。道生一，一生二，二生三，三生万物。万物负阴而抱阳，冲气以为和。"

"你大概解说一下。"

"天外有天，称为宇宙。宇宙无边无际，一开始空空如也，后来无中生有，分为阴、阳两个部分，这太极图中的两条鱼一阴一阳，大小相当，就是整个宇宙。宇宙不断膨胀扩大，呈混沌状，之后天地生成。"

"你说太极图包含万物，还有什么含义？"

"天有阴阳，人有阴阳，因此我想，地也有阴阳。我从文字中似乎看到，我们所处的地原本是个球形。你看太极图为圆形，不正好是地吗？我们称之为地球。太极图中两鱼在游，岂不是暗示地球在转动？既然地球是圆的，那么我一路向西或者一路向东，最后岂不是又回到这里？向东是大海，无路可行。因此我想一路向西，或许就能从海上回到这里。"

老聃说到这里，尹喜已经瞠目结舌。

"那……那，那你说这些，与治国处世有什么关系？"尹喜想了想问。

"哈哈，万物原本相通。所谓人法地，地法天，天法道，道法自然。"

尹喜终究还是没有听得太明白，他只知道老聃留下的文字十分玄妙，今后必将流传千古。

老聃走了，西出秦国。

有记载说老聃死于秦国，又有说老聃一路向西，到了现在的印度。还有说老聃一路向西，不知所终。究竟是怎样的结果，至今是个谜。

而那块神秘的金砖，也随着老聃而不知所终。

486

关于金砖，未见于任何史册，纯属推断。

人的任何思想，必然都是有来源的。我们历来研究《道德经》，都是只说《道德经》的内容，而不去探究老子的思想从何而来。

如果说老子关于治国的思想来源于对现实的思考和对前朝典籍的研究，

那么，他关于道、关于宇宙起源的思想来源于哪里？世上没有无源之水。

任何思想，一定有它生成的基础和环境，因此时至 20 世纪，在人类社会科技高度发达，对宇宙探索不断取得成就的前提下，才提出了宇宙生成的新理论。那么，两千五百多年前，老子是凭什么提出同样的理论的呢？那时候既没有研究宇宙生成的必要，更没有相应的知识，难道他的思想是凭空而来的？

所以，必须找到一个至少最近乎合理的解释。

从老子的职业入手，我们发现，他供职于国家图书馆，能够研读接触前代的古籍。而搬家的过程很可能是他发现更早以前遗物的机会。

那么更早以前是什么年代呢？我们可以想象为史前时代，那个时候人类文明程度非常高，但是人类一朝毁灭，在毁灭之前特地留下了关于宇宙的描述，寄望于幸存的后代能够看懂。

或者，我们认为我们的祖先就是人类毁灭的幸存者，他们为我们留下了一些我们难以理解的知识，譬如老子所说的宇宙起源，譬如脉络，譬如八卦图等。

这样的解释也许听上去荒唐，但是，在有更合理的解释之前，我们认为这就是合理的解释。

也许有一天人类因贪婪而毁灭的时候，我们就会想起老子所说的无欲无为了，那难道不是人类长期存在的必然条件吗？或许，那就是我们曾经毁灭掉的祖先们在临死前的感悟吧。

要解说《道德经》，首先必须搞懂这一句话："人法地，地法天，天法道，道法自然。"

我们来解释什么是人法地。

什么是地？地就是土地河流山脉水草，人类生存于土地，要适应土地。因此，就有了所谓逐草而居或是逐水而居。居于什么样的土地条件，就要适应怎样的地理条件，就要有相应的生活和生产手段，这就是所谓的因地制宜。

这就是人法地。

那么，什么是地法天？

天就是阳光雨露，雷电风暴，气候条件，四季变化。人类居于土地之上，要适应土地的条件。但是，土地的收成受制于天气，比如阳光如何，雨水如何，等等。风调雨顺就丰收，大雨、干旱、冰冻、飓风就受灾，这就是天气对于人类生存的影响。因为土地条件相对固定，选择了土地之后，就要看天吃饭了。人们可以选择土地，但是不能控制天气。

这就是地法天。

什么是天法道？

道就是天地运行的规律，而不是人生存的规律。

天地运行在于循环往复，自生自灭。无为无欲，最终天长地久。

这就是天法道。

什么是道法自然？

自然就是宇宙中最根本的规律，道只是自然在天地之间的映射，大规律下的小规律而已。所以，道还必须遵循宇宙的规律。宇宙的规律同样循环往复，此外还有始有终又无始无终，无中生有，有然后无，还有很多人类无法理解和无法了解的规律。

这就是道法自然。

实际上，以上的说法也可以说成是人法天地，天地法道，道法自然。

老子在讲述了人法天地，天地法道，道法自然之后，整部《道德经》所提倡的实际上是人不要法天地，而去法道。看上去，这把人提升了一个或者两个层次，是好事。可是，事情并不能这么简单看。

如果人法道是正确的，那为什么不干脆人法自然呢？把人提升到道的水准不是更好？但是老子明白，人是不可能法自然的。自然太大，人类既不能了解自然也不能理解自然，根本没有能力也没有可能法自然。

天地是没有欲望的，可是人是有欲望的，是趋利避害的。

看上去老子的思想把人的层次提高了一个档次，但是，人和天地是不一样的，人之所以为人，就是因为人是有欲望的，是趋利避害的。要求人像天地一样无为无欲，本身就是不现实的。即便这样可以"天长地久"，但是，这不是人类所追求的。

《说苑》里有一个邓析的故事，说是邓析游学到了卫国，看见五个卫国农民用瓦罐从井里打水，然后用来浇灌韭菜地，一天下来只能浇一块地。邓析就教他们做一个杠杆在井口，后重前轻，这样取水就轻松而高效多了，一天能够浇灌上百块地。

"不好，我们老师教导我们说：'机械有它的好处，必定也有它的坏处。'我们不是不会造机械，我们只是不愿意制造而已。请您走吧，我们还是一心一意打水，不想改变。"让邓析没想到的是，农夫们竟然拒绝了他的合理建议。

"为什么呢？"邓析一路上都在想这个问题，为什么农夫们不肯改变呢？

一直到回到郑国，邓析还没有想通，整天皱着眉头冥思苦想。

"老师，您怎么了？"学生们觉得很奇怪，从来没见老师这么痛苦过。

邓析把农夫的故事告诉了大家。

"一定是他们冒犯了老师，我们去卫国揍他们一顿，给老师出气。"学生们纷纷表示。

就在这个时候，邓析眼前一亮，他突然想通了。

"算了，我想通了，他们就是传说中的圣人了，可以请他们出来治理国家的。"邓析说。

邓析为什么这样说？五个农民怎么就成了圣人？学生们都很奇怪地看着他。

"想想看，按照现在的办法，他们的时间安排得很充实，每天都有活儿干，最终也能把该做的事情做完。可是，如果用了机械，他们早早把活儿干完，剩下的时间干什么？人闲着就会产生欲望，产生欲望就会去想办法获得，于是就会坑蒙拐骗进行争夺。如果他们能够克制住自己的欲望而安心地闲下来，他们就会习惯于闲暇，到了农忙的时候他们就会不适应，就会耽误农时。所以，无论怎样，改变都是没有好处的。想想看，当初周朝建立的时候，土地的产出仅仅够大家吃饱的，衣服仅仅够大家穿的，人们早出晚归也不过刚刚好把事情做完，那时候天下多么太平。后来，人口多了，土地多了，产出多了，财富有盈余了，时间有闲暇了，可是争夺就开始了，国家之间的战争不断，内部的争夺不断，人们哪有一天安生日子过？"邓析给大家分析。

　　邓析的这个故事，就是在说清净无为。

　　可是，邓析所说的这五个圣人，我们都认为他们是傻子。事实上他们就是傻子，因为他们不用机械，别人会用，一旦大家都用了，他们迟早会被饿死的。

　　所以清净无为听起来不错，但是违背了人性，根本无法实现。

　　老子知道，人类的欲望最终将摧毁人类。只有道可以让人类长存。但是，老子没有明白的是，如果没有欲望，就不会有人类产生。这就如同一辆汽车，开得越狂野越刺激，车报废得就越早。老子的意思是，汽车放在车库里不用，就能长久地保持完好。可是，汽车不就是拿来用的吗？如果不用，汽车的价值在哪里？如果人类不追逐欲望和利益，人类存在的价值又在哪里？

　　道，是天地运行的规律，是崇高的。但是，道并不适用于人。人不是天地，人是渺小的、短暂的，就像火和电，来得快去得也快，追求的是瞬间的亮度而不是永恒的存在。

　　或者从另一个角度说，人的欲望是出于自然，与道处于相同的层次，只能法自然而不能法道。而自然规律是什么，人并不知道，所以顺其自然就是法自然了。

所以，以老子的道来说，用到单个人的身上往往是不现实的，而用到越大的单位，也就是越接近于天地运行规律的单位，也就越有道理。譬如，老子说"知足常足"，如果人人都是这样，世界就不能发展，人类社会就是因为不知足才有了各种创造。但是，老子说"治大国若烹小鲜"，这一点却很正确，譬如美国《宪法》二百多年来没有变化过。

《道德经》中有大量的名言警句，看似有理，实际上未必有理。譬如知足常足、自胜者强、以德报怨、上善若水等，其本源都是无为。

从中举个例子，来看看知足常足，这句话现在转换为成语"知足常乐"。眼下炒股成风，亏多赚少。很多人都说是因为太贪，如果知足常足，少赚点儿就出来，就不会被套或者亏钱。

说起来，似乎知足常足在这里很有道理。可是，如果一个人真的知足常足，他根本就不会去炒股。知足常足，有时候等同于守株待兔了。

股市中，确实有高手急流勇退，不追高不逐暴利，有人说这就是知足常足。其实不然，这样的高手通常都是股海中浸淫多年，有了许多经验教训，掌握了股市规律，掌握了股市的"道"，懂得何时退出才能实现收益最大化。这种人，怎么是知足的人呢？他们这一次的退出，是为了下一次的进入。

世界上只有一种人可以知足，老人。

一个理论之所以高深，往往就因为这个理论怎么也实现不了。

道教是中国主要宗教之一，因以"道"为最高信仰，认为"道"是化生宇宙万物的本原。东汉张道陵创立的"五斗米道"为道教的定型化之始。南北朝时宗教形式逐渐完备，奉老聃为教祖，尊称"太上老君"，以《道德经》为主要经典。

不过，道教不等同于道学。

春秋时期的人物中，除了老子被尊为道教教祖之外，太子晋和师旷也都被奉为道教神灵。除了他们，还有两个人。

　　当初周公的三儿子茅叔被封在茅（今山东金乡与江苏丰县之间），就是茅姓的始祖之一。春秋末期，茅国被邹国所灭。茅国君主并不伤心痛苦，而是兴高采烈，大呼"脱烦也"，然后带着家人进山学道去了。后来道成，骑龙升天，成为道教中最离奇的先祖之一，被道家典籍称作"茅君"。

　　还有一位是苌弘，是周朝的大臣，刘文公的心腹谋士，能力很强。后来晋国内乱，范家和中行家被赶走，因为刘家和范家是世代姻亲，赵简子十分讨厌刘家，迁怒于苌弘，威胁刘文公要除掉苌弘。刘文公无奈，只得杀了苌弘。苌弘被杀的时候怨气冲天，感动了上帝，血落在地上都化为碧玉，尸体也随即不见，飞升为神仙。苌弘化碧，这是道教中的著名传说之一。

第 二 三 七 章

说 人 坏 话　孔 子 挨 骂

老子西行的消息很快传到了鲁国，有一个人对此大为感慨，认为老子这样的人才得不到重用，最终只能流亡海外，实在是一大损失。此人是谁？孔丘。

孔丘是谁？姓孔名丘字仲尼，鲁国人，天下最认真贯彻周礼的人，公开招收学生授课教授周礼。孔丘，也就是孔子。几年前孔丘曾经去老聃那里查阅周朝典籍，两人有过一番交谈，孔丘对老子的学识佩服得五体投地。《史记》记载，孔子对自己的弟子这样描述老子："鸟，吾知其能飞；鱼，吾知其能游；兽，吾知其能走；走者可以为罔，游者可以为纶，飞者可以为矰。至于龙，吾不能知，其乘风云而上天，吾今日见老子，其犹龙乎？"

这个时候，孔丘在鲁国无人赏识，也混得很艰难。

"老师，老子都去西边了，您为什么不出去走动走动？"学生子贡看见老师叹气，提出了一个建议。

"好，明天去齐国看看。"孔丘回答，齐国一向对外国人才张开双臂，孔丘想去看看那里有没有合适的位置。

带着几个得力的弟子，孔丘北上齐国了。经过朋友的朋友的介绍，孔子师徒几人就暂住在了高家。

托关系找门路，孔丘总算得到了一个见齐景公的机会。

"孔丘先生，一般情况下，到我这里来求职的，都要先见晏婴先生，你为什么不去见他，直接来见我呢？"齐景公问，通常，他都要让晏婴先把关。

"不瞒主公说，晏婴这人，曾经跟着三个国君混，跟每个国君都混得很和谐。可见此人有三颗心，这样见人说人话，见鬼说鬼话的人，我不想见他。"孔丘回答，表现得很直爽很有性格。

"哦。"齐景公吃了一惊，不知道这人是缺心眼儿还是太实在，"那什么，说说你的治国方略吧。"

"我的治国方针是：君君臣臣父父子子。国君要像国君，大臣要像大臣，父亲要像父亲，儿子要像儿子。每个人都摆正自己位置，都不做非分之想，国家自然就和谐了。"孔丘说道，这是他的政治理念，看齐景公在点头，他又说，"政在节财，国家要节俭一些。"

齐景公对孔丘的君君臣臣比较欣赏，如果能够实现孔丘的这个想法，那么田家就不会有非分之想，自觉自愿当他们的臣子，自己岂不是就可以高枕无忧了？

孔丘进一步阐述了自己的思想，也就是儒家思想。齐景公听得饶有兴趣，非常高兴。

"好，你先回去，我考虑考虑。"齐景公恭恭敬敬地送走了孔丘，他觉得孔丘是个人才，应该留下来，不过，这事情要跟晏婴商量。

孔丘也高高兴兴地回去，他感觉得出来齐景公对自己的欣赏。

"要走好运了。"孔丘暗暗说。

第二天，晏婴来见齐景公，齐景公就把自己和孔丘见面的事情说了一遍，还把孔丘说晏婴的坏话也告诉了晏婴。

"啊，他也这样说我？"晏婴有些恼火，孔丘这人他听说过，据说人品不错，可是没想到竟然背后说自己坏话。

"怎么，还有人这么说过？"齐景公看出了晏婴的不快，不过他很想知道还有谁这样说晏婴。

"对，就是梁丘据。"

"啊，老梁？你怎么回答他的？"

"我说我能和三个国君都相处融洽，不是因为我有三颗心，而是因为我只有一颗心，那就是国家利益这颗心。有这一颗心，别说跟三个国君，就算跟一百个国君也能和谐相处。如果有三颗心，跟一个国君也处不好。"

"你说得太好了。"齐景公说，原本他准备提一提重用孔丘的事情，可是看见晏婴一脸的怒气，决定还是等一等再说。

回到家里，晏婴越想越气愤。梁丘据是个不学无术的家伙，说那样的话也就罢了。可是孔丘是个有学问的人，名声也挺好，他如今这么说，影响就太坏了。

"岂有此理，从鲁国到齐国来，竟然说我的坏话，这不是吃饱了撑的吗？"晏婴实在气不过，于是派人前往孔丘的住处，专门回答他这个问题。

晏婴的家臣带着晏婴的回答就到了孔丘师徒的住所。

"孔丘先生在吗？"晏婴的家臣敲着门问。

"在的。"孔丘的学生子路急忙开门。

"我是晏婴先生派来的，找孔丘先生有话说。"

"啊，屋里请，屋里请。"子路急忙把晏婴的家臣让了进去，里面，孔丘正在研究周礼。听说晏婴派人来了，孔丘恭恭敬敬地问："啊，晏婴先生有什么指教？"

"晏婴先生让我回答你的问题，我晏婴家族世代效力于齐国国君，要不是行得正站得端，早就出局了。我听说，喜欢一个人，就看他什么都是优点；不喜欢一个人，就看他什么都是缺点。所以，喜欢的就说他好话，不喜欢的就说他坏话。我是一颗真心辅佐三个国君，所以都能融洽；若是三颗心跟着一个国君干，那一定干不好。如今孔丘先生以小人之心度君子之腹，根本不了解情况就在那里说我的坏话。告诉你，身正不怕影子歪，脚正不怕鞋子小。不做亏心事，不怕鬼敲门。你孔丘这些年来穷困潦倒，四处碰壁，我说你什么了吗？你现在是打鱼的笑话砍柴的，种地的指责打猎的，你不是吃饱了撑的吗？从前我以为儒家挺值得尊重的，现在我蔑视你们。好了，话我转达完了，再见。"晏婴的家臣连珠炮一般痛斥了孔丘一顿，连屁股都没有拍，转身走了。

孔丘目瞪口呆，这一切太突然了。过了半晌，他才回过味儿来。

"唉，我真傻，我怎么会在齐国议论晏婴呢？我缺心眼儿啊。"孔丘自我批评，心里埋怨齐景公出卖了自己。孔丘不知道，当国君的根本不懂得人情世故，想说什么就说什么，不会为别人考虑的。

"那，怎么办？"子路问。

"看见没有，古人说过：'言发于迩，不可止于远也；行存于身，不可掩于众也。'一个人的言行，别人都看在眼里。不该说的话，千万不要乱说。我私下议论晏婴，却没有说到点子上，我错了。错了，就要认错，就要道歉。赐，你去一趟，道个歉。"孔丘派端木赐去给晏婴登门道歉，端木赐就是子贡，在孔丘的弟子中最为能言善辩。

子贡领了老师的指令，去道歉了。

这一边，弟子们都有点儿沮丧，老师竟然被人骂了一顿还要给人道歉，大家都有点儿愤愤然。

"老师，晏婴仗势欺人，他难道就是圣人，就没有过错？"子路大声说道。

"嘿嘿，好像也不是吧。齐灵公这人很邋遢，晏婴就劝他整洁；齐庄公喜欢打仗，晏婴就劝告他慎战；齐景公很奢侈，晏婴就处处简朴。可以说，晏婴确实很善于辅佐君主。可是，晏婴对上面好，对下面可不怎么样，说起来，不过是个小人罢了。"孔丘说道，有些为自己圆场的意思。

孔丘的原话是："相三君而善不通下，晏子细人也。"（《晏子春秋》）

子贡并没有见到晏婴，因为晏婴根本不屑于见他。因此，子贡只是向晏婴的家人转达了孔丘的道歉。

原本以为风波已经过去，可是两天之后，风波再起。正是：一波未平，一波又起。

晏婴的家臣又来了。

不是已经道过歉了吗？又来干什么？孔丘的弟子们都有些奇怪。

"孔丘先生，听说你说晏婴先生'相三君而善不通下，晏子细人也'。晏婴先生很生气，又派我来见你，让我回答你这个问题。晏婴先生说了：我这种人，不能靠收学费养家糊口，为什么呢？因为等待我提供祭品祭祀的同族人就有数百家，而等着我封邑的粮食养家糊口的士人也有数百家，我如果不能跟国君和谐，不当好我的官，怎样做到这点？我跟你这个收学费的人相比，到底是谁对下面的人好一些？"晏婴的家臣说得毫不客气，孔丘师徒都很尴尬。

这又是哪个多嘴的把孔丘的话给说出去了？

看来，缺心眼儿的不只孔丘，还有不知道哪个弟子。

"我错了，我真的错了，我错了还不行吗？我听说啊，如果一个人比别人强，那就把别人当朋友；如果一个人不如别人，那就把别人当老师。现在我随便议论晏婴先生，晏婴先生批评得对，确实批评得对，晏婴先生就是我的老师啊。麻烦您替我向晏老师赔罪，我错了。"孔子又认错了。

知道自己错了，就勇于认错，这是孔子的优点。

晏婴的家臣撇了撇嘴，走了。

恭恭敬敬送走了晏婴的家臣，孔丘师徒回到了住处。

"老师，晏婴也太盛气凌人了。"有学生又在为老师打抱不平。

孔丘狠狠地瞪了他一眼，心说要不是上次你们替我不平，我怎么会又犯一次错误呢？还让我犯错误啊？

"胡说，救民之姓而不夸，行补三君而不有，晏子果君子也。人家晏婴先生造福这么多人，人家到处吹嘘了吗？人家弥补了三个国君的不足，人家居功自傲了吗？没有啊，晏婴，那就是君子的典范啊，今后谁要再说他的坏话，我跟谁急。"孔子大声说道，从此之后，做梦也不会再说晏婴的坏话了。

过了一段时间，齐景公觉得事情差不多也算过去了，决定要咨询晏婴的意见，准备给孔子一块封邑，就把他留下来当晏婴的助手，共同管理齐国。

"不行，这人不能用。"晏婴强烈反对。

"为什么？"

"孔丘这个人非常自以为是，不能教导百姓；喜欢礼乐，却不懂得治理国家；嘴上夸夸其谈，行动力很差，干不好自己的本职；提倡厚葬，提倡长年守孝，劳民伤财，重死人不顾活人；治理国家，手段才是最重要的，可是儒家那点儿精力都花在面子上了，穿衣戴帽讲究得不得了，用他教育学生那套东西教育百姓，那怎么行？周朝越来越衰弱，可是乱七八糟的礼节越来越多，音乐越来越多。如今孔丘的这一套就是这样，讲究繁文缛节，讲究排场和歌舞，哗众取宠。看上去很博学，实际上都是些没用的垃圾；看上去很努力，实际上根本没有想到百姓的疾苦。看看他们那一伙人，他们的学说在鲁国都没人在乎，他们挣的那点儿钱连自己都养不活，只知道搞些邪术来迷惑国君，用声乐来愚弄人民。他们的学说不能用来教导百姓，他们的治国理念狗屁不通。如果用他，齐国就要跟鲁国一样衰落了。"晏婴说得很激动，把孔丘的学说贬得一无是处。

齐景公点点头，晏婴这么一说，好像还真是这么回事。

齐景公决定不用孔丘，可是，也不好意思明说。

此后，孔丘又托关系见过齐景公两次，齐景公每次都很热情，可是，绝口不提请孔丘留下来担任个什么职务，也绝口不提给他封邑的事情。同时，齐景公还注意到了，孔丘似乎只对礼乐感兴趣，一旦谈到国际形势和国内斗争，他就没有什么办法可想了。

时间不长，孔丘看出来齐景公的意思，也从侧面了解到了晏婴的态度。

"唉，走吧，回鲁国吧。梁园虽好，不是久恋之地，走吧。"孔丘对齐国绝望了，带着弟子们南下回国了。

尽管与晏婴没有见过面，但是孔丘对晏婴始终心怀敬畏。

488

孔子走后不久，又有人来见齐景公，并向他献上一把宝剑。宝剑看上去不错，因此齐景公派人去请晏婴来一同鉴赏。

"这把剑怎样？"齐景公问晏婴。

"是一把好剑。"晏婴拿起宝剑，翻来覆去看了后说。

"算是天下名剑吗？"

"这虽然是一把好剑，可是与天下名剑相比，就太小儿科了。"晏婴答道。

"那什么剑才是天下名剑？"

"主公听说过巨阙和干将没有？"

"没有。"

"那我给你讲讲。"晏婴清了清嗓子，开始讲起春秋名剑来。

越国有一个铸剑师名叫欧冶子，铸剑技术天下第一。

楚灵王爱剑如命，于是派风胡子到越国去找欧冶子，要定做三把宝剑，价格随便开。

"好，我接单。"欧冶子接了这个外国大单，平时也就打打菜刀斧头之类，白白浪费了技术。如今若是这三把剑铸成，够吃一辈子了。

收了定金，接了单之后，欧冶子开始准备铸剑了。

要铸好剑，除了工艺技术之外，还需要三个条件：铁英、亮石和寒泉。所谓铁英，就是上等的铁矿石；所谓亮石，是用来磨剑的石头，类似钻石；所谓寒泉，就是冶炼用的好水。

有了资金，欧冶子底气足了，于是带着徒弟，到处寻找这三样东西。

花了一年多的时间，欧冶子总算把这三样东西找齐了。

这三样东西，都出于龙泉（今浙江龙泉市），欧冶子先在龙泉秦溪山的两棵千年松树下发现了七口古井，这七口古井排列成北斗七星的形状，井水明净如镜，冷澈刺骨，是少见的上等寒泉。于是，欧冶子师徒就在这七口井旁凿池储水，这就是剑池。

在龙泉境内的茨山，欧冶子发现了上等的铁英，而在秦溪山附近，还发现了一个亮石坑。

材料具备之后，欧冶子师徒修炉炼铁，之后铸剑。

整个冶铁铸剑过程用了一年，终于铸出了三把宝剑。

第一把叫作"龙渊"，第二把叫"泰阿"，第三把叫"工布"。

三把宝剑剑形完美，熠熠生辉。最神奇的是，这些宝剑弯转起来，围在腰间，就像腰带一般，松开之后，剑身立即弹开，笔挺笔直。如果这是铜剑，绝没有这么柔韧。

三把宝剑的剑锋锋利无比，软硬通吃。向上空抛一方手帕，从宝剑锋口徐徐落下，手帕就被切成两半。斩铜剁铁，就像削泥去土。

能够制作成这样的宝剑，需要极其先进的冶炼技术和铸造技术。

三把宝剑造好，欧冶子献给了楚灵王。拿到宝剑，楚灵王大喜过望，重重赏赐。

　　三把宝剑中，龙渊和泰阿更为著名。

　　龙渊剑又称龙泉剑，唐代在欧冶子铸剑所在地置县，以剑名命名为龙渊县，后来避唐高祖李渊的讳，改称龙泉县，而龙渊剑也就正式称为龙泉剑。

　　泰阿又叫太阿，常用来总称宝剑。

　　后来，太阿宝剑被秦始皇得到。李斯《谏逐客书》写道："今陛下致昆山之玉，有随、和之宝，垂明月之珠，服太阿之剑，乘纤离之马，建翠凤之旗，树灵鼍之鼓。"

　　再之后，到了晋朝，龙泉和太阿再次面世。《晋书·张华传》记载："张华见斗、牛二星之间有紫气，后使人于丰城狱中掘地得二剑，一曰龙泉，一曰太阿。"

　　如今，这三把宝剑都已经失传。

　　太阿倒持，这是一个成语，意思是授人以柄，把自己的命运交到了别人手中。

　　欧冶子为楚王造剑，很快越王允常就知道了。

　　既然我们有这么好的工匠，我为什么不造几把好剑呢？越王允常这样想，于是派人去找欧冶子，要他为自己造剑。

　　"大王说了，要五把宝剑，限期一年。"越王特使下了命令。

　　欧冶子有些不太高兴，因为来人不仅态度恶劣，而且不给报酬。虽说现在钱有的是，为自己的国君做点儿贡献也没有什么。可是，国君也不能因为别人爱国就欺压别人啊。

　　欧冶子不想给越王铸剑，问题是，如果不给越王铸剑，就只能逃到楚国去，可是背井离乡终究不是什么好事，何况楚国也不是太安定。

"算了。"欧冶子最后还是决定给越王铸剑，不过再花那么大工夫铸铁剑就不会干了，要铸，只能铸铜剑。

对于欧冶子来说，不干就不干，既然要干，就一定要干得最好，以免坏了自己的名声。欧冶子在湛卢山（今福建松溪县）建炉开工，再造宝剑。

一年时间，欧冶子铸了五把宝剑，三长两短，分别是湛卢、巨阙、胜邪、鱼肠、纯钧。其中，湛卢剑最为精致，被称为中国第一名剑。

后来，越王允常把湛卢、巨阙和鱼肠送给了吴王，之后落在公子光手中，鱼肠剑用来刺杀吴王僚。

据传，湛卢剑在唐时由薛仁贵获得，宋代则到了岳飞手中。岳飞父子遇害后，湛卢剑不知下落。

1965 年，越王勾践剑出土。该剑出土时完好如新，锋刃锐利，剑身满布菱形花纹，用鸟篆刻镂的铭文为"越王鸠浅自作"，用质子 X 射线荧光非真空技术分析得知，剑是用相当纯粹的高锡青铜铸成的，黑色花纹处含有锡、铜、铁、铅、硫等成分，铸造工艺非常高超。

现今留世的吴王诸樊剑、吴王光剑、吴王夫差剑，锋锷犀利，装饰精美，其剑身上的暗纹，至今仍是世界科技考古学者苦思冥想的难题。现在，先秦宝剑的防锈防腐蚀技术解密了，原来兵器的表面有一层十微米的铬盐氧化物。美国掌握这种技术已经是 20 世纪的 50 年代。

与欧冶子同期，吴国还有两位铸剑高手，那是夫妻二人，男的叫干将，女的叫莫邪。有说法说干将与欧冶子是同门师兄弟，也有说干将是欧冶子的徒弟。

干将和莫邪曾为吴王阖闾铸剑，两人同样是四处寻找好的铁矿石，"采五山之铁精，六合之金英"，在熔铸过程中，金铁不能熔融在一起，莫邪将自己的头发和指甲削下来扔进炉中，于是"金铁乃濡"。

这样说来，这不是铁剑，而是合金剑。

最终，铸成宝剑两柄，就以两人的名字命名，一把干将、一把莫邪。

两把宝剑，干将和莫邪私藏了干将，只把莫邪献给了吴王阖闾。

可惜的是，干将莫邪到后来只剩下传说，没有人知道它们的下落。

转眼到了齐景公四十八年，晏婴七十八岁了，齐景公也已经年过六十。

感觉到自己的来日无多，晏婴请求把自己的封邑全部上缴，齐景公一口拒绝，因为齐国没有这样的先例。

在这一点上，晏婴和叔向是一样的。

终于，吹灯拔蜡的时间到了。

晏婴去世了。

晏婴去世的当天，齐景公正在外地游玩，骤然听说晏婴去世，哪里还有心情游玩？

"快，去晏婴家。"齐景公下令。

马车开始奔驰起来，可是齐景公还是嫌慢。

"你怎么赶的车？怎么这么慢？"齐景公呵斥御者。

"我……我已经是最快了。"御者小声回答。

"快个屁，还不如我走得快。停车，我下去走。"齐景公急了，然后不等车停稳，从车上跳了下来，一个踉跄险些摔倒，然后大步向前走去。

坐在车上嫌车慢，下车自己走路才发现车比自己走路快得多。

"停车停车，让我上去。"齐景公没走出几步，赶紧又上了车。

没走多远，齐景公又嫌车慢，跳下了车。

就这样一会儿上车一会儿下车，一共四次上下车，齐景公总算是急匆匆地赶到了晏婴的家中。

晏婴安详地躺在床上，齐景公不顾一切扑了上去，伏尸大哭，不是假哭，是真哭。一边哭，还一边哀号："夫子啊，你活着的时候整天监督我，纠正我的错误。如今你走了，我可怎么办啊？呜呜呜呜。"

齐景公哭得很伤心，他是真的明白晏婴的价值，真的敬爱晏婴。哭了一阵，齐景公突然跪了起来，把自己的玉佩摘下来，放在了晏婴的身上。

"主公，这不合乎礼啊。"一位叫弦章的大夫提醒齐景公，因为齐景公的玉佩只能陪葬国君。

"什么礼不礼啊？夫子不在了，国家说不定都要灭亡了，还讲什么礼？"齐景公没有理睬弦章，不仅把玉佩放在晏婴身上，还把自己的帽子也摘了下来。

齐景公哭了很长时间，之后才恋恋不舍而去。用《晏子春秋》的话："哀尽而去。"

《史记》中有《管晏列传》，把晏婴和管仲放在一起，可以说"得其所矣"。当然，从能力和成就上来说，晏婴与管仲相比有差距。

太史公称赞晏婴"进思尽忠，退思补过"，"余虽为之执鞭，所忻慕焉"。以司马迁这样高傲的人，都愿意做晏婴的下属，可见其对晏婴的人品有多么崇拜。

后世有《晏子春秋》记述晏子的言论事迹，流传至今，内容非常精彩。关于《晏子春秋》的作者历来有争议，比较公论的说法是战国时期齐国稷下先生中的墨家人物所著，因为晏子的思想与墨家较为契合。

晏子是一位伟大的思想家、政治家和外交家，民本思想非常浓重，因此不受历代统治者的待见。

晏子的崇高人格令人景仰，即便是遭到他痛斥以及排斥的孔子也对他充满敬意。《孔子家语·辩政篇》里孔子说道："夫子产于民为惠主，于学为博物；晏子于君为忠臣，于行为恭敬，故吾皆以兄事之。"孔子认为晏子爱民和恭敬，自己把他看成兄长。

第二三八章

神 医 扁 鹊

晏婴去世，有人伤心有人高兴。最高兴的除了田家之外，就是晋国人了。

"嘿嘿，齐国这下更不行了。"晋国中军元帅赵简子高兴地说，齐国实力衰退，有利于赵家向东部扩张。

可惜的是，没高兴几天，赵简子病了，而且病得不轻。不轻到什么地步？连续五天不省人事，眼看就要追随晏婴而去了。

赵家上下慌作一团，不过董安于还没有绝望。

俗话说：天无绝人之路。

就在这个时候，有人来报告，说是名医扁鹊正在这里行医，不妨请来给赵简子看病。

"快请。"董安于下令，赵简子病重，赵家就是董安于主事了。扁鹊这人他也听说过，有没有传说中那么神不好说，但是事到如今，也只好死马当作活马医了。

扁鹊很快请到了。

扁鹊来到，众人将他请进了病房，来到病榻前。

"请大家回避。"扁鹊提出要求。

董安于挥挥手，大家都出去了，房里只剩下董安于和扁鹊。

扁鹊在赵简子身边坐下，做个手势示意董安于不要说话，董安于站在身后，静静地看。

扁鹊凝视着赵简子的脸，看了一阵，脸上似乎有些疑虑。

之后，扁鹊掀开赵简子的被子，将赵简子的手轻轻拉出，放在自己的腿上。随后，扁鹊用自己右手的食指、中指和无名指轻轻搭在赵简子的手腕上，然后侧起脑袋，似乎在倾听什么。

过了一阵，扁鹊点点头，松开了手，站起来，走了出去。

"先生，我想先问问，你把手搭在主公的手腕上做什么？"董安于首先想把这件事情弄清楚，他觉得有些奇怪。

"切脉，这个位置有脉跳，通过切脉，就能够察知病人的身体情况。"扁鹊说，原来是切脉。

《史记》："至今天下言脉者，由扁鹊也。"什么意思？以脉诊病的祖师爷，就是扁鹊。

"那，切脉切出来什么情况？"董安于急切地问。

"脉象一切正常，所以不用担心，没事，就当是深度睡眠，该醒的时候就会醒过来。"扁鹊说得轻松，拍了拍手，接着说，"当年秦穆公也曾经一口气睡过七天，醒过来的时候对公孙枝和公子縶说：'我做了好长一个梦，梦到去了上天那里，上天告诉我说晋国要大乱，然后要称霸，最后会被瓜分。'后来的事情果然这样。赵元帅这个状况应该和秦穆公相同，最多再睡三天，醒过来一定会说他做了个大梦。"

董安于算是博学的人了，可是也没有听说过秦穆公这个故事，想想说："先生既然这么说，我们也就放心了。不过，为防万一，还是请先生多留几日，等主公醒过来。"

董安于的意思，是担心扁鹊是个骗子，自己治不了就说这些话来骗人，到最后耽误了治疗。

"好。"扁鹊欣然同意，这样的病例难得一见，他也很愿意看到赵简子醒过来是什么样子。

转眼，两天半过去。

"哇。"赵简子大叫一声，睁开双眼，一挺身就坐了起来。

董安于、扁鹊等人正在外间闲谈，听到里面赵简子大叫，急忙跑了进去。

"主公，您醒了？您终于醒了。"董安于一时又是高兴又是后怕，又想笑又想哭，眼泪含在眼眶中。

"安于，这是怎么回事？"赵简子见自己在床上，董安于又哭又笑的样子，有些摸不着头脑了。

"主公啊，你知道你睡了几天吗？七天半啊，把我们都给急死了，看见你醒过来，能不笑吗？能不哭吗？哈哈哈哈。"董安于大笑起来，泪水也挤了出来。

"哈哈哈哈，原来这样。不过我告诉你这七天我去哪里了，我做了好长一个梦，梦到去了上天那里。"赵简子尽管七天半没吃没喝，精神还不错，"上天很热情地款待了我，还让众神陪我吃喝玩乐，听天上的音乐，那叫一个动听。上帝还带我打猎，有一只熊向我扑过来，被我一箭射死；又扑上来一头罴，又被我一箭射死。上帝很高兴，赏给我两个宝物。我看见儿子无恤在上天的旁边，上天赏给我一头洋犬，说是等无恤长大了给他。上天还告诉我，晋国就快完了，只剩下五世国君了，我们嬴姓将要兴起了。"

赵简子一边说，董安于就在一旁记着。

"哎，这位是谁？"说了半天，赵简子才发现屋里有个生人。

"啊，这位是神医扁鹊，我们本来都要给主公安排后事了，多亏他来了，告诉我们说主公无碍，不过是做了个长梦，真是神医啊。"董安于急忙把扁鹊介绍给了赵简子，把扁鹊的诊断详细说了一遍。

赵简子有些不敢相信，勉强说了感谢。

所以说，如果一个人连睡七天，他一定是去见上帝了。如果超过了九天，那就永远留在上帝那里了。

就在这个时候，家人端了饭菜上来，七天没吃饭，知道赵简子一定饿坏了。赵简子确实饿了，看见香喷喷的饭菜，忍不住要吃。

"慢着，把这些饭菜撤下去。"扁鹊说话了，大家都有点儿吃惊，不知道他要说什么，"赵元帅七天没有饮食，胃肠都已经粘连在一起了，骤然吃得太多，胃肠都会破裂。现在只宜少量喝稀粥，一日可以五六餐，每次不过一小碗。一直到有大便之后，才可以慢慢加量，要恢复正常饮食，必须三天之后。"

扁鹊一番话，众人恍然大悟。

现在，赵简子不能不对扁鹊刮目相看了。

"先生，你医术如此高明，不如别走了，就留在晋国，我给你四万亩地。"赵简子要留下扁鹊，开价不低。

"哈哈，元帅，我要是爱财，也就不会出来行医了，随便留在哪里都吃用不尽了，那也就不会认识元帅了。元帅的好意我领了，不过我还要游走天下，为天下人治病。如果元帅需要，随时派人找我就行了。"扁鹊推辞了，他并不喜欢留在某一个地方享受生活，他喜欢到处走走，挑战各种疑难病例。

说起来，扁鹊还是个驴友。

扁鹊的真名并不是扁鹊，他原本姓秦，名越人，是齐国渤海（今河北任丘）的郑国移民。扁鹊的身世看上去比较复杂，他祖上一定是秦国人，可能他母亲是越国人，所以名叫越人。他的父亲很显然是郑国人，他出生在郑国，可是后来移民到了齐国。

所以，扁鹊身上集中了东西南北中的特征。

年轻的时候，扁鹊从郑国到齐国打工，结果就在渤海的一个客栈担任领班。有一个住客名叫长桑君，扁鹊觉得这个人不一般，因此对他特别关照。长桑君经常来住店，转眼间过了十年，这一天长桑君约扁鹊出来聊天。

"阿扁，我看你为人善良，又很聪明。我这里呢，有祖传医学秘方，我已经老了，无儿无女，因此就准备传给你，不要跟别人说啊。"长桑君果然是个有料的人，要把家传秘方传给扁鹊。

"太好了，多谢多谢，我一定不跟别人说。"扁鹊喜出望外，当个医生当然比给人打工好得多。

长桑君于是把自己的秘方取出来，都给了扁鹊，然后又教给他诊脉的技术。等到扁鹊完全掌握了医术，长桑君就走了，不知所终。

从那之后，扁鹊游走天下，诊治病人。扁鹊的医术不是局限于某个方面，而是非常全面。到邯郸，这里女人地位比较高，扁鹊就重点看妇科；到洛邑，这里老人受尊重，扁鹊就重点看五官，因为老人多半五官不灵；到秦国，秦国人看重小孩，扁鹊就重点看儿科。走到哪里，随当地的民俗转换自己的医疗重点。

既然说到了扁鹊，顺便说一说中国古代医学。

490

中国医学，从神农尝百草开始，神农是中药的始祖。而针灸由更早的伏羲发明。到扁鹊，又有了切脉。而中医真正成系统，要到汉朝《黄帝内经》和《伤寒杂病论》出现以后。

中医理论主要有以下几种。

阴阳说。《黄帝内经》说："人生有形，不离阴阳。"以生理病理来看，正常的生理活动，全依靠人体内的"阳气"和"阴精"保持协调的结果，如果阴阳失调，发生阴阳偏盛偏衰现象，就会生病。就诊断治疗来说，正确的诊断，首先要分清阴阳。

五行学。五行学说应用于中医，具有很重要的价值。这是生克变化规律，与人体的五脏、六腑等广泛联系起来，构成一个理论体系，指导着医学与临床实践。如木克土，联系五脏，肝属木，脾属土，那么肝就可以抑制脾，治脾往往肝脾共治，因而有"扶土抑木"的原则。

经络。经络学说是研究人体经络系统的功能及其脏腑相互关系的理论。经是经络系统的主干，叫经脉，多循行于人体深部；络是经脉的分支，像网络一样联系人的周身，循行于人体浅部。经脉的组成有：正经、奇经八脉以及络脉、十二经别、十二筋经等。其中十二正经和奇经八脉是经络的重要组成部分。

五脏六腑。它是人体各内脏的总称。心、肝、脾、肺、肾，叫五脏；小肠、胆、胃、大肠、膀胱、三焦，叫六腑。五脏六腑各司其职，对应不同的症状。三焦不是一个独立的脏器主体，而是按脏腑部位和功能分为三个部位：心、肺为上焦，脾、胃为中焦，肝、肾、大小肠、膀胱为下焦。

天人相应。人要保持健康不生疾病，就必须顺应自然，适应四时气候和昼夜规律，以保持人体内外协调。反之，就会生病。所以，中医治病，既掌握病情发生与发展，还注意自然环境的外界因素对病人的影响。

扁鹊之前，秦国有名医医和、医缓，如果加上扁鹊的秦国祖籍，基本上可以说，秦国在当时医学界是领先的。

扁鹊终于还是没有留在晋国，而是来到了齐国。齐国国君齐桓侯听说了扁鹊给赵简子看病的事情，于是派人请扁鹊进朝做客，算是认识认识。

在人家国家，当然这个面子是要给的。所以，扁鹊进朝去见齐桓侯。

两人落座，刚刚寒暄完，扁鹊突然脸色一变，说道："您有小病在肌肤之间，如果不治，将会进入血脉。"

　　"哈哈哈哈，先生开玩笑，你看我，身体倍儿好，吃饭倍儿香，怎么会有病？"齐桓侯笑了，身体好着呢，谁没病找病啊？

　　两人聊了一阵，扁鹊走了。

　　"医生都这样，为了挣钱，把没病的人也说成有病。"齐桓侯对身边的人说。

　　"就是就是，医生就恨不得人人都生病。"身边人附和道。

　　过了五天，扁鹊再去见齐桓侯。

　　"几天不见，您的病已侵入血脉了，不治恐怕会深入体内了。"扁鹊一见面就对齐桓侯说。

　　"别扯了，我没有病。"齐桓侯有点儿不高兴了。

　　扁鹊有些尴尬，聊了几句，走了。

　　又过了五天，扁鹊又去见齐桓侯。

　　"哎哟，不太好，您的病已在肠胃间，不治将更深地侵入体内。"扁鹊的表情有点儿夸张。

　　齐桓侯没搭理他，心说：这还非要把我说出病来吗？

　　热脸贴上了冷屁股，扁鹊灰溜溜地走了。

　　又过了五天，扁鹊又去见齐桓侯。这一次，扁鹊看见齐桓侯之后脸色大变，一言不发，转身就走。

　　齐桓侯原本就等着扁鹊说自己有病，然后痛骂他一顿，驱逐出境。可是这次人家扁鹊没说话，你不说话，我还想听了呢。于是，齐桓侯派人追上扁鹊，问他为什么转身就走。

　　"既然你来问，我就实话实说了吧。最早呢，疾病在皮肉之间，汤剂、药熨的效力就能达到治病的目的；之后疾病在血脉中，靠针刺和砭石的效力就能达到治病的目的；再之后疾病在肠胃中，药酒的效力就能达到治病的目的；而现在疾病进入骨髓，就是掌管生命的神也无可奈何，我因此不再要求为他治病。"扁鹊对来人说。

又过了五天，齐桓侯的病症开始发作，于是派人召请扁鹊，可是扁鹊早已逃离齐国。不久，齐桓侯就病死了。

这段故事最早见于《韩非子》，不过其中不是齐桓侯，而是蔡桓公，在《史记》中则为齐桓侯。其实，历史上，既没有蔡桓公也没有齐桓侯。所以，这段故事的真实性待考。

不过，这段故事贡献了一个成语：讳疾忌医。

逃离了齐国，扁鹊决定去一趟秦国，一来是回到祖先的国家看看，二来是做些学术交流。

一路向东，就又来到了晋国，眼看到了虢地（今河南三门峡），离秦国已经不远了。

虢地大夫姓韩，是韩家宗族。扁鹊知道赵、韩两家的关系非同一般，于是决定去虢地大夫府上拜会，顺便在府上休息几天。当时的晋国，各地大夫都称为侯，因此虢地大夫也称为虢侯，家中的嫡长子也叫太子。

来到虢侯家门口，就看见守门的人好像很不高兴。

"拜托通报，就说赵元帅的朋友扁鹊先生拜访。"扁鹊对守门人说。

"不好意思，主人不见客。"守门人冷冷地说。

"为什么？"

"因为太子死了。"

"死了？怎么死的？"出于医生的本能，扁鹊脱口问道。

"我听说是因为血气运行没有规律，阴阳交错而不能疏泄，突然抽搐，口吐白沫，造成内脏受伤，昏倒而死。"看门人说。

"他什么时候死的？"

"从鸡鸣到现在，不到半天。"

"收殓了吗？"

"还没有。"看门人回答得不耐烦，心说这人大概是卖棺材的。

"请禀告虢君，我是扁鹊，曾经给赵元帅看过病。听说太子死了，我能使他复活。"

"吹吧？"看门人当然不相信，斜着眼睛看着扁鹊说，"我听说上古的时候，有个叫俞跗的医生，治病不用汤剂、药酒、镵针、砭石、导引、按摩、药熨等办法，一解开衣服诊视就知道疾病的所在，顺着五脏的腧穴，然后割开皮肤剖开肌肉，疏通经脉，结扎筋腱，按治脑髓，触动膏肓，疏理横膈膜，清洗肠胃，洗涤五脏，修炼精气，改变神情气色。先生的医术能如此，那么太子就能再生了；不能做到如此，却想使他再生，那就是忽悠老百姓了。"

"唉。"扁鹊朝天叹了一口气，心说这哪里是治病的，分明是杀猪的，"您说的那些治疗方法，就像从竹管中看天，从缝隙中看花纹一样。我用的治疗方法，不一定要给病人切脉、察看脸色、听声音、观察病人的体态神情，才能说出病因在什么地方。知道疾病外在的表现就能推知内在的原因，知道疾病内在的原因就能推知外在的表现。人体内有病会从体表反映出来，据此就可诊断千里之外的病人，我决断的方法很多，不能只停留在一个角度看问题。你如果认为我说的不真实可靠，你试着进去看看太子，应该会听到他耳有鸣响、看到鼻翼翕动，顺着两腿摸到阴部，那里应该还是温热的。"

"啊，是吗？"看门人听完扁鹊的话，目瞪口呆，当时不敢再说，急忙进去通报。

虢君听守门人说完，急忙迎了出来，一来是扁鹊的大名早就听说过；二来是扁鹊是赵简子的座上客；三来，也就是最重要的一点，他看到了救活儿子的希望。

"扁鹊先生，久闻大名啊。如果先生能够救活我的儿子，我们全家都对您感激不尽啊。"看见扁鹊，虢君就像看见了救星，说着说着，流下眼泪来了。

"不用急，您的儿子得的病，就是人们所说的'尸厥'。那是因为阳气陷入阴脉，脉气缠绕冲动了胃，经脉受损伤，脉络被阻塞，分别下注入下焦、膀胱，因此阳脉下坠，阴气上升，阴阳两气汇聚，互相团塞，不能通畅。阴气又逆而上行，阳气只好向内运行，阳气徒然在下在内鼓动却不能上升，在上在外被阻绝不能被阴气遣使，在上有隔绝了阳气的脉络，在下有破坏了阴气的筋纽，这样阴气破坏、阳气隔绝，使人的面色衰败血脉混乱，所以人会身体安静得像死去的样子。太子实际没有死。因为阳入袭阴而阻绝脏器的能治愈，阴入袭阳而阻绝脏器的必死。这些情况，都会在五脏厥逆时突然发作。精良的医生能治愈这种病，拙劣的医生会因困惑使病人危险。"扁鹊讲了一通医学理论，虢君不住地点头，其实根本没听懂，心里想着：别说了，赶快下手吧。

扁鹊进到虢太子的房间，虢太子躺在床上一动不动，扁鹊观察了一阵，又切了脉，点点头，确认了自己的诊断。

随后，扁鹊叫他的学生子阳磨砺针石，在百会穴下针。

过了一会儿，虢太子睁开了眼睛，苏醒过来。

虢君在一旁看得目瞪口呆，惊喜交加。

之后，扁鹊又让学生子豹准备能入体五分的药熨，再加上八减方的药剂混合煎煮，交替在两胁下熨敷。

过了一阵，太子能够坐起来了。

"不碍事了，再养一阵，不出一个月，将一切如常。"扁鹊说。

"扑通！"虢君跪在了地上，给扁鹊磕了三个头，就差说"感谢你祖宗八辈"了。

扁鹊就留在了虢地，进一步给虢太子调和阴阳，内外兼治。二十天过去，虢太子的身体就已经恢复得和从前一样了。

从那之后，扁鹊的名声更响亮了，到处都在传说他能够起死回生。

"我不是能使死人复活啊，这是他本来就没有死啊，我能做的只是促使他恢复健康罢了。"扁鹊说，随后总结说，"如果能预先知道没有显露的病症，及早诊治，那么疾病就能治好，性命就能保住。有六种患病的情形不能医治：为人傲慢放纵不讲道理，是一不治；轻视身体看重钱财，是二不治；衣着饮食不能调节适当，是三不治；阴阳错乱，五脏功能不正常，是四不治；形体非常羸弱，不能服药的，是五不治；迷信巫术不相信医术的，是六不治。"

《史记》记载："故病有六不治：'骄恣不论于理，一不治也；轻身重财，二不治也；衣食不能适，三不治也；阴阳并，藏气不定，四不治也；形羸不能服药，五不治也；信巫不信医，六不治也。有此一者，则重难治也。'"

离开了虢地，扁鹊终于来到了秦国。

在秦国，扁鹊依然四处行医，同时找秦国同行交流医术。这个时候的秦国太医名叫李醯，扁鹊登门拜访。两人进行了一番交流之后，李醯就知道自己肚子里这点儿货色跟扁鹊相比那是太小儿科了，心情非常不爽。

"那什么，恰好我家主公最近这段时间身体有点儿不舒服，我还要准备汤药，就不多陪了。"李醯的意思，是要请扁鹊走人了。

"什么？我能不能去看看？"扁鹊没有察觉到李醯的意思，反而对秦国国君的病产生了兴趣，想去看看。

原本，扁鹊也就是想给秦国国君治病，也算是帮李醯一个忙，没有别的意思。可是李醯这时候正妒火中烧，他所想的就是扁鹊想来抢自己的饭碗了。

想当初扁鹊连赵简子的封地都不要，又怎么会来抢你这个太医的职位呢？

"不必了，一点儿小病，不劳先生了，到我实在搞不定的时候，再去请先生吧。"李醯拒绝了，不过说话还算客气。

扁鹊没有坚持，告辞出来。从那之后，他还在秦国行医，再没有去想秦国国君的病。

没有多长时间，扁鹊在秦国声名大噪，连秦国国君也听说了。

到这个时候，李醯就更担心自己的位置不保了。

怎么办？李醯想了三个办法。

办法一，利用自己的关系，诬告扁鹊非法经营，予以逮捕；办法二，花银子收买扁鹊，请他知趣地离开；办法三，雇用黑社会杀手出马，暗杀扁鹊。

李醯权衡了三个办法，办法一操作性强，但是扁鹊名声太好，担心遭到秦国百姓的谴责，事情闹大了反而不好；办法二没有把握，如果扁鹊不接受收买，自己反而更没面子。想来想去，还就是办法三一劳永逸。

几天后的一个晚上，扁鹊接到一个急诊，说是小孩子突然晕厥，请先生救命。扁鹊立马上路，结果中了诡计，在路上被李醯雇用的黑社会分子杀害。

就这样，一代神医扁鹊被人害死了。

据传，虢太子听说扁鹊被害，特地派人将扁鹊的头颅从秦国找回，葬在今河北邢台内丘的蓬山，并立庙祭祀。如今，这里有扁鹊墓和扁鹊庙。也有说法是赵简子派人安葬了扁鹊的头颅。此外，在陕西、河南、山东、山西也都有扁鹊墓，莫辨真伪。

扁鹊是中医学的开山鼻祖。世人敬他为神医。扁鹊创造了望、闻、问、切的诊断方法，奠定了中医临床诊断和治疗方法的基础。扁鹊精于内、外、妇、儿、五官等科，应用砭刺、针灸、按摩、汤液、热熨等法治疗疾病，被尊为医祖。扁鹊是中国传统医学的鼻祖，中医理论的奠基人。

据《汉书·艺文志》载，扁鹊有著作《内经》和《外经》，但均已失佚。

第二三九章

王 良 和 伯 乐

扁鹊被害，赵简子十分悲愤。安葬了扁鹊的头颅之后，赵简子还有一件重要的事情要做，什么事？率兵攻打中行寅和范吉射。

赵简子统率下的晋国军队节节获胜，将中行和范家包围在朝歌。此后，郑国军队护送粮草支援范家和中行家，于是，晋国军队与郑国军队在戚地交锋，晋国军队大获全胜。（详见第五部）

战斗结束之后的庆功宴上，大家喝得高兴，于是开始论功。

491

"我今天被郑国人打了一戟，满口吐血，趴在弓箭袋上。可就是这样，我依然坚持擂鼓，怎么样，我的功劳最大吧？哈哈哈哈。"赵简子很得意，他觉得自己的表现不错。

大家都笑起来，大家知道，真正论功行赏的时候，赵简子是绝对不会跟大家争功的。

"元帅，要说功劳，当时您被击中之后，我奋不顾身击退郑国人，在车右里，我功劳最大。"蒯聩也喝得不少，也来邀功。蒯聩并不是晋国人，而是卫国的太子，因为被驱逐，投靠了赵简子，这次战斗，他是赵简子的车右。

没有人敢跟蒯聩争功，他救了主帅，当然功劳最大。

可是，这个时候有一个人大声说话了。

"拜托就别吹了，冲锋之前你吓得掉下车的事情忘了？要不是我拉你上来，你都被后面的车给碾成肉酱了。"说话的是谁？赵简子的御者王良，王良并没有冤枉蒯聩，蒯聩确实被吓得掉下了战车，多亏王良急中生智，甩了一根带子给蒯聩，把他拉上了车。

"那是那是，改天我单独请你。"蒯聩急忙表示感谢，他不仅感谢王良的救命之恩，还要感谢他激励了自己，在自己被王良拉上车之后，王良曾经大骂他"你为什么这么怕死"，结果，蒯聩深受刺激，后面的战斗才勇猛无敌。

这下，大家的注意力都到了王良的身上。

该轮到王良得意了。

"各位，说到功劳，御者里我是第一名。"王良拍着桌子说，他也喝得七荤八素了。

"吹吧，哈哈哈哈。"大家起哄。

"吹？告诉你们，我的骖马的肚带早就要断了，可是这种情况下我还能控制好我的马，你们谁行？"王良说，扫视大家。骖马的肚带要是断了，战车失去平衡，一定会翻，所以，这个功劳还真是不小。

"口说无凭啊，拉出来看看啊。"大家又起哄，不是不服气，而是想看看王良到底有多大能耐。

"看看就看看，来人，把我的车套上。"王良来了劲，一边让人去套车，一边站起来，向大帐外走去。

赵简子跟着众人呼啦啦都出了大帐，他也想看看。

不一会儿，有人套好了王良的战车，驾了过来。

王良飞身上了车，站到了御者的位置，左手执缰，右手执鞭，对大家说："看好了啊。"

说完，王良一松缰绳，鞭子挥了出去，喊一声"驾"。

四匹战马同时启动，奋蹄而出。这时候，就听到啪的一声，什么声音？骖马的肚带断了。

王良拉住了缰绳，战车戛然而止。

"哇。"惊叹声，随后是欢呼声。

赵简子又是惊喜，又是后怕，也就是王良了，要是别人为自己驾车，恐怕就死在郑国人的手下了。

"王良，人才啊。"赵简子慨叹。

王良，确实是个人才。

如果你知道王良的另一个名字，就更知道他是个人才了。

王良，晋国大夫。

王良的父亲是周王室的王子，王子朝事件之后，跟随父亲到晋国避难。因此，王良本是王孙。王良父亲在晋国的封邑在邮，因此又以邮为姓。因为是王孙，所以王良又叫孙阳。因为封邑在邮，所以又有个名字叫邮无恤，在《国语》中，又叫邮无正。王良的字叫伯乐。

王良就是伯乐。

自古以来，伯乐是谁有两种说法：一种说法是秦穆公时人，名叫孙阳；另一种说法是王良。按照《国语》《韩非子》的记载，伯乐就是王良，按照《列子》《淮南子》的说法，伯乐则是秦穆公时期的孙阳。如何判断呢？

从古人的判断来说，多半认为伯乐就是王良。抛开古人的判断，我们来进行分析。

古人的著作，特别是诸子百家的著作，重逻辑而轻考据，因此人名多有错讹。相比较,《国语》和《韩非子》比《列子》《淮南子》要准确得多。为什么这样说?《国语》被认为取材于晋国典籍,公认的严谨。而《韩非子》出于韩非之手,韩非是韩国公子,可以轻易看到韩国的典籍。由于晋国被瓜分之后,晋国典籍归于韩国,因此韩非可以看到晋国典籍。也就是说,关于晋国的人物事件,韩非有第一手材料,具有权威性。

我们再从人名上进行简单分析,由于文化的不同,各国的人名有显著区别,伯乐这个名字是典型的晋国人名,而秦国人基本没有类似的名字。

所以可以推断,王良就是伯乐。

当然,还有一种可能,那就是有两个伯乐,两个伯乐都存在。但是,这种可能性不大,不采用。

王良的驾车技术炉火纯青,战国时期的大量著作中,王良和造父往往并提,作为驾车技术最高超的两个人。《韩非子》里就举了个例子,说是王良和造父的驾驶技术出类拔萃,但是如果让他们两人同驾一辆车,那肯定跑不快。

因为王良的驾车技术高超,后来将天上的星星命名为王良。《史记·天官书》写道:"汉中四星,曰天驷。旁一星,曰王良。王良策马,车骑满野。"

跟随父亲从洛邑逃奔晋国的时候,王良的岁数还小,不过他已经明白了很多事情。长大之后,王良投奔了赵家,他看得出来赵简子一定能够成就大事。

那时候,王良的驾车技术就已经很高超了。

"听说你的驾车技术很好?"赵简子喜欢人才,不过他不会轻易相信一个人的自吹自擂。

"是的。"王良说,他很自信,因为他很懂得马性,知道怎样驾驭它们。

"那好,我派个人跟你去打猎,考验你的技术。"赵简子给了王良一个机会。

赵简子派了自己的宠臣嬖奚去面试王良，由王良驾车，嬖奚射箭，前去打猎。

整个一天下来，嬖奚连个野鸡毛都没射到。

"面试结果怎样？"赵简子问嬖奚。

"什么驾车技术啊，简直就是垃圾。"嬖奚很恼火，他的射术很高，辛苦一天没有任何斩获，也觉得很没面子，对王良当然没有一句好话。

"小骗子，哼。"赵简子摇摇头，觉得王良看上去就是个骗子。

过了两天，王良一大早来打探面试结果。

"你还敢来？跑了一天一根鸡毛都没打回来，你还有脸来？"赵简子有些恼火，要不是看王良长得挺帅，早就乱棍打出去了。

"元帅，再给次机会。这次如果还是空手而归，那我就再也不来烦您了。"王良坚决请求。

赵简子想了想，决定再给他一次机会。于是，嬖奚又上了王良的车，一脸的不情愿。

早上出发，到了中午，王良驾着车回来了。再看嬖奚，满脸笑容，看看车上，十多只野鸡野兔，收获颇丰。

"这么早回来了？怎么样啊？"赵简子看见嬖奚，问他，估摸着又是一无所获。

"哎，这小子技术真好，晋国真找不到第二个了。"嬖奚赞不绝口，把自己的战利品也都拿了上来。

"噢，那以后他就做你的御者吧。"赵简子将信将疑，索性把王良派给了嬖奚。

第二天，王良来见赵简子，赵简子告诉他被录用了，今后做嬖奚的御者。

"不行不行，我不干。"出乎赵简子的意料，王良拒绝了，想想也是，给领导开车和给领导的马仔开车，那是绝对不一样的。

"为什么？"赵简子有点儿不高兴，心说给你个工作就不错了，还挑肥拣瘦。

"元帅，你知道为什么第一天一无所获，第二天满载而归吗？我告诉你。第一天，我按照规范来驾车，结果他什么也射不到；第二天，我完全就着他来驾车，他就屡射屡中了。如果打起仗来我不按规矩驾车，整支队伍就被冲乱了。所以，第一天一无所获是他不懂规矩。《诗经》说得好啊：'不失其驰，舍矢如破。'按照规矩驾车，就能射中目标。嬖奚是个不懂规矩的小人，我怎么能给他驾车呢？算了，我不干行吗？我到魏家和韩家去应聘算了。"王良说完，抬屁股就走人。

赵简子一看，这小子岁数不大，但是车驾得好，还能运用《诗经》，还这么有胆量，这是人才啊。既然是人才，不能让给别人啊。

"慢着，我上你的车，亲自面试你。"赵简子要看看王良的驾驶技术到底有多高。

一圈下来，赵简子就做出了决定："小子，从今天开始，你就是我的御者了。"

王良驾车的技术令赵简子感到惊诧，车速快而稳，而且马跑得很轻松。赵简子知道，自己碰上了一个天才。

"王良，我也想跟你学学驾驶技术，你看我行不？"赵简子本身也会驾车，不过还想提高一下。

"好啊。"王良答应了。

从那之后，赵简子拜王良为师，学习驾车。经过一段时间的学习，王良宣布自己把所有的技术都教给了赵简子，赵简子可以毕业了。

"嘿嘿，咱们比赛一把怎么样？"赵简子感觉自己已经学得不错，能够跟王良一较高低了。

于是，王良和赵简子进行了中国历史上一次著名的赛车。比赛的结果是王良轻松获胜，一点儿不给赵简子面子。

"小子，好啊，留了一手是不是？"赵简子很生气，有被忽悠的感觉。他不仅输了比赛，还差点儿翻车。

"该教的我都教了，你之所以输，那是你的比赛态度有问题。"王良一点儿也不害怕，反过来批评赵简子。

"我比赛态度有什么问题？"

"比赛中，我的注意力全都在马的身上，根据路况和马的情况来确定马的速度和步法。所以，马跑起来不累而且战车很平稳。可是领导您呢，您的注意力不在自己的马身上，而在我的马身上，领先的时候怕我追上，落后的时候想着超过我，那你的马怎么能跑好？你的战车怎么能平稳？"

赵简子恍然大悟，服气了。

"王良，你说得对啊，我不能光盯着中行家和范家，重要的是建好自己的基地啊。"赵简子就是这样一个人，能够及时反省并且举一反三。

492

反思之后，赵简子决定经营晋阳作为自己的根据地，于是派董安于在晋阳筑大城。（详见第五部）

事实证明赵简子的反思是非常及时的，后来中行寅和范吉射两家联合攻打赵家，赵家就凭借晋阳城死守。（详见第五部）

战胜范家和中行家之后，赵简子决定继续经营晋阳。由于董安于已死，赵简子派尹铎前往晋阳，主持晋阳的工作。

"主公，去之前我想问问，主公是要把晋阳当作财源，还是根据地？"尹铎临行前问。

"根据地。"赵简子说，他没弄明白尹铎为什么要问这个问题。

"好，还有什么吩咐？"

"晋阳城外的军营堡垒都要拆掉，我看见那些东西就像是看见了范吉射和中行寅，恶心死了。"赵简子下令，那些堡垒是当年范家和中行家攻打赵家时修建的。

"好。"尹铎应承了，然后走了。

很快，赵简子就知道尹铎临走前问那个问题的原因了。

尹铎到了晋阳，立即进行了减税，还利于民，收买人心。

"哇，尹铎真是个能人啊，做得好。"赵简子非常高兴，没多久，他决定去一趟晋阳，当面表扬尹铎。

赵简子带着一帮手下，兴高采烈地来到了晋阳。可是到了晋阳，还没有进城，赵简子的脸色突然变得很难看。

"尹铎，你个阳奉阴违的东西，我非杀了你不可。来人，进城去杀了尹铎，然后我再进去。"赵简子竟然要杀尹铎，大家一听，都有些傻眼，不过仔细一看，都回过神来。

原来，晋阳城外，范家和中行家修建的军营不仅没有拆除，反而又进行了整修加固。

赵简子的家臣们纷纷为尹铎求情，可是，赵简子就是不干："王八蛋，这不是替中行家和范家向我示威吗？"

别人劝不管用，王良说话了："尹铎说过，人要居安思危。如今尹铎加固营垒，是为了防备万一，到时候可以抵御强敌，完全是为了主公您啊。这样的人你如果反而要杀，谁还会跟随你呢？"

赵简子一听，这话有道理。

"嗯，你说得对啊，差点儿错杀好人。"赵简子的火气消了，带着人进了晋阳，不仅没有杀尹铎，还重重地奖赏了他。

尹铎得了赏赐，之后才知道这都是王良帮自己说话的结果，他非常感动，非常非常感动。为什么非常非常感动？因为他跟王良一直有矛盾，两人平时见面都不说话的。

于是，尹铎带着赵简子的赏赐去找王良。

"老弟，多谢你的救命之恩啊，这些赏赐我不敢要，都给你吧，千万别说不要。"尹铎真的很感激。

"别，我帮你说话不是为了你，而是为了主公，咱们之间没有什么关系，我还是瞧不起你，你快走吧。"王良不要，并且拒绝和解。

王良，真是高风亮节啊。

说来奇怪，晋国遍地腐败分子，可是王良这样公私分明的人也很多。

王良的驾驶技术高超，人又很正直很有才干。不过，自从韩愈写了《马说》之后，后世的人对他的了解就基本上局限在他相马的本领上了。

王良驾驶技术高超，很大一个原因是他对马的认识十分高深，什么马有多大能耐，怎样使用最合适，他心里清清楚楚。

由于相马属于一个技术活儿，而王良在这个行当鹤立鸡群，因此但凡说到相马的时候，人们就不敢直呼其名，而用他的字来尊称他。所以，说到相马，王良就要改称伯乐了。

伯乐相马，历来有些传说。

有一次，伯乐驾车从邯郸到晋阳，翻越太行山。上山的时候，恰好前面有一个商队用马车拉着货，其中的一匹马喘着粗气，迈步艰难。

"主公，那是一匹千里马。"伯乐指给赵简子看。

"怎么会？那么瘦，而且气喘吁吁，都快走不动了。"

"千里马步伐有力，速度快，但是耐力不是它的长处。所以，千里马在疆场驰骋，出类拔萃，但用来拉车，还不如驽马。主公要是不信，咱们不妨换了他这匹马，回去看看。"伯乐解释，并且提出建议。

赵简子同意了，他想看看伯乐的眼光到底怎样。

伯乐停了车，来到那匹马的身边，轻轻地抚摩它的鬃毛，那匹马突然像遇到了主人一样精神大振，昂起头来大声嘶鸣。

现在，伯乐更加相信这就是一匹千里马。赵简子这边有多余的马，伯乐就挑了一匹很健硕的马与商人交换这匹千里马。商人非常高兴，以为自己无缘无故赚了一笔。不过，对于商人来说，这样的交换确实是合算的。

到了晋阳，伯乐开始精心喂养这匹马，一个月之后，当他套上这匹马为赵简子驾车的时候，赵简子吃惊得合不拢嘴。

千里马，启动有力，速度快而且跑起来非常平稳。

"伯乐，真牛。"赵简子又服了。

从那之后，伯乐相马的名声传遍了天下。

伯乐相马的名声特别大，以至于战国时代的名士常常借用伯乐或者编造伯乐的故事来阐述自己的道理，这里略说一二。

《战国策》中，苏秦的弟弟苏代要请淳于髡（kūn，古时剃去男子的头发，为一种刑罚）把自己引荐给燕王，于是讲了一个伯乐的故事。

一个人有一匹好马要卖，可是在市场上站了三天，竟然无人问津。于是，这个人就来找伯乐。

"伯乐先生，帮我个忙吧，我有一匹好马在市场要卖，可是没人识货。您看您能不能明天去一趟，不用您说一句话，只要您围着我的马转三圈，走的时候再回头看一眼，就行了。不白帮忙，我把明天上午卖别的马的收入都给您。"卖马的人说。

伯乐这时候已经退居二线了，整天没事干也闲着，这走走秀就能挣钱的事情，不干白不干，于是答应下来。

第二天上午，伯乐来到了马市，立即引起轰动，谁不认识伯乐啊？

伯乐看见那个卖马的人和他的好马，那确实是一匹好马。伯乐来到了马的身边，上上下下转着圈看，整整转了三圈，然后笑了笑，这笑一笑，算是赠的。

之后，伯乐走开了，走不远，再回头来看那匹马，又点了点头，这点头也是赠的。

伯乐一走，那匹好马立即就被人们围上了。

"好马，真是好马啊。"大家不住口地夸奖，伯乐看好的马，怎么可能不是好马？

卖马人在一旁偷偷地笑，看来这个商业策划是成功的。

"多少钱？我买了。"有人出价。

"我买。"有人竞价。

卖马人最后以原本心理价位十倍的价格卖掉了这匹马。

现在的明星代言产品，祖师爷就是伯乐了。

在《韩非子》里，韩非也讲了伯乐的故事，其中一个是这样的。

有两个人来拜伯乐为师，都交了很多学费，而且都有熟人引荐。伯乐喜欢其中的一个，讨厌另一个。

"你的天分高，教你相千里马，怎样？"伯乐问他讨厌的人。

"好啊好啊，顶尖技术啊。"讨厌的人很高兴。

"你家境一般，学学怎样相驽马就行了。"伯乐对他喜欢的人说。什么是驽马？就是耐力好，但是速度不快的马。

"那，好吧。"喜欢的人有点儿不愿意，可是也只能这样了。

学业完成之后，学相千里马的人生意冷清，原因很简单，千里马固然好，可是用途不大而且费用昂贵。就算偶尔有个把主顾，可是要找千里马又谈何容易？相反，学相驽马的人生意红火，做生意的人都来找他看马。

所以，学些实实在在的本事比学那些看上去高深、实际上很少能用到的知识更实惠。

相传，伯乐还有专业书籍留下来，主要是相马和马医方面的。传说有《伯乐相马经》《伯乐针经》《伯乐疗马经》《疗马方》《伯乐治马杂病经》等传世，不过如今都已经失传。

　　按图索骥，这个成语就是说有人拿着伯乐的《伯乐相马经》去相马，结果相出来的却是劣马。这个成语比喻死读书本，不得其要。

第二四〇章

中 国 首 富

　　齐景公五十八年（前 490 年），齐景公终于去世了。五十八年实在太长了，长到把太子都给熬死了。

　　公子荼被国家和高家立为新的国君，原来，在晏婴的关照下，国、高两家都渐渐恢复了元气，成了对抗田家的力量。

　　田乞和齐景公的另一个儿子公子阳生关系好，于是，田乞发动政变，驱逐了高家和国家，杀了公子荼，立公子阳生为国君，就是齐悼公。

　　后来，田乞去世，儿子田常继承了田家。后来齐悼公被人暗杀，齐悼公的儿子公子壬为国君，就是齐简公。又过了几年，田常把齐简公给杀了，立了齐简公的弟弟公子骜为国君，就是齐平公。

493

　　田常大权独揽，呼风唤雨。但是，要想夺取齐国还没有这么简单。田常暗中策划，决定再采取两项措施。

首先，田常来找齐平公，提出一个治国方略。

　　"主公，治理国家要恩威并施，这样吧，有关赏赐的、提拔的、口头表扬的、追认烈士等这些好事，主公您来做；惩罚犯罪、处治违法的这类得罪人的事情，我来做。"田常提出一个建议，听上去很动听。

　　齐平公想了想，觉得这样做是挺适合自己的。于是，齐平公同意了。

　　其实，这是田常的一个诡计。

　　多年的经营，田家在齐国早已是大得人心，但是田常知道，田家对齐国人是有恩无威，齐国人都说田家好，但是却未必肯为田家卖命。要树立威望，还要靠铁腕，也就是要掌握生杀大权。

　　所以，看上去田常是替国君挨骂，实际上他是要树立威严，让齐国人对田家不仅要感激，更要敬畏。

　　事情的进展正如田常所料，田家威信大增，而齐平公能够进行的赏赐和提拔非常有限，人们并没有因此而感激他，反而瞧不起他。

　　第一条计策空前成功。

　　有了人心就够了吗？人心只是外部的因素，什么是内部的因素？人，自己人。

　　田家是外来户，人丁一直不算太旺，而齐国公族人数众多，要夺取齐国，田家的人口就显得太单薄了。怎么办？

　　造人，紧急造人，造田家的人。

　　怎样造人呢？多娶老婆是一种办法。可是，单靠田常一个人是远远不够的。就像种地，地大了，可是种地的人太少，多余的地也都荒废了，粮食产量还是上不去。要增加产量怎么办？多找些人来种地。

　　田常想了一个令人瞠目结舌的办法，借腹怀胎。

　　借腹怀胎是不够的，还要借精下种。

　　仅仅借腹怀胎和借精下种也是不够的，还要下好种，怀壮胎。

田常首先给自己娶了一百多个老婆，个个高大强壮。俗话说：娘矮矮一窝。所以，这首先保证了她们的孩子是高大强壮的。

　　那么，怎样保证她们的孩子既强壮又聪明呢？

　　田常家中有很多门客，这些人的智商都很高。田常也经常会请些名人前来做客，这些人自然也都是高智商的人。

　　人有了，下一步怎么办？直接让他们配对？那显然不行，那样生出来的孩子都是别人的。

　　田常把门客的宿舍跟后宫修在一起，中间有小门从来不关，老婆们可以到门客这边来请教学问，门客们也可以去老婆那边缝衣纳鞋，日夜不禁。

　　正是：妻妾如花丛，门客似蜜蜂；你得采花乐，我得你播种。

　　时间长了，就看见田常的老婆们一个个的肚子都鼓了起来，田常看得眉开眼笑，看来，造人计划也成功了。

　　田常最终收获了八十多个儿子，个个强壮聪明，再加上八十多个女儿，平均每个老婆给他生了一个半儿女。

　　这样，田家迅速成为一个大家族，人口激增而且都是好品种。当然，田常不会把自己的位置传给杂交后代们，他只会传给自己的嫡子。

　　一切都在按照预想进行，田常感到非常高兴。不过，他总是在想，要是自己能够再找到一个类似姜太公这样的人才来辅佐，就更有把握了。

　　到齐平公十年（前471年）的时候，田常终于找到了这样一个人。

　　说是有一个越国人，不远万里漂洋过海，带着妻儿老小来到了齐国。之后，这家人开荒种地，出海打鱼，还兼做生意，结果不到两年时间，就成了当地首富。沿海一带的人都在谈论这家人，说这家人怎样怎样勤劳聪明，善于经营。

　　"人才，绝对的人才。"田常知道之后，亲自去拜访这家人。

　　田常来到，越国人有些惊讶。

"请问先生贵姓？"田常很客气。

"啊，我们越国人没什么文化，没名没姓的，就叫我鸱夷子皮吧。"越国人说，很镇定，看上去像见过大世面的人。

"啊，子皮先生，失敬失敬。"田常隐隐感到这个人不寻常，一定是个大号人才，"子皮先生，据说您经商种地打鱼，干什么像什么，真是了不起，我想请您出来担任齐国的相国，帮助我治理齐国，怎样？"

"不敢不敢，我乃一越国小蛮子，也没什么修养，不行不行。"鸱夷子皮一口回绝，这倒让田常有些惊讶，谁会拒绝这样的好事呢？

田常更加确定这个人不简单，所以，一定要让他出山。

"在这个国家，没有什么不行，我说你行，你就行，不行也行。"田常索性来硬的了，也不等鸱夷子皮表态，接着就问，"子皮先生，我想问问你，做齐国的相国，你有什么原则？"

鸱夷子皮一看，这相国不当还不行了，无奈地笑了笑。

"国君死，我不死；国君出亡，我不出亡。"鸱夷子皮想了想说。

田常一愣，这怎么好像晏婴在说话啊。

"嗯，那你说说怎样才能做到这一点？"田常问。

"其实很简单啊，在国君有死的危险之前把危险排除掉，在国君被迫出亡之前把威胁他的力量解决掉，国君就不用死也不用出亡了。"

"说得好啊，就是你了，明天就来上班吧。"田常很高兴，又下了命令。

"好吧。"鸱夷子皮苦笑一下，还是很不情愿的样子。

"子皮先生，当今天下，吴国被灭，楚国衰落，晋国内讧，大概除了越国，就数齐国强大了。嘿嘿，能当齐国的相国，难道不是一种荣幸？"田常说，然后走了。

看着田常的背影，鸱夷子皮叹了一口气："唉，越国的相国我都不想当，你以为我稀罕你齐国的相国吗？"

鸱夷子皮是谁？范蠡。

范蠡当初之所以离开越国，就是想远离政治，安安稳稳过自己的小日子。而齐国是所有国家中最安定最自由也最富裕的国家，于是范蠡就来到了齐国。在齐国，范蠡亲自开荒种地，又买了船出海打鱼，还应用计然的经商法做些生意，结果做什么什么成功，两年时间就发了大财。

原本以为就在这里安度余年，谁知道田常又找上门来。没办法，人在屋檐下，不得不低头，范蠡只得当了齐国的相国，名义上跟田常平起平坐，实际上范蠡知道自己只能是田常的跟班。

对于范蠡来说，治理国家不是问题。但是，他了解齐国的现状，田家如此强势，他必须非常小心，既不要得罪田家，也没有必要被认为是田家的死党。

所以，范蠡少有作为，基本上就在混日子。

田常是相信自己的眼力的，范蠡的无所作为反而让田常感觉此人深不可测。到后来田常反而有些担心起来，担心这个越国人会不会背着自己勾结齐国公族，合起伙来对付自己。

"不行，我要考验他一下。"田常想了一个办法，如果这个越国人忠于自己，还可以继续用，否则，就灭了他。

这一天，范蠡退朝出来，刚出门，就被田常一把揪住衣服，不由分说，拉到了一个偏僻的小巷。

这要干什么？杀人灭口？范蠡暗想，他有些吃惊，不知道田常这是什么意思。

田常一副很紧张的样子，看看左右无人，这才说话。

"子皮先生，大事不妙了，国君已经下令要收拾我，我怎么能对抗国君呢？所以我只好流亡到燕国去了，你跟我走吗？"田常说，盯着范蠡的眼睛。

范蠡是什么人？这点儿小把戏怎么能蒙得了范蠡？

"当然跟你走，你才是我的主公啊。咱们赶紧走吧。"说着，范蠡就要走。

　　"那什么，别急，要不要通知你的家属？"

　　"什么家属？这个时候还管什么家属？主公您的安危最重要啊。"

　　两人各演各的戏，都装出一副很紧张的样子来。

　　"那好吧，不过，估计现在路上都已经布置好要抓我了，所以我们不能乘车，就步行吧。我这里准备了两套衣服，先换上，还有一个口袋，里面有盘缠和通关文牒，你背着，就假扮成我的仆从。"田常都准备好了，旁边就放着一个包裹。

　　两人换好了衣服，田常在前面大摇大摆走着，范蠡背着个重重的包袱跟在后面。两人出了城门，一路向北而去。路上，总有人用不怀好意的目光看着他们。

　　走了一程，两人坐下来歇歇。

　　"主公，有个蛇搬家的故事听说过没有？"范蠡喝了口水，问田常。

　　"没有，你说说。"

　　"有一个湖干涸掉了，湖边住的两条蛇要搬家到另一个湖，路上很危险。小蛇对大蛇说，如果咱们就这么走，你走前面我跟着，那路人看见我们，一定会把我们打死的。可是如果咱们嘴接着嘴，你背着我这么走，那人们就会以为我们是神灵。大蛇听了小蛇的话，果然路上的人都说这是神蛇，没人敢碰它们。如今呢，咱们两人步行逃命，路上常常有人窥视我们，似乎要对我们不利，怎么办？现在您英俊潇洒有气质，看上去就是个贵人，我一看上去就是个一般人。我给您拎包呢，大家就会认为我们是个富家人或者混得不错的公族。但是呢，如果我当主人，您当拎包的，大家一看拎包的都这么富贵，那主人的势力岂不是深不可测，谁还敢惹我们？所以，我建议从现在开始，我走前面，您跟在后面背着包裹。"范蠡这一段故事讲下来，目的就是想把自己的包袱卸下来。

　　"嗯，有道理。好像老鼠搬家也是这样，排成队形走没人打它们，慌慌张张逃命反而人人喊打。"田常想想，好像真是这么回事。

于是，包袱从范蠡的肩头就转移到了田常的肩膀上。这一路，累得田常哼哧哼哧的。好不容易到了晚上，两人住店，店老板看见跟班的气宇轩昂，主人深藏不露，知道这两人不是国家重臣就是江洋大盗，惹不起，于是免费热情招待。

"牛，越国人牛。"这个时候，田常更加佩服范蠡了，不过自己累得半死，实在不想走了。

当晚，田常的人来接他，装模作样说是情报错了，国君并没有要对付田家的意思。

第二天，田常和范蠡坐着车回都城了。

考验是通过了，可是田常更加担心了。

田常认为，这世界上有两种人不能用。第一种是一眼就能看透的，这种人没有大脑，成事不足，败事有余；第二种是看多少眼都看不透，深不可测，这种人你不知道他在想什么，用起来很危险。而这个越国人就是第二种人，自己看不透他，而他似乎对自己看得清清楚楚。

"怎么办？"田常有点儿苦恼，怎么对付鸱夷子皮呢？是留还是用？

还好，范蠡没有让田常困惑太长时间。

"我要辞职，我能力不高，血压高，胆固醇高。这么说吧，我不适合这个位置，这么重要的位置应该给更有能力的人来坐。"范蠡主动提出辞职了，他知道这是一个好时机。

果然，田常很爽快地同意了，从此他不用再去费心思揣摩这个越国人了。

494

范蠡走了——带着全家。不过，他没有回到海边，因为那里的财产都已经分给了当地人。

范蠡带着全家人一路向东，来到了齐国的陶（今山东定陶），再往北走，就是卫国，再往南走，就是鲁国，再往东走，就是宋国。原来，这里是齐鲁卫宋四国交界的所在。

"就在这里了。"范蠡决定。

按《史记》："朱公以为陶天下之中，诸侯四通，货物所交易也。"

这么说吧，陶地就是当时世界的自由贸易区。

范蠡住了下来，当然是住在齐国境内，因为齐国有最好的政策。在这里，范蠡又变了个名字，自称姓朱，名叫朱公，人称陶朱公。

凭借范蠡的能力，运用计然的经商策略，再加上绝佳的地理条件，范蠡"逐什一之利"，薄利多销，不求暴利，很快富甲一方，成为名闻天下的巨商大贾，人人尽知陶朱公。

到后世，陶朱公被尊为商人的祖师爷，同时也是财神中的一位。到现代，陶朱公又是官员下海经商的祖师爷。

陶朱公很快就发了财，但是他并不聚财，他不希望自己登上富豪榜的前列，因为那很危险。十九年间他三次把自己的财产分给亲戚朋友和乡亲，然后重新开始。

所以说，当今世界的富豪们说起自己的慈善事业的时候，却不知道他们的祖师爷就是陶朱公。

直到后来陶朱公老了，生意都交给了儿子们，儿子们再没有把财产分出去，陶朱公最终还是成了富豪榜的第一位。

陶朱公在陶地娶了个小老婆，这个小老婆为他生了一个儿子，加上此前的两个儿子，一共是三个儿子。西施大概是丧失了生育能力，没有为范蠡生育后代，否则有这么优秀的基因，也应该是个人才。

等到小儿子成人之后，家里发生了一件事。

原来，二儿子去楚国做生意，与人争执，结果一怒之下杀了人，被楚国政府给抓起来了。按着法律，将要处死。

"唉，杀人偿命，理所应当。不过我听说，千金之子，不死于市。咱们家有的是钱，应该能把儿子给救了。"陶朱公得到消息之后，急忙准备救人。

陶朱公准备了黄金千镒（一镒合二十两），用牛车装着，派小儿子去楚国。去楚国找谁？原来，楚国有一个庄生跟陶朱公有些交情，而庄生在楚王面前很受宠，陶朱公就准备让儿子去找庄生，把这些金子给庄生，请他帮忙。

小儿子还没出发，大儿子不干了。

"爹，这么大的事情，应该是大儿子去办啊。如今小弟刚刚成人，你派他不派我，那肯定是认为我不成器啊。既然这样，我活着还有什么意思？我，我自杀算了。"大儿子的老娘是越国人，又是在越国出生长大，性格中有越国人的犟劲和狠劲，说要自杀，那绝对不是开玩笑。

陶朱公一看，还真有点儿没办法。

"老头子，你看大儿子这样子，你要不让他去，他真抹脖子了。别到时候老二还没救回来，先把老大给送了。你就让他去吧。"陶朱公的老婆来劝，心说你派乳臭未干的老三去，本来就不对。

陶朱公虽然能力超群，但是很怕老婆。自古以来，英雄怕老婆就是个规律。既然老婆开口了，没办法，陶朱公把任务改派了老大。

老大按着父亲的指示，一路急行来到了楚国。要说到救老二，老大绝对比老三更急，因为他们是同母兄弟。为了救弟弟，老大又悄悄地从自己私房钱里取了一些黄金，拿去做贿赂。

来到楚国，老大找到了庄生。原来，庄生并不富裕，因为他很清廉，现在还住在平民区。但是楚王很尊重他，经常请他过去聊天。

陶朱公大儿子把父亲的信件给了庄生，然后又送上黄金。庄生原本不想收下，可是又怕不收下的话陶朱公的儿子不放心，因此勉强收下。等到陶朱公儿子离开，庄生吩咐自己的老婆把黄金都收到里屋，用被子盖起来。等到帮陶朱公把事情办好了，再还给陶朱公的儿子。

陶朱公的儿子看见庄生家庭条件并不好，担心他是个大忽悠，为了稳妥起见，悄悄地又托人把自己带的私房钱去贿赂楚王的宠臣。

庄生决定帮助陶朱公，几天之后恰好去见楚王。

"大王，我夜观天象，发现岁星运行紊乱，将对楚国不利啊。"庄生故弄玄虚，通常，忽悠人的人都是这样。

"啊，那怎么办？"楚王做梦也没想到庄生在忽悠自己，急忙问。

"那就行善积德。"

"先生的意思是？大赦？好，大赦。"楚王很轻易地掉进了庄生的圈套，于是下令准备大赦。

楚王将要大赦的消息迅速传遍了宫里。楚王的宠臣派人悄悄去见陶朱公的大儿子，告诉他即将大赦的消息，让他放心。

陶朱公的大儿子喜上眉梢，心里高兴。可是高兴之后，又觉得有些郁闷。

"楚王大赦，我弟弟就没事了。这个庄生一点儿忙没帮上，还白白得了那么多金子，太无耻了。"陶朱公的大儿子怎么也没有想到楚王大赦实际上就是庄生在帮自己，他想到的只是那一车金子几乎是自己家一半的财产了，来之不易啊，就这么打了水漂，能不心疼吗？

不行，我要去要回来。想来想去，彻夜难眠，陶朱公的大儿子决定去把钱要回来。

第二天，陶朱公的大儿子就去找庄生了。

"庄先生，我听说楚王要大赦了，我弟弟的事情就不麻烦先生了，嘿嘿。"陶朱公的大儿子说，言下之意，钱还给我吧。

"那好啊，钱都在里屋床上呢，你自己点点，拿回去吧。"庄生当然明白陶朱公大儿子的意思，让他把钱拿走。

陶朱公的大儿子拿走了钱，庄生有些郁闷了。

本来，庄生也不想要陶家的钱，可是，自己送去和别人讨回去是两码事，是完全不同的两种感觉。明明是自己帮了他们的忙，现在看来，不仅对方认为自己没有帮忙，还认为自己是个受贿的人。而且，陶朱公的大儿子这么快得到消息，毫无疑问又去找了别人，这不是不信任我吗？不信任我找我干吗？这不是耍我吗？

庄生翻来覆去，想了一个晚上，越想越窝火，越想越气愤。清廉了一辈子，聪明了一辈子，这下被人坏了名声，吃了人家的苍蝇。

"是可忍，孰不可忍！"到天亮的时候他终于做出了决定，他要让陶朱公的大儿子付出代价。

洗了一把脸，草草吃了点儿东西，庄生去找楚王了。

"庄先生，今天来这么早，一定有什么事吧？"楚王问，他有些惊讶。

"是啊，我昨天回去才知道，原来陶朱公的儿子在楚国杀人被抓了，据说陶朱公也派了人来贿赂大王的左右。现在已经有不明真相的群众在议论说大王是迫于陶朱公的压力才大赦的，这不是因人废法吗？所以，我赶紧来向大王汇报。"庄生说，很焦虑的样子。

"什么？陶朱公的压力？来人，先把陶朱公的儿子砍了，然后大赦。"楚王很愤怒，他要让楚国人看看是陶朱公厉害还是我楚王厉害。

陶朱公的二儿子就这样死在了大赦前。

陶朱公的大儿子带着弟弟的尸体和那一车黄金回到了家乡，他觉得自己的运气不好。

陶朱公的老婆以及二儿媳一家哭得死去活来，其他家人也都跟着垂泪。

"唉，算了，一切都合情合理，也不必太悲伤了。"只有陶朱公没有多少悲意，特地来劝老婆。

"什么合情合理？难道儿子该死？你老糊涂了？"老婆有些不满意了，

对陶朱公吼起来。

"没错，自从你让我派老大去，我就做好了老二死的心理准备。"

"为什么？你这么说，派老三去就行？"

"没错，如果派老三去，你二儿子就能活着回来。"

"啊呸。"老婆一口口水吐了过来，老二死了，现在老头子又这么贬低老大，这不是摆明了说自己不如他的小老婆吗？"你小老婆什么都好，生个儿子都比我的儿子能干，你这个忘恩负义的东西，当年跟你吃糠咽菜的日子你都忘了？呜呜呜呜，你这个没良心的。"

老婆哭了起来，一边哭一边骂。

陶朱公天不怕地不怕，就怕老婆哭闹，急忙把老婆抱住。

"老婆，我不是那个意思，你听我跟你解释。"陶朱公说。

"好，你解释，你要是解释不通，我就去死，反正我也没脸活了，呜呜呜呜。"老婆接着哭。

于是，陶朱公就在老婆的哭声中开始解释了。

"咱老大不是不爱他弟弟，更不是没能力，这些年来家里的生意不都靠他吗？可是，他从小跟着咱们走南闯北，捡过垃圾讨过米，下田种过地，出海打过鱼，知道钱来得不容易，因此每花出去一分钱都很小心，没必要的钱一分都不肯花，所以他才会去找庄生把钱要回来。可是老三不一样，他一生下来就是富贵之家，根本不知道挣钱的艰辛，以为钱是从天上掉下来的，花钱如流水。如果他去，又怎么可能去找庄生要钱呢？现在，你知道为什么我当初派老三去不派老大去的原因了吧？"

等陶朱公解释完，哭声没有了，闹声没有了，只有老婆在默默地发呆。

"老头子，早知道这样，你当初怎么不跟我说？"回过神来之后，老婆又责怪起陶朱公来。

"你的脾气，我当时说了有用吗？"陶朱公反驳，当然，当时他的确也有一点儿侥幸心理。

老婆无话可说了。

太史公对商业非常看重，《史记》专有《货殖列传》讲商业以及著名商人，陶朱公名列第一，而计然也有介绍。

按《史记》，至晚在夏朝，中国就有商业，而商朝本身就是商人的朝代。到周朝，商业同样受到重视，而最为重视商业的是卫国和齐国。卫国所在就是商朝原本所在，有大量的商人后代，因此历来有经商传统；而齐国的商业受首任国君姜太公的鼓励，因此也很发达。到了管仲和齐桓公时期，齐国的商业得到了飞跃式发展，因此齐国一直富甲天下。

儒家学说重农轻商，这也是鲁国的传统。不过，最为轻视商业的还不是儒家，而是道家，老子说过："至治之极，邻国相望，鸡狗之声相闻，民各甘其食，美其服，安其俗，乐其业，至老死不相往来。"老子的说法，就是世界上最好没有商业，没有商人。

太史公在《货殖列传》一开头就引用了老子这段话，然后一通批判。最后太史公这样反问老子："故物贱之征贵，贵之征贱，各劝其业，乐其事，若水之趋下，日夜无休时，不招而自来，不求而民出之，岂非道之所符，而自然之验耶？"

太史公对富人持赞赏态度，这样写道："渊深而鱼生之，山深而兽往之，人富而仁义附焉。"

不要以为拜金女是今天的产物，春秋战国时代，就已经有了拜金女。《史记》中有两段专门说到拜金女。第一段是："（中山国）女子则鼓鸣瑟，跕屣，游媚富贵，入后宫，遍诸侯。"第二段是："赵女郑姬，设形容，揳鸣琴，揄长袂，蹑利屣，目挑心招，出不远千里，不择老少者，奔富厚也。"

最终，太史公得到的结论是："天下熙熙，皆为利来；天下攘攘，皆为利往。""富者，人之情性，所不学而俱欲者也。"什么意思？就是人们忙忙碌碌，都是为了发财。发财，是人天生的欲望，不用人教。

有了这样的认识，太史公对于范蠡的崇敬就再自然不过了。所以太史公写道："故范蠡三徙，成名于天下，非苟去而已，所止必成名。"范蠡三迁皆有荣名，名垂后世。